商务语言服务与商务翻译

石 磊 ◎ 著

吉林出版集团股份有限公司

图书在版编目（CIP）数据

商务语言服务与商务翻译/石磊著. —长春：吉林出版集团股份有限公司，2023.9
ISBN 978-7-5731-4313-6

Ⅰ.①商… Ⅱ.①石… Ⅲ.①商务—英语—翻译—研究 Ⅳ.①F7

中国国家版本馆 CIP 数据核字 (2023) 第 181961 号

商务语言服务与商务翻译
SHANGWU YUYAN FUWU YU SHANGWU FANYI

著　者	石　磊
责任编辑	曲珊珊
封面设计	林　吉
开　本	787mm×1092mm　1/16
字　数	220 千
印　张	14
版　次	2023 年 9 月第 1 版
印　次	2024 年 1 月第 1 次印刷
出版发行	吉林出版集团股份有限公司
电　话	总编办：010-63109269
	发行部：010-63109269
印　刷	廊坊市广阳区九洲印刷厂

ISBN 978-7-5731-4313-6　　　　　　　　　　　　定价：78.00 元

版权所有　　侵权必究

前　言

　　语言服务行业主要是指依托于语言产品或者语言衍生品来满足政府、社会、家庭和个人需求的产业。在当前我国国际化发展水平不断提升的背景下，我国语言服务产业的整体规模已经得到了较好拓展，同时社会对于语言服务的需求也在不断提升。

　　但随着我国社会各行各业跟外部经济体的交流不断密切，社会对于语言服务人才的要求变得越来越高，语言服务人才需要具有较高的综合素养。这种需求导向就需要高校加强语言服务人才的培养水平，为社会输送高素质的语言服务人才。商务英语在其中具有语言工具的作用，而且其已成为一门新型的跨学科的综合性的专业学科。作为中国与世界其他国家商务交流纽带和桥梁的商务英语翻译，需求不断增加，所承担的任务也越来越重。面对日益激烈的商务竞争，我国的对外商务活动要想获得更大的成功，首先必须突破语言的障碍，要对商务英语的语言特征、语言文化以及翻译问题有一个全面、深刻的认识和把握。

　　本书以商务英语语言概述入手，介绍了商务英语的语言特征，并重点分析了商务语言服务，接着详细地探讨了商务英语语言翻译，并对商务名片翻译、商标翻译、商业广告翻译、企业外宣资料翻译以及商业产品说明书翻译等进行详细的实践研究。总的来说，本书内容翔实、逻辑严密，学术性与实用性都很高，是一本难得的学习与研究的参考书，希望能对我国的商务英语实践活动略尽绵薄之力。

　　本书在撰写过程中参阅了一些相关资料，引用了一些学者的观点，在此谨对他们表示最诚挚的感谢。但因时间仓促，作者写作水平有限，书中难免有疏误之处，在此恳请广大读者与专家同行批评指正。

目 录

第一章 商务英语语言概述 1
- 第一节 商务英语的内涵 1
- 第二节 商务英语的性质与语言特点 8
- 第三节 商务英语的现状与发展趋势 13
- 第四节 商务英语学科体系构建 17
- 第五节 商务英语专业建设构想 30

第二章 商务英语的语言特征 42
- 第一节 商务英语的词汇特征 42
- 第二节 商务英语的句法特征 55
- 第三节 商务英语的语篇特征 69
- 第四节 商务英语的修辞特征 82

第三章 商务语言服务 88
- 第一节 我国语言服务产业基本情况 88
- 第二节 商务英语语言服务产业面临的机遇与挑战 89
- 第三节 商务英语语言服务产业发展路径设计 90
- 第四节 语言服务需求的商务英语专业人才培养 92

第四章 商务英语语言翻译 98
- 第一节 商务英语翻译界定 98
- 第二节 商务英语翻译的标准和要求 100

  第三节 商务英语翻译的原则与过程 ... 110
  第四节 商务英语翻译的方法 ... 116
  第四节 商务英语翻译对译者素质的要求 ... 131

第五章 商务名片翻译 ... 134
  第一节 商务名片的组成部分 ... 134
  第二节 商务名片翻译技巧 ... 136

第六章 商标翻译 ... 145
  第一节 商标的文体特点 ... 145
  第二节 商标翻译技巧 ... 149

第七章 商业广告翻译 ... 162
  第一节 商务广告文体特征 ... 162
  第二节 商务广告翻译技巧 ... 173

第八章 企业外宣资料翻译 ... 185
  第一节 企业外宣资料文体特征 ... 185
  第二节 企业外宣资料翻译技巧 ... 191

第九章 商业产品说明书翻译 ... 199
  第一节 商业产品说明书文体特征 ... 199
  第二节 产品说明书翻译技巧 ... 206

参考文献 ... 217

第一章 商务英语语言概述

英语是国际通用语言之一，商务活动又是全球最活跃的交际活动，于是商务英语就成为除日常交际英语以外使用最广泛的英语变体之一，同时也成为非英语国家英语教学的一大热点。本章就对当代商务英语的内涵、特点、课程特征、现状与发展以及商务英语学科体系构建等方面进行简要阐述，为后面各章节的开展做好铺垫。

第一节 商务英语的内涵

一、当代商务英语的定义

一般来说，商务英语是指人们在商务活动中所使用的英语，在西方国家通常称为"Business English"。20世纪80年代，在我国，商务英语主要用于对外贸易，因而又称为外贸英语（Foreign Trade English）。现在随着经济发展的日益全球化，我国在更广阔的领域、更深的层次上融入了国际社会，政治、经济、文化教育等领域内的国际交流与合作日趋频繁，现代商务英语的内涵和外延也得到了扩展。下面主要讲述一下中西方对商务英语的定义。

（一）西方学者的观点

皮克特（Pickett，1989）认为，商务英语是介于商务技术语言和普通语言之间的一种用于商务工作中的"工作语言"（Working Language），是一种中介语，基本只包括两个层次：词汇和交际。

罗宾逊（Robinson，1991）从特征的角度对商务英语进行了界定。他认为，商务英语具有四个特征：与一定的商务背景知识有关、以需求分析为基础、有明确的目的、有时间上的压力。

埃利斯与约翰逊（Ellis&Johnson，1994）认为，商务英语是专门用途英语（English for Specific Purposes，ESP）的一个分支，是从事或即将从事商务行业的人才学习和使用的英语。

舒伊（Shuy，1998）在对大量商务资料进行分析研究后指出，商务英语是由专门化的词汇、句法、语义等构成的专门化语言。

另外，Wikipedia（维基百科）对商务英语的解释："Business English is English especially related to international trade.Many non-native English speakers study business English with the goal of doing bus mess with English-speaking countries, or with companies located in non-native English-speaking areas but nonetheless using English as shared second language or lingua franca."（商务英语特指与国际贸易有关的英语。很多非英语本族语者学习商务英语的目的是与英语国家或将英语作为通用语的非英语国家、地区的公司展开商务活动。）

（二）中国学者的观点

史天陆（1999）认为，商务英语本质上就是商贸活动中使用的、反映该领域活动的英语词汇、句型等语言形式的总和。

张佐成、王彦（2002）提出，商务活动的参与者为了实现商业目的，遵循行业惯例使用特定的词汇、语法、语用策略，以顺利地开展交际活动。

张新红、李明（2004）认为，商务英语是商务场合中使用的英语，它涉及各种商务活动内容，本质上是英语的一种社会功能变体。

杨启宁（2004）认为，商务英语包含两层含义：商务英语是商务环境下使用的英语，其语法、语言规则和普通英语一样；商务英语是全世界所有商务领域的人都使用的一种工作语言。

林添湖对国际商务英语给出了四个侧面的定义，国际商务英语应被看作在特定的语言环境中（主要是在国际商务环境中）如何处理英语语言问题的态度和看法；国际商务英语是有别于英、美等国家"地道英语"的一种国际性语言；国际商务英语的教学可分为"一般商务英语课程"和"专用商务英语课程"，以满足不同学习者的学习目的和动机；国际商务英语是一种"因需施教"和"因材施教"的专用英语分支。

除了众多学者的观点外，英国剑桥大学考试委员会与我国教育部考试中心指定的 BEC 考试教材在引言部分指出："International business English is for business people who need to, or will soon need to, use English in their work.It may also be used by adult students who will be entering the world of business at the end of their course of studies."由此可见，商务英语不是商务和英语的简单叠加，而是有

机融合。

综上所述，尽管上述观点众说纷纭、意见不一，但其中却存在一定的相同之处，概括如下。

（1）商务英语是用于国际商务交往活动的语言工具，是 ESP 的一个变体，而非一种新的语言。

（2）商务英语用于商务活动中，涉及经济、贸易、法律等商务交往的一切领域。

（3）商务英语是一种专门化的英语，具体体现在其独特的用词、句法、文体风格上。

通过对上述观点的分析研究，商务英语包含商务和英语两个方面，是人们在国际商务活动中所使用的、用于实现商业目的的英语。另外，商务活动涉及的范围极广，除一般的商贸往来以外，还涉及物流、海关、银行业、国际法律等领域，因此，商务英语的范畴实际上十分庞大。需要指出的是，商务英语并非一个绝对的概念，有些商务英语同时也属于其他的专门用途英语。例如，商务活动中不可避免地会涉及法律法规，很多具有法律约束力的商务文本中的语言既可算作商务英语，也可算作法律英语。因此，在认识商务英语这一概念时，不能太过死板，而要深刻、透彻。

二、商务英语的组成要素

英国商务英语专家 Nick Brieger（1997）提出了"商务英语范畴"理论。他认为，"商务英语应包括语言知识（Language Knowledge）、交际技能（Communication Skills）、专业知识（Professional Content）、管理技能（Management Skills）和文化背景（Cultural Awareness）等核心内容"。

首先，语言能力是交际能力的基础，然而具备了语言能力并不意味着具备了交际能力。美国社会语言学家 Dwell Hymes 认为，交际能力不仅包括对一种语言的语言形式的理解和掌握，而且还包括对在何时何地、以什么方式对谁恰当使用语言形式进行交际的知识体系的理解和掌握。现在越来越多的人已达成共识，即交际能力应包括听、说、读、写能力和社会能力这五个方面，主要指的是达意及得体。商务英语的实践性更强调交际能力的重要性。

其次，我们亦可从三个要素来概括商务英语：商务背景知识、商务背景下使用的语言以及商务交际技能。此三要素相辅相成：商务背景决定交际技能和语言技能，商务交际技能指从事商务交际活动所必需的技能，既有语言方面的，也有非语言方面的。具体情景中使用的语言是由商务背景的内容和交际技能决定的。商务交际的内容决定词汇的选择，某个词语在不同的专业里可能会有不同的含义，在不同的上下文里可能也会有不同的表达，不熟悉相关专业的知识内容，不关注词语存在的上下文，就难以有精确的翻译或忠实的表达；交际技能则决定句型的选择、篇章结构、文体风格、语调、节奏的变化等。

三、商务英语和普通英语

（一）商务英语和普通英语的联系

作为专门用途英语的一种，商务英语并没有脱离英语的语言规则，其语音、词汇、语法规则与普通英语一般无异，只是相对普通英语而言更加专业化、局域化，是普通英语的一种延伸。现对此展开详细论述。

1. 通用英语语言规则

通过对商务英语的观察、分析可以发现，商务英语的语法、句法和词汇本质上都不能脱离普通英语而独立存在。

（1）词汇。经研究发现，商务英语词汇与普通英语词汇的重叠度十分高。这些商务专业词汇往往直接源于普通英语，或通过英语构词法派生而来。尽管其含义发生了变化，但其专业含义往往来源于其普通含义。例如，share 一词在普通英语当中表示"一份、份额"，但在商务领域中意为"股票"，这一含义显然与其普通含义有千丝万缕的联系。

（2）语法。商务英语并没有跳出普通英语的语法限制，而是遵从普通英语的语法规则并符合普通英语句子的结构特征。例如：

The date of the receipt issued by transportation department of concerned shall be regarded as the date of delivery of the goods.

由承运的运输机构所开具的收据日期即被视为交货日期。

The pattern of prices is usually set by competition, with leadership often assumed by the most efficient competitors.

价格构成通常由竞争决定，并由效率最高的竞争者来担任主导角色。

可以看出，上面两个商务英语句子在时态、句法上沿袭了普通英语一贯的规则，只是多了一些与专业相关的表达而已。

（3）语音。商务英语采用的发音规则与普通英语一致，并没有自己特定的发音规则和语音系统。再加上很多词语本身就源于普通英语，其发音始终不变，并不会因为使用情景变换而变换。

2. 是普通英语的延伸

既然共享语言规则，商务英语与普通英语就是同根同源的，但二者之间的联系不仅如此。事实上，商务英语是英语的专业化，是使用者需要付出更多努力学习的语言，也是他们只用于商务领域中的语言。毋庸置疑，这种专业化自然是建立在普通英语的基础之上的。因此，从这个角度来看，商务英语是普通英语的延伸。

（二）商务英语和普通英语的区别

虽然商务英语与普通英语之间存在着千丝万缕的联系，但二者之间的差异还是十分显著的，这些差异主要体现在以下八点。

第一，普通英语是人们日常生活所使用的最广泛的语言，普通英语能力包括英语语言的听、说、读、写、译的英语基本技能方面。普通英语运用通俗易懂的语言来表达人们的普通思想和进行信息交流。商务英语是以普通英语为基础的。学习商务英语需要有一定的普通英语基础。学习商务英语与学习普通英语一样，首先需要全面提高听、说、读、写、译能力，学习国际商务工作环境中英语使用的方法从而提高英语的交际能力。这种交际能力以普通英语为基础，以商务为特色。优秀的英语语言文学专业毕业生，在国际商务工作环境中与商人交往表现不一定良好，他们能用流利的英语与人进行一般的交际，但当涉及商务内容时由于缺乏商务英语语汇和国际商务业务知识，难以与人有效地交际。

第二，普通英语是人们生活和交际中所使用的英语，内容主要是英语知识和技能以及跨文化交际的一般知识。作为商务环境下使用的英语，商务英语涉及经济、法律、管理、信息等多个领域，其知识和能力结构包括专业词汇、常用句式和文体风格，以及这些领域和行业的内在知识体系。商务英语集语言、专业知识、国际商务交际为一体，强调商务交流和商务沟通能力，其专业性和目的性非常明显。

第三，在普通英语的学习中，学生对英语的学习往往没有明确的需求。他们大多是迫于家长和考试的压力才学习英语。但是商务英语的学习者或为学术研究，或为从事商务活动等一些明确的需求而进行学习。这一点也可以从图式理论的角度进行论证。以阅读为例，图式理论认为阅读能力由三个方面决定，即语言图式、内容图式和形式图式。语言图式是指阅读者对文章所使用语言的掌握程度；内容图式是指阅读者对文章内容所属领域的熟悉程度；形式图式则是指阅读者对文章所用体裁的熟悉程度。这一理论认为语言图式在学习者的阅读过程中起主要作用，另外两者对阅读起到一定的辅助作用。进入商务英语学习阶段的学习者通常已经具备一定的英语基础，语言图式的要求已经基本掌握。这些学习者将带着明确的学习目的，努力达到内容图式和形式图式的要求，进而有效提高商务阅读水平，获得所需信息。这种明确的目的和特殊的需求是普通英语所不具备的。

第四，普通英语和商务英语并不是界限分明、各自独立，而是呈交融状态。

商务英语以普通英语为基础，它并不是另外一种语言。商务英语是普通英语和行业英语的合体。所谓行业英语指的是具有行业特征的英语语言材料。商务英语是国际商务活动中所使用的语言，是全民语言的一部分，和文学语言、科技语言等功能文体一样，具有共同的实质。商务英语既然不是另外的语言，它就没有专门的语音系统和语法系统。虽然商务英语包含特殊的行业语言，但是，某些语言现象有时在普通英语或其他功能语言文体中也可能出现。

第五，商务英语教学虽然源于普通英语教学，但其特殊性决定了在实践过程中它还有着许多不同于普通英语的教学方法。哈钦森和沃特斯（Hutchinson & Waters，1987）等语言学家均认为，ESP 的研究内容以及教学方式都是由学习者的需求而决定的，作为 ESP 的分支，商务英语和普通英语在教学方式上自然也存在一定的差别。普通英语教学以传授普通英语语言技能为目的，并且这种教学是由普通教育目标决定的。例如，学校开设英语课程是为了普及英语，提高学生的英语水平。但是，商务英语学习者明确的、特殊的需求决定了商务英语教学的内容必定和普通英语有着很大的不同。例如，商务学术写作、商务体裁风格等都是普通英语教学并不涉及的内容。正是由于这种实用的需求，商务英语把语言能力培养重点放在了商务领域的"行"（Doing）上，即开展商务实践，培养学生用英语解决商务问题的能力。而普通英语则把重点放在"知"（Knowing）上，即把握英语的普通规则。由此可见，商务英语教学的目标更具体、更明确，因此，在其教学中也常采用任务型教学法。

第六，商务英语以英语语言共核为基础。所谓语言共核是指语言的共同核心，语言的共核部分是学习任何语言功能变体时需要学习的内容，如学习法律英语、科技英语时首先要学会基础语言，然后才学习语言的非共核部分。语言的非共核部分指的是学习者需要掌握的特殊语言材料以满足特殊需求。商务英语中带有行业特征的英语语言材料属于英语的非共核内容。商务英语是基于普通英语基础知识，根据国际商务活动内容发展的用英语进行国际商务活动的语言。普通英语是商务英语教学的依托和基石。

第七，商务英语不能脱离商务环境，是与商务某个特别工作或行业相关的特定内容，是与一般有效沟通能力相关的一般内容的混合，具有行业特征，而这些带有行业特征的英语语言材料属于英语的非共核部分，涉及商务活动相关的多个领域的专门化内容，它使商务英语成为一门专门用途的英语。同时，由于商务英语内容不仅包括商务语言的听、说、读、写、译，还包括学习者学会如何在商务领域做事的内容，因此，反映在语言上，其实用性和话语的目的性都盛于普通英语和其他的专门用途英语。

第八，由于商务英语是人们从事国际商务中所使用的英语，而国际商务各个行业领域都注重实践活动，所以，商务英语有写实的特点。商务英语的文体风格显著，表现在语言的正式、规范等方面。例如，产品说明书的用词有专业特点，书面语言较多；国际商法语言非常正式，用词非常讲究、逻辑严密、滴水不漏。普通英语一般不具备这些明显的特点，普通英语只是人们用来日常交流和传递一般信息的英语语言，只有在某种特殊情况下才会对语言有特别选择。

由此看来，商务英语与普通英语互相联系，商务英语以普通英语为基础，没有普通英语，商务英语就不完整。另外，普通英语的存在，不以商务英语为前提条件，而商务英语则离不开普通英语。就篇章结构而言，没有普通英语就没有商务英语，因为商务英语的篇章包含普通英语。

四、商务英语和国际商务英语

商务英语有时也被称为"国际商务英语"，这与所使用的英语与国际商务密切联系有关。但商务英语和国际商务英语毕竟是两个不同的概念，因此有必要对二者之间的关系做一个说明。在说明之前，首先需要明确一个概念：什么是国际商务英语？

（一）国际商务英语的内涵

所谓国际商务，就是指一个国家由于自身经济发展的需要在生产或非生产领域的国际之间的合作行为。国际商务涉及众多领域，如贸易、劳务、运输、技术投资等各方面。既然国际商务涉及这些领域，那么商务英语也就自然与这些领域密切相关，这就是商务英语被称为"国际商务英语"的原因所在。从这个角度来看，无论是商务英语还是国际商务英语，它们都是一种英语语言，都属于语言学的范畴。

（二）商务英语和国际商务英语的差别

研究商务英语需要解决的另一个问题是有关商务英语与国际商务英语的区别。否则，概念不清不利于教学与研究。所以，有必要对商务英语和国际商务英语加以区别。一般说来，二者之间的异同有以下两方面。

（1）显然，二者之间主要的差别在于"国际"二字上。实际上，商务英语与国际商务英语二者在本质上是相同的，它们是同一件事从不同的角度去理解的结果。至于是"商务英语"还是"国际商务英语"则是对不同的对象而言的。具体来说，对那些以英语为母语的人而言，商务英语就是商务英语，不存在所谓的国际商务英语。而对那些将英语作为外语来学习的人来说，商务英语就相当于国际商务英语。此外，如果以英语为母语的人与非英语国家的人，或两个非英语国家的人之间进行商务往来，他们所使用的语言就具有国际性的特征，因此也称为国际商务英语。可见，正如王兴孙（1997）认为的那样，"之所以在商务英语前加上'国际'二字，无非是表明与涉外商贸有关"。

（2）对英语本民族的人来说，商务英语就是指从事商务活动时使用的英语，由于并不涉及与其他国家的商务人员进行交易，因此也就不涉及诸如国际金融、国际支付、海关、外汇结算等领域。但实际上，商务英语通常是在从事国际商务活动时才会使用的语言，而这就必然会涉及上面提到的各种领域。基于这种原因，尽管商务英语与国际商务英语二者在概念上存在细微的差别，这里还是将"商务英语"等同于"国际商务英语"进行研究，避免在理解时产生不必要的麻烦。

第二节　商务英语的性质与语言特点

一、商务英语的性质

如前所述，国际商务英语（International Business English）属于专门用途英语（ESP）的范畴。Hutchinson 和 Waters（1987：18）认为，"专门用途英语不是一种'特殊种类'的英语"。虽然专门用途英语有其特殊的语言特性，但并不存在某种特殊的语言种类。换言之，不应该认为专门用途英语是有别于普通英语的特种语言，因为两者之间的共性大于特殊性。Munby（1978）把专门用途英语分为两类：以学术为目的的英语（English for Academic Purposes），指用以完成学业或进行学术研究、交流所使用的英语，其学术性较强；以职业为目的的英语（English for Occupational Purposes），指从事某一行业工作所使用的英语，实用性、专业性较强。Hutchinson and Water 认为商务英语属于专门用途英语的一个分支、一种变体。商务英语的全称应是 English for Business and Economics（EBE）。在美国，商务英语指的是"商务沟通之用语"（Mary Ellen Guffey，1999）。

二、商务英语的语言特点

商务英语作为语言，它是一种交际工具，是传递知识信息的载体。它所传递的知识信息具有突出反映国际商务学科领域的特征。所以，它与普通英语相比有其自身独特的语言特征。因此，在对商务英语概念有了一定了解之后，我们要继续研究商务英语的语言特征。从国内外英语学者对商务英语定义的各种评说中，我们可以明确的是：商务英语的核心是英语，它以商务活动为背景，因而其语言是写实的，两者在基本词汇、句型、语法的运用上具有共性，但由于商务英语传达的商务理论和实务等信息的特殊性，在专业词汇、句式特点、篇章结构及表达方式等方面商务英语有其独特性。

1. 用词正式、严谨、准确

商务英语可谓字字千金，必须准确清楚地表达所要传递的信息，谨慎使用夸张、比喻等手法，尽量避免使用模棱两可的词语，以免产生不必要的争议。除广告语体外，商务英语在用词方面大量使用书面语，用词正式，力求准确无误。一般用词义相对单一的词来替代词义灵活丰富的词，以使文体正式、严谨、庄重。比如，普通英语中的词汇tax，be familiar with，buy，include对应在商务英语中则用tariff，acquaint，purchase，constitute。

例1：When the validity expires, you need to make a new application for the registration.

译文：有效期结束后，需要申请重新注册。

例2：In case one party desires to sell or assign all of or part of its investment subscribed, the other party shall have the preemptive right.

译文：如一方想出手或者转让其投资之全部或部分，另一方有优先购买权。（assign较transfer正式）

例3：Unless specified otherwise in the contract, the insurer may also terminate the contract.

译文：除合同约定不得终止合同的以外，保险人也可以终止合同。

例4：To acquaint you with our purchase terms, we are enclosing a specimen of our contract for your reference.

译文：为使你方熟悉我方交易条款，兹随函寄上合同格式一份以供参考。

解析："acquaint"是正式用语，词义单一稳定，意为"make sb.familiar with sth."，而"familiar"词义较为丰富，可以表达多种含义，常见的有"熟悉的、常见的、听惯的、亲近的、随便的"等意思，在正式交往中，容易产生异议，采用词义单一的词语"acquaint"，可以有效避免歧义，使句意表达明确、正式、严谨，文体更庄重。

商务英语中常用的正式用词还有：assign（转让），construe（解释），convene（召集），interim（临时），partake（参加），repatriate（遣返），effect（实现），grant（提供；让渡财产），levy（征收；征税），initiate（创始；发起），substantial（相当大的；重要的），terminate（结束；终止），utilize（利用）等。

再举两例：

例5：Under the new regime, which could levy a tax rate as low as 20%, it will become legitimate to maintain an offshore account and pay the lower Swiss tax rate.

译文：在新的税收制度下，英国政府将征税税率降至20%，并且，将英国纳税人继续持有外国账户且按较低的瑞士税率缴付视为合法。

例6：A request for interim measures addressed by any party to a judicial authority shall not be deemed incompatible with the agreement to arbitrate, or as a waiver of that agreement.

译文：任何一方当事人向司法机构提出临时措施的请求并不能视为对仲裁协议的违反或放弃。

2. 常用缩略词、外来词、古体词

英国语言学家Leech（1998）在英语词义的分类学说中指出，专业词语、古体词及外来词都属于具有正式用语风格的词汇，符合商务英语语体行文准确、简洁的要求。

（1）缩略词的使用。缩略词是国际商务英语词汇的重要组成部分，它是随着语言使用的便利化而出现的。使用缩略词能够避免出现长而繁的语言现象。随着社会和科技的迅猛发展，到了21世纪的今天，我们所做的一切都非常讲究工作效率。从商者都讲究效率，而要提高工作效率首先就是要有时间观念。"时间就是金钱/效率"永远不会过时。正因为如此，商务英语中出现许多缩略语就不足为奇了。缩略词的特点是能用较少的语言表达丰富复杂的内容，言简意赅、信息量大、使用方便。在商务交际中使用的这些缩略语通常带有行业特征。例如：

YR TLX 28 TH RCVD（28日来电收悉）；

VC（Venture Capital 风险投资）；

Reps（sales representatives 销售代表）；

Ads 广告；B/L（bill of lading 提单）；

blue chip 蓝筹股，绩优股；

bad debt 呆账；

NYSE（New York Security Exchange 纽约证券交易所）；

BR（bank rate 银行贴现率）；

wt（weight 重量）；

L/C 信用证；

M/T（mail transfer 信汇）；

D/P（documents against payment 付款交单）；

C.O.D.（cash on delivery 货到付现）；

C.I.F.（cost，insurance and freight 到岸价）；

F.O.B.（free on board 离岸价）；

D/A（Documents Against Acceptance 承兑交单）；

……

由于常用缩略语在外贸函电中出现的频率很高，熟练掌握这些缩略语有利于我们更好地进行商务活动。

（2）外来词的使用。商务合同英语中使用的商务类专业术语有不少源于拉丁语或法语和希腊语等的书面词或由合成构成的词语或是习惯上使用的所谓"商业用词"，它们的意义比较稳定，利于精确地表达概念。外来词的使用使商务英语文本更加正式、庄重和严肃。如来自法语的 force majeure（不可抗力）；拉丁语的 ad valorem（从价税）等。有些则是由其词根派生或合成，许多术语都有相同的前缀或后缀。它们的意义比较稳定，利于精确地表达概念。

例 7：The tariff may be collected on an ad valorem basis，where it is a percentage of the value of the import.

译文：从价关税是依照进出口货物价格的一定百分比为标准征收关税。

例 8：So far few，if any，workers have been laid off as oil companies have，with a few exceptions including Anadarko，have not invoked force majeure clauses that allow them cancel rig contracts.

译文：目前，甚少工人遭到解雇，除了美国的阿纳达科等少数公司外，多数石油公司还没有行使不可抗力条款以取消油井开采合同。

（3）古体词的使用。国际商务英语会涉及商务函电、经贸合同和各种协议，由于这些文本对双方都具有法律效力，为体现法律的权威性和严密性，用词特点是正式、规范和严谨。经常使用一些在其他英语语体中很少或不再使用的古体词，能够体现商务英语语体行文准确、简洁和正式、规范、严谨的要求。

例 9：LICENSEE shall not acquire any rights in any copyrights or other rights in the Property, or the Product, except for the license expressly granted herein.

译文：被许可人不能获得任何权利，包括版权或是其他的所有权，或是作品，除非许可中明确准予。

例 10：In compliance with the request in your letter dated May 8, we have much pleasure in sending you herewith our pro forma invoice in quadruplicate.

译文：应贵方5月8日来函要求，特此随函附寄形式发票一式四份。

例 11：Provided that the acceptance of rent or mesne profits by the Landlord after the expiration of the term of the tenancy hereby created shall not be deemed to operate as a waiver or breach of any of the terms hereof nor as a new periodic tenancy by way of holding over or otherwise.A new Tenancy shall only be created by a fresh tenancy agreement in writing signed by the Landlord and the Tenant.

译文：倘若在本合约规定的租期届满后业主接受租金或中间收益，不应被认为是起了放弃或违背本合约的任何条件的作用，也不应认为是起了作为继续租用或其他的新租期的作用。新租约只能是业主和租户签署的新书面租赁合约。

3. 一词多义

英语词汇所包含的意义往往颇具灵活性，也就是说，英语词汇的意义多依据前后搭配和上下文而变化。一词多义是商务英语词汇的另一特征，主要表现在一个英文单词的普通词义和商务词汇之间的区别。许多平时熟悉的词，在商务英语中除了基本含义外还有其特定的专业意义。了解和掌握了这些词的多义性，才能运用自如，准确灵活地进行翻译。例如，汉语的"单"，这个字一般译成"bill"，如"煤气单"译成"a gas bill"，"剧目单"译成"a theatre bill"。但"保险单"的英文却是"insurance policy"而不是"insurance bill"，同样，"insurance policy"在汉语中只能译成"保险单"，而不能译成"保险政策"。

例 12：No reference was made by anyone to the past.

译文：没有人提到过去。

例 13：My reference will prove to you that I am efficient and dependable.

译文：我的担保人将向你证明我的工作是高效的，并且我是可信赖的。

解析：reference 一词在例 1 中具有普通英语里的含义，即"参考、查阅、提及"；在例 2 中该词则作为商务词汇出现，意思是"person or firms named by a customer asking a supplier for credit, from whom the supplier can get information about the business reputation of the customer"，即"担保人、证明人"的意思。又如 negotiation 一词，通常做"谈判"讲，而在 negotiation of the relative draft 中则是作为商务词汇，表示"议付"。因此，这里应译为"议付有关汇票"。

英语的词义具有游移性和灵活性，很多词汇都需要考虑到上下文的语境再做出判断，在商务英语中尤其要注意。

4. 臆造词语

臆造词汇是商务英语广告和商标的一大词汇特点。商标和商务广告的共同特点是要用新颖独特的语言和符号，大胆创新、标新立异，让消费者一见钟情、烙印在心。商标是某一产品区别于其他产品的标志，可以说是独一无二的，因此为表现商标的独特性，商标中的新造词使用甚多。广告语力求让消费者耳目一新，迅速得到消费者的青睐，也会巧妙地制造新词，吸引消费者的注意。例如，福特汽车广告"4ord costs 5ive% le$$（Ford）"将数字与字母有机混合，Ford 换成 4ord, five 变成 5ive, less 换成 le$$，让数字映入消费者的眼帘，让声音传达商家的意愿，让美元代替优惠的价格，强烈吸引消费者的眼球，达到出奇制胜的效果。"We know exactly how to sell eggs"广告语中exactly一词，故意将eggs和exactly拼缀在一起，达到新颖绝妙的效果，令人过目难忘。

5.逻辑语义衔接词语

为明确陈述贸易双方的立场和观点，尤其是贸易条件等，商务语言常使用一些逻辑语义关系词语来陈述事物间的逻辑关系，或表示原因（due to, caused by, etc.），或表示结果（therefore, as a result, etc.），或表示假设（providing, provided, assuming, etc.），或表示转折（nevertheless, otherwise, etc.）和限定（if only, unless, etc.）等。这些词的正确使用和理解有助于正确翻译商务英语中的各类文本，准确传达原文的意思。要精确地传达原文的信息，翻译时必须使用标准的、对等的专业术语，即强调词汇的精准和对应，从而使译文读者能准确地理解原文。例如，"whereas"常用于合同约首的开头部分引出签约的背景和目的，"therefore"常用于合约的约首结尾部分引出订约双方达成的约定条款。在商务活动中，交际双方讲究的是时间和效率，简洁高效的交流必将成为商务活动的主旋律。

语言交际有其特定的语言环境，商务话语是一种职业话语，是人们使用语言进行商务活动的产物，语言和商务活动之间是密切联系的，要使商务活动得以顺利进行，商务活动参与人必须运用语言，对词汇语法资源进行适当操作。商务活动本身决定了语言的使用特点。商务英语的特点主要在于专业化和较强的针对性。归根到底，实用性是商务英语最大的特点。它注重的是在商务沟通中口语与书面表达的准确、简练与规范。出于国际商务活动的客观性与现实性需要，商务英语的专业术语和职业套语多，但都必须用语礼貌，表意清晰，结构可行，表达得体。商务英语所要表达的语言信息是商务活动方面的内容，因此，必须精确运用专业词汇。在商务英语中，掌握一定量的商务词汇是必备的，但是仅有一定量的专业术语仍无法自如应对各种商务问题。

第三节 商务英语的现状与发展趋势

一、国外商务英语的发展与现状

语言作为人类最重要的交际工具，是随着社会的进步而发展的。英语的发展最早可追溯至公元前500年，工业革命的结束迎来了英语的大发展时期。随着英国对殖民地的争夺以及帝国主义的不断扩张，英语逐渐走向了世界的舞台。

20世纪，尤其是"二战"结束后，人类社会开始进入一个前所未有的、大规模的科技和经济高速发展的时代。由于战后的美国在科技和经济方面发展最快，成了举世瞩目的科技和经济强国，美国的官方语言——英语也就成了国际上科技和经济活动中最通用的语言交际工具。据统计，把英语作为第一语言的就有美国、英国、澳大利亚、新西兰、加拿大、爱尔兰等10多个国家；把英语作为主要交际用语的地区有新加坡以及非洲的一些国家，总计有80多个国家；把英语作为第二语言的国家有法国、瑞士、丹麦、比利时、挪威、芬兰和冰岛等。时至今日，英语的使用人数已从400年前的500万左右，发展到今天的10多亿。这些数字都充分地说明了：英语已逐渐发展成为一种世界语言，成为今天世界政治、经济、科技、文化交流最重要的通用语言工具。

随着世界经济社会的不断发展，英语广泛应用于国家间商务活动与交流的各个领域。英语在国际商务活动中扮演着重要的角色已经得到了人们的普遍认同和接受。国际商务活动中英语的使用领域不仅包括商务谈判业务、保险、索赔、信用证、付款、装运等，也包括贸易、金融、运输、财会、投资、国际合作、经济法、国际惯例等方面。国际商务活动中使用的英语不仅在词汇、语法资源等的选择方面有一定的特征，而且具有鲜明的意识形态、礼貌体制、话语形式，与一定的商务背景知识相联系，具有明确的目的性，并以需求分析为基础。因此，英语在商务活动中的使用与普通英语产生了越来越大的区别，它形成了独特的语言、交际系统，继而形成英语的一种功能变体——商务英语。目前，在世界许多国家，商务英语都呈现蓬勃发展的势头。发达国家非常重视商务英语教育，许多院校都开设了商务英语课程。商务英语课程的目的具体来说应该是培养熟悉商务课程各方面专业知识、社交能力强、能够利用英语开展商务活动，解决商务纠纷等的高级应用型和管理型人才。在以英语为母语的国家，它们的外语教学界把商务英语教学视为专门用途英语教学（ESP）的一个领域。在英国，各大经贸类院校都开设了商务英语课程，如牛津大学、剑桥大学向全世界推出了国际性商务英语考试，伦敦商会设立了商务英语证书的培训和考试机构；美国的哈佛大学、斯坦福大学、加州伯克利大学等著名院校都开设了商务英语课程，普林斯顿大学还成立了以商务英语为核心的国际交易英语考试中心。英美的主要广播公司每天都在播出商务英语教学节目；同时，许多国家的大小城市，拥有为数众多的商务英语培训学校。据Teaching Business English作者Mark Ellis和Christine Johnson介绍，仅在英国这类学校就有一百多所。英国的中央兰开夏大学专门开设商务英语专业并与我们国家的几个主要城市，如上海、广州、深圳等地的高校联合开设商务英语专业，培养了一批又一批的商务英语专业人才。

国外出版了大量的专著和学术论文，还有数种 SSCI 学术期刊，如 English for specific Purposes, Journal of Business and Technical Communication；设有专门的学术组织，如 IATEFL BESIG、美国亚太商务交流协会等；定期组织召开学术研讨会。对在 2000 年至 2011 年期间发表于 English for Specific Purposes 的期刊上的论文进行检索，考察国外商务英语学术动态，检索发现，商务英语研究涉及语言体裁、认知、教师发展、教材教法、商务话语、商务交际、语料库等，如英语作为国际商务通用语（Nickerson，2005）、波兰产品英语广告使用对商务英语的启示（Btigitte, Meurs & Radlinska，2010）、基于语料库的搭配因素对商务英语教学的作用研究（Walker，2011）、基于语料库的书面商务英语中的词汇性别研究（Fuertes-Olivera，2007）、公司经理日常话语分析（Leena，2002）、纺织商人的职场交际英语分析（Li & KaeMead，2000）、案例教学法在商务英语教学中的应用（Esteban, Mara Luisa& Pérez canado，2004；Jackson，2004）、商务报告教学模块的设计与实施（Flowerdew，2010）、基于语料库的商务英语教材中的隐喻评价（Sznajder，2010）、商务英语教材的整体评估框架（Chan，2009）、商务会议的参与与表现研究（Rogerson-Revell，2008）、营销信函的话语策略（Carla，2004）等。另外，大量商务话语和跨文化商务交际的学术专著也相继出版：如《商务话语手册》（*The Handbook of Business Discourse*）、《商务话语：文本与语境》（*Business Discourse: Texts and Contexts*）、《商务话语评价》（*Evaluation in Business Discourse*）、《跨文化商务交际》（*Intercultural Business Communication*）、《跨文化与国际商务交际：理论、研究与教学》（*Intercultural and International Business Communication: Theory, Research and Teaching*）。

二、我国商务英语的发展与现状

（一）商务英语在中国的发展概况

商务英语在我国的发展可以追溯到 20 世纪 50 年代初期。由于当时我国正在实行计划经济体制，"冷战"的国际环境也使得我国对外经济、商务交流和与国际社会的交流非常有限。这种局面导致我国没有更多的机会进行商务英语语言的学习，所以当时商务英语在我国的发展并不明显。自 20 世纪 80 年代以来，我国确立了以经济工作为中心和对外改革开放的政策，对外经济贸易活动范围逐渐扩大，对外国际商务活动日益繁荣，中国的对外经济联系由原来的单一商品贸易发展到现在的技术、服务、资本、金融、保险和旅游等领域，人们开始对商务英语有了更深的认识。自20世纪90年代以来，中国市场经济体制得到确立并逐渐完善，经济全球化进程加快，中国经济逐步与世界接轨，进出口贸易量迅速加大，社会对能够使用英语直接从事国际商务活动的人才极度缺乏。由此，推动了商务英语语言在我国的飞速发展。进入21世纪，随着我国加入世界贸易组织，经济全球化和世界一体化的进一步加剧，我国经济和社会进入了新的快速发展时期，商务英语的发展在我国达到了鼎盛。

2007年，商务英语专业获得教育部批准设立。教育部本科专业新目录批准商务英语进入基本目录（专业代码050258）。2008年，上海对外贸易学院和广东外语外贸大学也经教育部批准设立了该专业。从2012年起，专业审批权调整为省级教育厅审批、教育部备案。商务英语已成为成熟稳定、就业好、社会认可度高的专业。在研究生层次，国内部分高校从20世纪80年代初开始招收商务英语方向硕士生，已培养出近万名研究生，近年来成为最热门专业，每年报考过千人。从2012年起，商务英语的博士点开始试点招生，商务英语已形成了从专科、本科、硕士、博士、在职培训一条龙的人才培养体系和模式。

随着社会对商务英语的需求与日俱增，各种培训班比比皆是，各种商务英语证书考试名目繁多，其中影响较大的有：商务部举办的全国外销员考试、国家人事部和商务部联合举办的全国商务师资格证书考试、教育部和英国剑桥大学联合举办的剑桥商务英语证书考试。在商务英语教学蓬勃发展的同时，商务英语的学科体系也在逐步形成。由此，我们可以清楚地看到，商务英语已经深入我们的生活当中，受到了极大的重视和越来越多人的青睐。

（二）我国的商务英语研究

国内的商务英语研究多年来发表学术论文主题涉及学科建设、教学、教材、翻译、语言研究、商务文化等。商务英语论文大多数探讨教学（占56.7%），近年来，出现了一些有学术深度的论文，如《解读(高等学校商务英语专业教学要求)》（陈准民、王立非，2009）、《商务外语的学科内涵与发展路径分析》（王立非、李琳，2011）、《跨学科构建商务英语理论体系的共同核心——基于北美商务沟通和欧洲商务语篇的跨学科设想》（曹德春，2011）等。统计发现，关于商务英语研究方法的论文较少，而商务英语硕士学位论文量呈现逐年上升的趋势。其中，2000—2010年，"中国优秀硕士论文数据库"共收录商务英语主题的硕士论文就有143篇。不少学者[如陈准民（1999）、刘法公（1999）、王兴孙（1997）、林添湖（2001、2004）、陈莉萍（2000）、廖瑛（2005）、莫再树（2008）等]从学科建设、专业设置、课程体系、教学内容、教学方法以及从语体、语用、修辞、翻译等角度对商务英语进行了研究和探讨，并形成一支初具规模的师资和学术队伍。

另外,在学术专著方面,出版了《商务英语研究》《基于语料库的商务英语研究》《商务英语理论与实践》《跨文化商务交际中的关系管理》等。在国家社科基金立项方面,近几年取得突破,如"商务英语名物化的语料库考察与研究""专用翻译机器自动评分模型研究"等。2011年成立了中国专门用途英语专业委员会,多次举办教育部全国商务英语中青年骨干教师研修班,在国内举办 ESP in Asia 国际研讨会、亚太商务交流协会年会、跨文化商务交际国际研讨会和工作坊等,加强学术研究和师资培养,对外经贸大学和北京外国语大学还分别出版了《商务外语研究》和《中国 ESP 研究》等学术集刊。

(三)我国的商务英语教学

今天,作为专门用途英语的一个分支,商务英语在很多高校都有专门的课程,目的是培养熟悉商务课程各方面专业知识、社交能力强、能够利用英语开展商务活动,解决商务纠纷等的高级应用型和管理型人才。经过近些年来的教学实践,我国的商务英语课程覆盖了商务英语听力、口语、阅读、写作、翻译五项能力,内容涉及营销英语、外贸英语、会展英语等各个领域,教学体系初见雏形,教学成果日益提升,为我国商务英语的深入发展和商务英语人才的培养做出了巨大的贡献。

第四节　商务英语学科体系构建

一、商务英语学科的定位与内涵

商务英语起源于应用语言学的 ESP,从理论到实践不断发展,形成一门交叉学科,建设独立的学科体系。该学科理论基础来源于应用语言学、专门用途英语、跨文化交际学和话语分析。商务英语研究对象是商务活动、商务话语和商务文化,研究队伍是商务英语教师以及国际商务从业人员。同时,他们应掌握经济学、管理学和法学等相关学科的基本知识和理论,具备较强的跨文化交际能力与较高的人文素养,能在国际环境中熟练使用英语完成商务、经贸、管理、金融等工作。商务英语发展到现在,学科定位已经逐步清楚,它是应用语言学与国际商务、国际贸易、世界经济等学科相交叉产生的新学科,但人才培养的目标和侧重点有所不同，它是专用外语人才培养的一个新模式和新途径，商务英语主要培养精通外语和商务的国际化复合型外语人才，从事跨国投资、跨国诉讼、跨国贸易、跨国管理等领域的信息调研、商务演讲谈判、商务法律写作和翻译等工作，要求外语调研和沟通能力强，通晓相关商务专业知识，熟悉外国文化与国情，集中了外语专业和国际商务专业的双重优势。与外语专业学生相比，商务英语专业学生掌握专业商务基本理论、基础知识和业务技能；与国际商务的学生相比，具有外语应用水平高、跨文化交际能力强、中外文化素养好、外国国情知识广的优势。多门外语（如法、德、日、韩、阿等）技能更能显示优势。

商务英语学科是专用外语和国际商务交叉产生的新学科，是专门研究外语在国际商务领域中应用的规律和特点的一门学科。目前，学科分类主要有两种不同观点。

第一种为语言学分类观，认为商务英语是以语言学为理论基础的，因此，将商务英语纳入应用语言学学科范畴，归类为专用外语范畴，专用外语的主要研究领域包含三个部分：学术英语、商务英语、科技英语。

第二种为管理学分类观，认为商务英语以管理学为理论基础，商务英语属于工商管理学学科范畴，主要研究重点是国际商务沟通，与国际营销、企业管理内外部沟通密切相关，因此，可归类为国际商务沟通范畴，主要研究重点包含商业策略、交际策略、跨文化策略三个组成部分，涉及商务谈判、商务礼仪等。

第一种为经济学分类观，从学科内涵看，在一级学科层次，商务英语学科是由外国语言文学和应用经济学两个一级学科相交叉，在二级学科层次，由外国语言学及应用语言学与国际商务、国际贸易或世界经济等二级学科交叉产生的一个独立的二级交叉学科，产生三个独立的交叉学科方向：①与国际贸易交叉，产生国际商务话语研究；②与国际商务交叉，产生国际商务文化研究；③与世界经济交叉，产生外国商务国情研究。

商务英语的交叉学科属性具体体现在以下四个方面：

（1）学科理论基础交叉，商务英语研究自身具备了较完善的交叉学科理论体系，包括专用英语理论（ESP）、话语分析、应用语言学、功能语言学、跨文化交际学、翻译学、经济学、国际商务、国际贸易学、电子商务、国际营销、国际商法等；

（2）研究对象交叉，商务英语明确针对三个研究领域：国际商务话语、国际商务文化、外国商务国情；

（3）研究方法交叉，商务英语采用跨学科的研究方法，如定量研究、定性研究、话语分析、案例法、语料库方法、计量统计方法等；

（4）从业人员知识与技能交叉，商务英语拥有专门的复合型从业人员，商务英语教师、商务专家学者、国际商务人员都是跨学科背景。知识与技能都是复合型的。

注：商务语言学（如商务话语、法律语言、金融英语、财经新闻英语、电子商务英语、语言经济学、外语教育产业等）；商务英语教育学（如商务英语教学法、商务英语测试、商务英语教师发展等）；如何研究商务话语的手段，如商务研究方法（如修辞分析、批评话语分析、语料库方法、多模态分析、功能语言学方法等）。

二、商务英语的学科理论体系

任何一门科学皆有其理论和应用两方面，学科的构建也包含学科的理论和应用两个内容。由此可知，商务英语学科亦包括学科基础理论和学科应用理论。此外，由于商务英语是交叉性学科，它涉及许多相关学科，因而它还包含学科支撑理论。

所谓商务英语学科理论体系，是指商务英语研究中用来研究商务英语教学和研究英语在国际商务背景下被使用的现象的一系列概念、范畴、规律以及按照一定逻辑关系形成的理论系统。因此，我们在建构商务英语理论体系时，应首先确定与研究相关的概念，并阐述概念之间的逻辑关系，形成概念间相互关系的层次结构，排列各概念或研究变量，最后构建商务英语理论架构图。此外，在建立商务英语学科理论体系架构时，我们必须考虑学科的逻辑体系。逻辑体系是事物发展过程的本质在人们头脑中的反映，是客观的东西在理论思维中的再现。建立商务英语学科理论体系需要明确商务英语学科的逻辑起点，明确商务英语教育的最基本规律；将各规定之间复杂的联系形成一个概念、一个逻辑体系，最后达到逻辑终点。商务英语研究的任务应特别关注和研究商务英语教育的基本范畴，建立起一门科学化的商务英语学科。

（一）商务英语学科的基础理论

商务英语是一门多学科组成的相对独立的学科，包含语言学、语义学、修辞学、心理学、社会学、管理学、经济学、信息技术等内涵。因此认为，对商务英语的基础理论研究应该更宏观一些，不能只局限在语言教学的各个环节，应从整个学科的理论研究和理论建设的系统化的高层面做一些研究。商务英语学科的基础理论是本体理论，也是核心理论。商务英语学科的应用理论为外延理论。商务英语学科本体理论的生成过程也就是商务英语学科本体理论的核心理论的形成过程。在此理论的生成过程中，由于商务英语学科是尚未完全独立的学科，因而许多学者在研究商务英语现象时，缺乏对商务英语学科的理论概念，即使有此概念也是比较模糊的。

商务英语学科与其他一些学科，如语言学、教育学、心理学、国际商务学、跨文化交际学以及语言理论、语言学习理论和一般教育理论等融会贯通。这些学科有的已成体系，有的未成体系。但是，这并不影响商务英语学科和它们的交叉融合。然后，在此基础上，根据本学科的特点，得出商务英语学科本体理论的核心理论、语言理论、语言学习理论和一般教育理论。商务英语学科本体理论的核心理论同时也可称为基础理论。

商务英语学科的外延理论是在形成了其本体理论的核心理论之后，核心理论反之广泛地应用或者渗透到各种已成或未成体系的、成熟或不成熟的其他学科，如语言学、教育学、心理学、国际商务学、跨文化交际学、行为科学等，由此而形成自己的外延理论，如跨文化商务英语教育学、跨文化商务英语教学理论、商务英语习得理论、商务英语与商务汉语对比语言学、商务英语文体论、商务英语教育管理学等。商务英语本体理论的外延理论是商务英语学科的应用理论。一般来说，首先形成商务英语学科本体理论的核心理论，之后才有核心理论与其他学科的交叉与渗透，进而形成商务英语学科本体理论的外延理论。商务英语学科若要形成其外延理论，必须有一个理论支柱作为强大的后盾，这种理论支柱就是这一外延理论形成之基础——核心理论，并且必须由这种核心理论与其他学科相互渗透和交叉才能形成。当商务英语的核心理论和外延理论形成之后，两者仍然互为关联，在应用实践中不断完善，互相吸收养料，互相促进，互相弥补，彼此不断丰富、发展自己。商务英语学科的核心理论与外延理论架构有待于商务英语界同仁共同努力，按照学科发展的规律，寻找建立商务英语学科的基础核心理论及其外延理论。如果语言理论、语言学习理论和一般教育理论是语言教学的基础理论，那么，商务英语语言理论、商务英语学习理论以及商务英语教育理论便是商务英语教学的基础理论。

任何一门真正独立的学科，都侧重某一方面的知识单元，按照一定联系方式组成一个有机的整体。其基本理论占有一定的比例。该基本理论包括概念系统、研究方法、学科本质分析和定位、功能分析等内容，及其相应的链接方式。

理论是学科的立足之本，任何一门专门的学科都会有自己的学科理论，商务英语当然也不例外。理论的目的在于寻找规律，解释实践。一门学科必须具备其赖以依存的理论基础。如前所述，基础理论也可称为核心理论。整体学科发展需要基础理论作为支柱。商务英语学科主要研究商务英语教学，其次研究英语在国际商务背景下被使用的规律。前者研究商务英语语言教学，后者研究商务英语的运用。两者都和语言有关。由此可知，语言教学理论和语言理论自然就成为其基础理论。作为外国语教学，商务英语的教学理论离不开语言理论、语言习得理论和语言教育理论的指导。在实际研究过程中，需要综合应用这些理论以及其他相关理论。由此看来，商务英语学科的基础理论主要由商务英语学科本体理论的核心理论、语言理论、语言习得理论和一般教育理论构成。

商务英语学科的基础理论是与其应用理论相对而言的。学科的基础理论是学科赖以生存的理论依据。语言理论是商务英语学科最重要的基础理论。商务英语教学可获得语言理论宏观和微观两个方面的指导。一方面从宏观上来说，根据语言理论原理，我们对商务英语的语言本质和特点加以论述和描写。商务英语由普通英语和有国际商务行业特征的英语术语构成，其语言特点与普通英语和文学英语有所不同。语言理论可以帮助商务英语区别普通英语和文学英语，也有助于认知商务英语及其教学的本质，是该认知活动不可缺少的理论依据。另一方面，语言理论在微观上对商务英语教学有指导作用并对它有所影响。在商务英语研究过程中，我们以语言理论为依据，对语言事实加以研究与描写。例如，对商务英语研究中的定量研究，对商务英语词汇、句型、语用规律和规则，对话语篇章规律和规则进行描写等。语言理论对商务英语课程的总体设计、教材编著、课堂教学、测试等具体教学活动有直接的指导作用。

二语习得理论是商务英语学科的另一重要基础理论。商务英语主要研究商务英语教学。怎样通过最有效的方法达到最佳的教学效果是商务英语学科需要研究的课题。传统的研究方法往往注重"怎样教"，二语习得理论则将学生怎样习得、怎样学习纳入研究范围。二语习得理论对商务英语研究具有不可替代的作用。

二语习得全称为：第二语言习得（Second Language Acquisition，SLA）研究一个人在习得母语（mother tongue）之后是如何习得另一门语言的（SLA refers to the systematic study of how one person acquits a second language subsequent to his native language.）。在此，"第二语言"并不专指外语，而是指除母语之外的任何一门语言，它可以是外语，也可以是与母语一样同在本国使用的其他语言，主要看该语言在该国的地位。二语习得理论对商务英语研究具有直接的指导功能，因为它描写学习者的第二语言特征及其发展变化。此外，它还描述学习者学习第二语言时的共有特征、相互之间的个别差异，以及分析影响二语习得的内外部因素。在商务英语研究过程中，我们需要对商务英语教育过程中语言习得的规律进行归纳总结，对商务英语学习者进行分析研究。二语习得研究主要是为了系统地探讨二语习得的本质及习得过程，描述学习者如何获得第二语言以及解释为什么学习者能够获得第二语言。不过，在借用二语习得理论原理研究商务英语的过程中，需要对商务英语习得者与普通二语习得者加以区别。商务英语习得者已经有一定的普通英语基础甚至有很好的普通英语基础，而二语习得者往往指没有第二语言基础的人。所以，在运用二语习得理论研究商务英语习得者的过程中，要区别对待他们。二语习得重点研究人们学习第二语言的过程和结果，对二语习得者的语言能力和交际能力进行客观描述和科学解释。商务英语研究需要特别分析研究商务英语学习者在掌握了一定的普通英语基础之后怎样习得国际商务环境下的英语，并进行仔细对比研究，找出其中的规律，从而对其加以客观描述和阐释。

二语习得研究涉及三大领域：中介语研究、学习者内部因素研究、学习者外部因素研究。

我们在研究商务英语时也可以从这三方面入手。

中介语理论将学习者的语言系统作为一个独立的、与学习者的母语和目的语系统并列的系统来考察，并将其置于第二语言习得研究的核心，试图对这个系统产生的心理认知机制做出科学的解释，这标志着第二语言习得研究方向的根本转变。商务英语研究也可以将商务英语学习者的"中介语"纳入其研究范围。但是，必须明确指出，在借用二语习得理论的中介语研究方法时，我们不能将商务英语学习者学习的商务英语作为一个独立的语言系统，商务英语仍然是英语语言，商务英语并不是"第二语言"，"英语"才是商务英语学习者的第二语言。另外，在研究过程中对商务英语学习者的内外部因素进行研究是必不可少的。例如，对商务英语学习者在学习过程中受母语的影响进行研究。此外，对商务英语学习者受普通英语的影响进行研究，寻找出其中的异同，从而对它们加以客观、科学描述。

由于商务英语学科的研究对象主要是商务英语教学，其逻辑起点是"商务英语教育"活动，因此，教育理论应该是商务英语学科的核心基础理论。教育理论是通过一系列教育概念、教育判断或命题，借助一定的推理形式构成的关于教育问题的系统性的陈述，它对商务英语教育有指导性的关键作用。

（二）应用语言学理论

语言学可以从各种不同的角度进行分类。一般而言，语言学可分为理论语言学和应用语言学两大类。理论语言学是语言学的主体部分，是所有语言学的理论基础。它包括对具体的、个别的语言的研究和综合各种语言的研究。根据研究对象的不同，理论语言学还可分为普通语言学和专语语言学两大类。应用语言学则有狭义和广义之分。狭义的应用语言学主要是指语言教学，研究语言学理论在语言教学中的运用，比如，研究语言习得心理等。我们这里所称的应用语言学是广义的，主要是指语言学与其他学科交叉融合而形成的新的边缘性语言学科。语言学的跨学科倾向是现代科学技术发展的必然，自20世纪下半叶至今，语言学的横向跨学科发展趋向更为明显，许多新兴的语言学分支学科应运而生，例如，语言学与社会学结合产生了社会语言学，语言学和心理学结合形成了心理语言学，语言学与统计学结合诞生了统计语言学，计算机科学与语言学相结合产生了计算机语言学，而语言学与法学结合则形成了法律语言学，等等。这些新兴的学科通常运用多学科的研究方法和手段来研究复杂的语言问题。可以说，从广义的应用语言学角度而言，研究商务英语也需要关注语言学与国际商务学科之间的交叉性和融合性，由于国际商务主要属于经济学的一个分支学科，因此，我们可以综合运用语言学、经济学、管理学等学科的研究方法和手段来研究国际商务活动中的语言行为。

（三）商务英语学科的支撑理论

如果说商务英语学科的基础理论和应用理论构成了商务英语学科的基本框架，那么，商务英语学科的支撑理论就为该框架注入了有机的活力，对商务英语学科的稳固发展起到了关键作用。这里重点讨论商务英语的支撑理论。支撑理论对商务英语学科起到渗透、复合和支撑的作用。根据商务英语的交叉性特点，我们认为以下学科理论可以作为商务英语学科的支撑理论：语言学、教育学、国际商务学、二语习得理论、心理学、经济学、跨文化交际学、文化学、社会学、哲学、现代教育技术。以下我们分别进一步阐述。

1. 语言学

语言学是研究语言的科学，或对语言的科学研究。作为一门科学，语言学有自己的一套理论、方法和分支。它是语言教学的教学原理和教学实践的理论基础之一。语言教学很大程度上依靠语言学的研究成果。商务英语学科的研究对象是商务英语教学，所以它与语言学的关系非常密切。语言学的分支学科如应用语言学、普通语言学、理论语言学、认知语言学、社会语言学、心理语言学、语用学、语义学等的研究成果对商务英语教学起着极其重要的作用。这些分支学科从不同角度或层面研究语言，它们的理论原理对商务英语学科有直接的指导作用。现代语言学与几十年前的语言学有所发展，它已经成为一门领先的学科，它的研究早已超出了语言这个范围本身。语言学的理论和方法已在人文社会科学中得到了越来越广泛的应用。例如，比较音乐学就是受到语言学比较方法的影响而诞生的。商务英语教学受普通语言学理论的指导，以英语语言学为基础。所以，语言学是商务英语学科最重要的支撑理论。

2. 教育学

教育学是研究教育现象和教育问题，从而揭示教育规律的科学。换言之，教育学的研究对象是人类教育现象和问题以及教育的一般规律。教育学与语言教学的关系也非常直接和密切。教育学的重要组成部分"教学论"是研究教学规律的理论。由于商务英语是研究商务英语教学的学科，因此，教育学的原理对商务英语学科具有指导功能。商务英语教学是语言教学，它必然会受到普遍教育规律和教学规律的制约，必须符合一般的教育原理和教学原则。语言教学带有教育的性质，商务英语学科以教育学和教学论的一般原理为依据来指导教学实践，又对教育学和教学论的不断完善和不断发展有促进作用。此外，教育学中涉及教育目的、教育制度、教育管理等，教学论涉及教学过程、教学原则、教学内容、教学方法、教学手段等，它们所反映出来的教育、教学规律，对商务英语教学具有指导意义。因此，教育学也是商务英语学科的重要支撑理论。

3. 国际商务学

一般认为，国际商务学是一门研究国际商务活动的学科，研究内容一般包括两层含义：一是研究跨国界的经济交易活动；二是研究个人、组织、国家以经济利益为目的的跨国经济活动，非商业性经济活动不在国际商务学研究范围之内。总之，国际商务学侧重于国际商务活动的理论分析。从国际商务学所研究的对象、范围来看，商务英语学科必然和国际商务学发生关系，因为商务英语学科所研究的商务英语教学涉及国际商务学的研究内容。如果离开了国际商务，商务英语学科就难以存在。我们可以从另一个角度来说明，普通英语的教学可以不涉及国际商务学，因为普通英语一般不涉及国际商务学的研究内容。商务英语学科是国际商务学和英语复合的交叉性学科，它就必然与国际商务学科密不可分。国际商务学的研究对象是商务英语学科的教学必然会涉及的内容，研究商务英语教学就需要借助国际商务学科理论。因此，国际商务学科理论作为商务英语学科的支撑理论就不言而喻了。

4. 二语习得理论

语言习得（Theroy of 2nd Language Acquisition）指的是在自然状态下，在良好的语言环境中，无外在压力，无任务意识，非常自然地形成对语言的认识并进而掌握这门语言的活动。"二语习得"的全称为"第二语言习得"，它主要指母语习得之后的任何其他语言学习，是应用语言学的一个重要分支学科，主要研究人们学习第二语言的过程和结果，其目的是对语言学习者的语言能力和交际能力进行客观描述和科学解释。专家认为二语习得研究能够帮助和促进学习者第二语言习得形成的过程，而教师恰当的教学行为亦可有助二语习得（ELlis，2008；Larsen-Freaman et al，1991）。

一个国家的少数民族学习该国家的母语和使用母语的人学习该国家少数民族语言时可以把对方的语言称作第二语言。在国内学习的其他国家的语言一般情况下都被称作外语。由此看来，商务英语学习主要是外语学习，而不是第二语言习得，因为商务英语学习者不是在英语国家的商务英语环境中自然习得商务英语，而是有目的地去学习和掌握商务英语。但也有学者（如胡守宏）认为，广义的二语是外语的上义词,包括外语;狭义的二语与外语是并列的、相对应的关系。我国的外语教学和研究是广义的二语习得研究的一部分。不管怎样,西方二语习得研究的许多方法和成果,对商务英语研究有着重要的指导和借鉴意义。在商务英语教学和研究中完全可以并且很有必要借鉴第二语言习得理论,因为二语习得理论有助于帮助我们学习商务英语语言教学中对言语功能的认识、交际活动的组织以及交际能力的培养等许多重要概念及其应用。根据二语习得理论原理,我们可以从交际能力、言语功能等方面来研究商务英语。

5. 心理学

商务英语研究的核心是商务英语教学。心理学原理可以用来研究商务英语学习者和使用者,研究他们的记忆、知觉、思维等方面。心理学还是研究人的行为与心理活动规律的科学。通过借用心理学理论,研究商务英语学科所涉及的行为人,如教师、学生、商务英语使用者的行为,从心理学角度研究商务英语学习与教学,用心理学原理指导商务英语教育活动和商务英语实践活动,从中寻找出规律以促进商务英语教学与研究。因此,心理学是商务英语研究不可缺少的支撑理论。

6. 经济学

从微观经济学的角度来看,商务英语对一种经济形态有某种影响,因为商务英语学习者作为单个的经济单位,他掌握商务英语的能力直接影响他的工作能力。从宏观经济学的角度来看,商务英语在经济变量中扮演一种中介角色,整个经济变量的总量与商务英语同样有某种必然的关系。一个国家人民的商务英语教育水平,或多或少影响该国的经济。商务英语教学有助于促进国民经济发展,因为国民的商务英语能力与我国的改革开放和国际商务活动密切相关。难以想象,若我国仍然停留在改革开放以前的英语教学模式和目标,以培养英语语言文学专业人才为唯一目的,那样必然影响各行各业,尤其是涉外企业,以及外国来华投资的企业的生产能力。可以说,正如翻译为我国的改革开放做出了巨大贡献,商务英语教育对经济增长的贡献也功不可没。所以,商务英语学科与经济学联系密切,其原理对商务英语研究能起到引领作用。例如,经济学涉及由于资源的稀缺性,每个经济必须解决生产什么、如何生产、为谁生产三个基本的资源配置问题。商务英语从另外一个角度来看,是一种资源,借用经济学的理论,如何解决商务英语专业教什么、如何教学、为谁教的资源配置问题。

7. 跨文化交际学

跨文化交际(Intercultural Communication/Cross-cultural Communication)指的是来自不同背景下的人之间的交际,需要处理的是交际与文化之间的关系,解决的是跨文化语境中的问题。在此交际过程中，交际双方由于具有不同的文化背景，他们的交际必然分别受到其文化背景和生活经历的影响。"简言之，跨文化交际就是来自不同文化背景人们之间的相互交流。（张玲红，2007：22）"跨文化交际学便是研究跨文化交际的科学。作为一门新兴的学科，跨文化交际学是专门研究跨文化交际中的矛盾与问题，并探索如何提高跨文化交际能力的学科，它是人类学、社会学和交际学的中间学科和应用学科。"跨文化交际学是一门在传播学等学科理论的基础上，与人类学、心理学、语言学、文化学以及社会学等相互交叉而发展起来的学科。"（胡文仲、贾玉新，2007：总序Ⅳ）。

跨文化交际学于20世纪五六十年代在美国兴起。20世纪80年代，哈尔滨工业大学外国语学院在国际跨文化交际研究学会的主任理事、中国跨文化交际学会会长贾玉新教授的引领下，为促进和推动我国的跨文化交际学研究做出了突出的贡献。跨文化交际研究涉及交际的各个领域：各种身份的人之间的交际，如商人之间、同事之间、商家与客户之间、师生之间等；各种交际的手段，如语言交际、非语言交际等，都是跨文化交际学的研究范围。商务英语学科与跨文化交际学一样是一门交叉性学科，且两门学科有共同的交叉点，都与语言学、心理学、文化学以及社会学等学科交叉。商务英语学科研究具有商务内容的英语教学，其中涉及不同文化背景的国际商务从业人员的交际，因而必须研究商务英语教学中跨文化交际因素的影响问题。如前所述，跨文化交际研究不同文化背景人们之间的交际过程中发生的矛盾与问题，探索如何提高跨文化交际能力，该学科的理论和成果对商务英语学科有非常实用的指导价值。跨文化交际学研究涉及至少以下五方面。

学科基本概念、语言能力与跨文化交际、世界文化差异、跨文化交际过程、跨文化交际能力。这些是跨文化交际学的五个研究内容，除第一个之外，其他四个都与商务英语学科相关。例如，世界文化差异研究的成果可以直接运用到商务英语教学中，商务英语学科可以对世界文化差异而引起的矛盾冲突对商务英语教学的影响进行不同视角的研究，从而充实跨文化交际学的功能作用。另外，跨文化交际学研究的跨文化交际能力对商务英语学科研究各国国际商务人员的交际同样有指导功能。由此可以得知，跨文化交际学能很好地支撑商务英语学科。

8. 文化学

文化是一个内涵极为丰富的概念，文化是人类某一群体所普遍享有的、通过学习得到的信念、价值观念或行为特征，它具有民族性、社会性、系统性等特征。任何外语教学都离不开文化因素。商务英语教学与英语国家的文化密切相关。商务英语教学必须以一定的文化学理论为基础。作为研究商务英语教学的学科自然就不能忽略文化学因素了。众所周知，在商务英语教学中，很多情况下并不是因为语言问题影响教学，而是文化因素直接成了商务英语教学中的瓶颈。所谓"文化因素"，是指那些与语言理解和语言表达密切相关的文化因素，主要包括语言形式内的文化含义、文化背景和非言语信息三个方面。因此，商务英语学科需要以文化学作为其支撑理论以便更有效地研究商务英语教学及商务英语使用的规律。

9. 社会学

商务英语学科与社会学有不可分割的关系。作为一种社会现象，商务英语与社会发展密切相关。在中国，随着改革开放，商务英语从过去的国际贸易英语发展而来，其内涵和外延意义与改革开放前的国际贸易英语有所不同。我们可以借用社会学的原理来阐释这种发展和演变现象，可以从中发现人类社会发展规律性的作用。商务英语作为一门新型的独立学科正处于发展的初级状态，社会学的研究内容，如社会文化、社会行为对商务英语有不同程度的影响，因为一个时代的文化能反映出当时的社会发展走向，而社会行为对社会群体客观上产生制约和影响。社会学所研究的社会关系包含了个人与社会在内的关系，这是个人与社会相统一的关系。个人只有在社会中才能生存、发展，个人的价值与幸福取决于社会的安定与繁荣。商务英语学科所研究的内容包含着作为社会的个人的社会价值。商务英语中涉及的个人，不管是商务英语教育者，还是商务英语受教育者，他们之间的关系体现了社会人关系中的一个方面。从社会学角度来研究商务英语中的社会人，可以更开阔研究视野，立足社会，使商务英语研究与社会关系紧密地联系起来，从而更好地协调所研究的对象之间的关系。

社会的发展离不开社会中个人的努力与奉献。没有个人的存在与发展，社会存在与发展也无从谈起。马克思主义反对抽象地把人看作自然的类，认为在其现实性上，它是一切社会关系的总和。通过以上论述我们可知，商务英语研究不能忽视社会学对其的指导与支撑作用。

10. 哲学

哲学在人文社会学科中居核心地位，具有人文学科性质的商务英语学科自然就可以，也应该将哲学作为其支撑理论，用哲学思辨的理论思想来指导商务英语学科的理论与实践。

哲学活动没有仅仅局限于人文学科，它常常与自然科学以及社会科学发生密切关联。哲学可以看成是人文学科，但是，其工作范围不局限于人文科学。哲学总是与知识进化状况息息相关的。复杂而细化的现代知识学科体系，本身就有必要建立一种横向和深刻的关联形式，由此实现知识学科的整合，这是哲学的当代使命。这一点本身也决定了哲学学科在现代知识学科体系中的存在方式，哲学学科必须体现出一种学科综合性。商务英语作为当代知识体系中新出现的细化学科，具有当代新兴学科的交叉性特征，其理论系统既需继承传统又需要根据本学科的特点创新。哲学作为现代知识体系表现出了前所未有的跨学科性以及学科综合性，由此，它对其他任何学科更具有指导功能，商务英语学科离不开哲学作为其支撑理论。

11. 现代教育技术

进入信息社会的 21 世纪，传统的教学方式已经跟不上时代的发展要求，加上教学观念的更新以及教学模式的多元化，人们的教育思想和教育观念也随着科学技术的进步而发展。信息技术的高速发展，电子科学的发达，计算机技术的进步，特别是计算机多媒体技术与计算机网络技术等现代技术的融入，促进了教育手段的更新和教育方法的完善，人们对教育技术因而有了新的认识。此外，由于教育竞争，教育管理者充分利用现代科学技术成果以提高教学质量。所以，运用教育技术就成为十分必要和紧迫的任务。作为当代实用性很强的新兴学科，商务英语教学离不开现代教育技术。商务英语课堂教学可使用多媒体教室，充分利用现代教育技术。例如，通过播放国际商务公司运作的 DVD 让没有实践经验的学生对国际商务实践有个初步的感性认识。另外，通过要求学生按照跨国公司的实践，制作 PPT 进行公司及其产品的推介（presentation），可以让学生模拟实践。借助现代教育技术，有助于商务英语学生提前进入国际商务活动的角色。现代教育技术的理论对商务英语研究因而显得非常重要。由此，现代教育技术学也是商务英语学科不可缺少的支撑理论。

综上所述，我们可知，作为一门独立学科，商务英语需要语言学、教育学、心理学等相关学科为它提供有益的理论，以便充分从中汲取营养，从而不断地丰富、完善和发展商务英语学科的理论和方法。

三、商务英语的学术机构

一个学科的形成和发展，离不开一支稳定的学术队伍、学科带头人及学术机构。随着商务英语教学和实际应用的迅猛发展，商务英语研究也取得了令人可喜的进步和成绩，目前已有一大批教师投身于商务英语的研究与实践，许多院校成立了商务英语或专门用途英语学术机构。1998 年成立了全国国际商务英语研究会，标志着商务英语研究已进入一个新的发展阶段。自该研究会成立以来，已举办了八届全国或国际性的商务英语学术研讨会，研讨会规模逐渐扩大，由最初的几十个参会人员发展到最近一届的四百多人规模，而且递交研讨会交流的论文档次、研究深度不断提高。研讨主题也不断深化，基本涵盖了商务英语理论研究、商务英语教学研究、商务英语本体研究、商务英语翻译研究、商务英语话语研究、商务英语跨学科研究等领域。不难发现，商务英语研究已更趋深入和系统化，一个崭新的、独立的学科分支正在形成。

我国商务英语的主要研究力量来自三所专业的外经贸大学。

（1）对外经济贸易大学。该大学的英语学院在我国商务英语教学与研究方面发挥重要的作用。他们的研究包括"高等学校商务英语专业本科教学要求""商务英语人才培养复合度研究"。该英语学院于2006年3月25日成立国际商务英语研究所，下设四个研究中心：商务英语语料工程实验中心、商务英语语言与测试研究中心、商务英语教师发展中心、跨文化商务交际与管理研究中心。该所商务英语研究阵容强大，集中了一批商务英语教学骨干和研究主要力量。此外，该英语学院还有国家级商务英语教学团队、商务英语人才培养模式创新试验区。

（2）上海对外贸易学院。该学校于2001年11月成立商务英语研究开发中心，该中心与英国中兰开夏大学（University of Central Lancashire）合作研究商务英语。该研究开发中心集中了国际商务外语学院一批学术骨干，近年来，活跃在商务英语界并在商务英语研究方面成绩昭著。

（3）广东外语外贸大学。该大学于2007年5月8日成立商务英语研究中心，该研究中心的研究力量主要来自国际商务英语学院的国际商务系。此外，该校的国际经贸英语系、英语（国际商务管理）系给予大力支持。该中心有着一支力量强大的学术研究队伍，致力于商务英语研究。

以上三所大学的商务英语研究机构成为我国在该领域研究中的重要力量，他们不仅推动了本校的商务英语研究，而且带动了其他院校的商务英语研究。

商务英语是语言学与国际商务相结合而形成的一个交叉学科，是语言学、应用语言学的一个分支学科。总体而言，从事商务英语教学和研究的教师主要归属于英语语言学学科，实际上多数商务英语教师也是从英语专业的教学和研究中起步和转向的。正如前文所述，目前该学科尚存在商务英语师资队伍现状与商务英语教学快速发展不相吻合这一突出问题。尽管商务英语已作为一个独立专业进行建设，而且加入商务英语研究与实践的队伍不断壮大，但该领域仍缺乏引领学科的带头人，也尚未形成一支稳定的学术队伍，不少人实际上属于半途出家，学术方向仍不十分明朗和确定。毋庸置疑，商务英语要发展成为一个成熟的学科，仍有很长的路要走。由于没有专门的商务英语期刊，商务英语研究的论文没有集中发表的园地。虽然在各种学术期刊（主要是大学的学报）上发表了不少关于商务英语的论文，但是由于这些期刊、学报的受众分散，因而论文影响不大，难以有效地促进我国商务英语学科的发展。另外，除了每两年一次的国际商务英语研究会主办的研讨会，以及一些出版社，如高等教育出版社、对外经济贸易大学出版社、上海外语教育出版社、复旦大学出版社等组织一些商务英语教学研讨会，商务英语学术活动不甚理想。应该经常组织召开专题的小型研讨会（seminar），就商务英语学科发展的某个方面做专题探讨。如商务英语学科定位研讨会、商务英语专业建设研讨会、商务英语教学大纲研讨会等。全国各个省市、自治区应该成立国际商务英语研究分会，受全国国际商务英语研究会的领导。这样，各省市、自治区的商务英语学术活动都能得到有序发展，同时也促进了全国的商务英语学术活动，形成全国范围内的学术研究群体，这无疑有利于商务英语学科建设。应该成立受教育部领导的全国性的商务英语教学指导委员会，制定出统一的指导性的商务英语教学大纲，对我国的商务英语教学、研究进行指导。

第五节 商务英语专业建设构想

一、商务英语专业的人才培养目标

21世纪是一个国际化的知识经济时代，由于社会对外语人才的需求已呈多元化的趋势，过去那种单一外语专业和基础技能型的人才已不能适应市场经济的需要，市场对单纯语言文学专业毕业生的需求量正逐渐减小，我国每年仅需要少量外语与文学、外语与语言学相结合的专业人才以从事外国文学和语言学的教学和研究工作，而大量需要的则是外语与其他有关学科（如外交、经贸、法律、新闻等）相结合的复合型人才，培养这种复合型的外语专业人才是社会主义市场经济对外语专业教育提出的要求，也是新时代的需求。因此，外语专业必须从单科的"经院式"人才培养模式转向宽口径、应用性、复合型人才的培养模式。商务英语专业正是外语教学改革的一种模式，主要培养具有扎实的英语语言基础、宽厚的人文素养、系统的国际商务知识、较强的跨文化交际能力的应用型、复合型商务英语人才。可以说，这是一种外语与国际商务知识相结合的人才培养模式，适应社会对涉外商务人才的需求。商务英语专业的就业去向基本上是公司、外企，该专业的就业竞争优势较为明显，商务英语专业学生在商务专业知识方面可以与其他英语专业学生竞争，而与经济、管理类学生相比，该专业学生的英语语言能力明显占优。

二、商务英语专业的人才培养模式

最近几十年以来，商务英语教学发展迅猛，但是，目前尚无全国指导性的商务英语教学大纲可以遵循，因此，在商务英语专业具体培养模式方面，基本上仍处于各自为政、无序的状况。通过对广东外语外贸大学、对外经济贸易大学、上海对外贸易学院、西安外国语大学等50多所院校该专业或专业方向的本科生培养方案进行调查分析，我们发现在具体培养模式上仍存在着较大差异，其中较有代表性的六种培养模式主要包括：

（1）英语专业课程＋商务英语课程；
（2）英语专业课程＋商务英语课程＋商务专业课程（英文授课）；
（3）英语专业课程＋商务英语课程＋商务专业课程（中文授课）；
（4）英语专业课程＋商务专业课程（英文授课）；
（5）英语专业课程＋商务专业课程（中文授课）；
（6）商务专业课程（全英文）＋部分英语语言课程。

不难发现，第一种培养模式主要将商务英语作为英语专业的一个方向或其中一个模块建设，英语专业学生进入高年级阶段（通常在大三第一学期）进行各专业方向或模块（如语言文学、翻译、商务英语或专门用途英语等）分流，其中部分学生进入商务英语专业方向学习。商务英语类课程也主要以经贸英语、营销英语、旅游英语、法律英语、金融英语、科技英语等为主。商务英语在早期发展阶段，主要纳入专门用途英语教学模式，并被许多院校所采用。根据这次调查统计数据，有半数以上的综合性院校仍沿用这一培养模式。该模式的主要特点是学生的语言知识和技能较为扎实，同时也可学到一定的商务知识，授课教师主要以英语教师为主。而不足之处是由于目前的商务英语系列教材多数侧重语言知识和技能的学习，而在商务专业知识编排方面则较为凌乱和不足，而且据我们调研，教授此类课程的教师多数缺少一定的商务专业背景，不少学生因上述原因导致学习兴趣逐渐变淡，更谈不上进行系统的商务专业知识和技能的学习和训练了。可以说，目前这一模式尽管坚持了"英语本色"，但实际上仍没有很好地体现"商务特色"。商务英语作为一个独立的专业建设以来，后面几种模式已逐渐被许多院校所采用，即采用"英语＋专业"的模式。然而，不难发现上面列举的第三、第五种模式，其专业属性上则有"商科"之嫌。如果对商务专业课程采用中文授课，尽管有利于学生系统学习国际商务专业知识，但会严重制约和影响学生英语语言技能的熟练程度，尤其对国际商务环境中英语技能的培养会产生消极影响。可以说，此类模式实际上已经脱离了商务英语教学的"英语本色"，商务英语也就失去了应有的特色和活力。而第六种模式实际上强调的是"商务本色",注重国际商务学科知识体系的系统、专业学习,在此基础上,进行适当的英语语言技能训练,辅之以一定的"英语特色"。这一模式严格意义上不应称之为商务英语专业,应该归属于商学院的商科门下。我们认为,第二种模式,即"英语专业课程+商务英语课程+商务专业课程(英文授课)"应是上面几种模式中较为理想一种。该模式下,学生在一、二年级打下较为扎实的英语语言基础后,进行相关商务英语课程的学习,然后进入全英文商务专业基础知识的学习。这一模式不仅注重"英语本色",而且也能使学生较为系统地学到商务专业的基础知识和基本技能,体现了一定的"商务特色"。如果采用第四种模式,即没有经过商务英语课程学习这一过渡阶段而直接进入全英文商务专业课程的学习,则不仅会使学生普遍感到难以适应,而且也会直接影响其学习效率和对专业知识的掌握程度。

三、商务英语专业的课程特征和体系

(一)商务英语的课程特征

(1)学科性。商务英语课程的学科性是指该课程的研究对象为国际商务背景下所使用的专门用途英语、商务活动、商务语言等,重点研究由于使用领域、使用团体、使用功能等因素的不同而产生的英语变体及其规律。具体来说,商务英语课程的内容涉及国际金融、国际经济、国际贸易、国际投资、国际服务、市场营销、工商管理、知识经济、财务管理等各个领域,涉及英语的基础语言知识,还涉及商务知识、商务词汇、商务沟通、商务谈判技巧以及在商务情景下的金融、外贸、财务等相关的词汇和知识。

(2)复合性。商务英语的复合性体现为专业内容和师资的复合。商务英语学科涉及多个学科的理论知识和方法,最突出的特点是其内容的交叉性和复合性。商务英语学科的复合性特点决定了商务英语的师资也必须是复合型的。商务英语课程的复合性主要体现在,商务英语课程重视英语语言技能与其他领域知识的密切结合,融合了语言、商务、文化等多方面的内容。对学生来说,他们不但要掌握商务知识、商务词汇,用英语进行商务交流,还要加强对商务专业知识在商务场景中的实践应用。在此基础上,学生可以运用商务英语及相关专业知识与技巧,灵活自如地从事各种与商务工作有关的交际和活动。商务英语课程的复合性还体现在师资背景的复合性上。对商务英语教师来说,他们除了要具有较高的语言教学能力,还必须广泛涉猎商务方面的知识,如经济、金融、管理、法律、新闻等,只有这样才能胜任商务英语课程的教学。

(3)应用性。商务英语教学突出的特点是理论联系实际,培养学生在具体商务环境下跨文化商务沟通的能力。在教学过程中，强调把语言技能的学习与商务知识的传授有机地结合起来，将案例教学、模拟教学、操作技能指导、社会实践调研、信息搜集和分析这些教学方法应用到具体的课程中去，充分体现商务英语的现实感和实用性。换句话说，商务英语课程是融英语与商务知识为一体的实用型英语课程，它的教学是紧紧围绕着特定的目的和内容而进行的。商务英语课程以英语作为媒介，并为商务活动服务，其所涉及的内容涵盖与商务有关的诸多领域以及开展各商务活动的各个环节。基于此，商务英语课程常常设置各种商务交际任务所要求的模拟活动，如商务谈判、公司介绍、商务会议等。

（4）目的性。随着近些年ESP教学的兴起，商务英语在部分高校中已有开设。但很多教师、学生对这一课程的开设目的仍然有所误解，认为商务英语课程的目的是让学生掌握一些专业知识，会写外贸函电。事实上，作为ESP的一个分支，商务英语课程本质上属于语言课程，是教授语言知识和技能的课程。它强调语言的使用，重视商务英语交际能力的培养，目的是使学生能够运用英语处理商务事务、解决商务问题、完成商务活动。因此，商务英语课程的目的应该是培养熟悉商务专业知识、社交能力强、能够利用英语开展商务活动等的综合性英语人才。

（二）商务英语专业的课程体系

商务英语专业的主要目标是培养英语语言与国际商务密切结合的应用型、复合型人才，其知识结构体系通常包括英语专业知识、英语专业技能、商务专业知识、商务专业技能、人文素养及跨文化交际能力等六个部分。英语专业知识主要包括英语语言学、文学等方面的专业知识；英语专业技能主要是指英语语言的实际运用能力，包括英语听、说、读、写、译等方面的技能，商务专业知识主要包括国际贸易、国际投资、国际金融、国际营销、商务法律及商务管理等方面的专业知识，商务专业技能主要指国际商务活动中涉及合同起草、单证制作、商务洽谈等方面的实际操作技能；人文素养指的是人文精神，包括人的情感、道德、价值观等方面的内容；跨文化交际能力主要指在不同文化背景下的适应、沟通、应变、组织、协作等方面的能力。可以说，上述几个方面是商务英语专业人才培养规格的有机组成部分，其中，英语语言知识和技能、人文素养、跨文化交际能力是其基础和本色，商务专业知识和技能是复合型人才的体现，也是该专业的主要特色。

商务英语课程设置的指导思想源于《高等学校英语专业英语教学大纲》（以下简称《大纲》）。《大纲》明确指出：高等学校英语专业应该培养具有扎实英语语言基础和广博文化知识并能熟练运用英语在外事、教育、经贸、文化、科技、军事等部门从事翻译、教学、管理、研究等工作的复合型英语人才。商务英语专业的课程设置应体现以下原则：突出学科主干，注重能力培养，提倡个性发展，优化学生知识结构与能力结构，提高综合素质。根据这些原则，不同类型的院校通常选择不同的板块来构建适合自己学校特色的专业课程体系。参照《高等学校英语专业英语教学大纲》的课程分类，我们可以将商务英语专业的课程设置分为四个部分：英语专业技能课程、英语专业知识课程、商务专业课程、其他商务英语课程。具体可以分为：

（1）英语专业技能课程，指综合训练课程和各种英语技能的单项训练课程，包括基础英语、听力、口语、阅读、写作、口译、笔译等课程。

（2）英语专业知识课程，指英语语言、文学、文化方面的课程，包括英语语言学、英语词汇学、英语语法学、英语文体学、英美文学、英美概况、跨文化交际等课程。

（3）商务专业课程，指国际商务专业的一些主要课程，包括经济学、管理学、国际贸易、国际金融、国际营销、国际商法、商务沟通等课程。

（4）其他商务英语课程，主要包括商务英语、金融英语、营销英语、法律英语等课程。

英语专业知识和技能是该专业的基础和保证，此类课程的比例通常不少于60%~70%，而商务专业及其他商务英语课程一般控制在30%~40%。可以说，从总体课程结构来看，商务英语专业在体现"商务特色"的同时，仍坚持其应有的"英语本色"。

四、商务英语专业的教学模式

（一）商务英语的教学原则

1. 兼顾语言知识与国际商务知识的学习

国际商务英语是英语语言与国际商务的结合，语言是根本，国际商务是背景。因此，在设计其教学方法与教学模式时，既要注重让学习者学习掌握英语语言知识和技能，又要兼顾让学生学习国际商务知识、掌握国际商务技能。这也是国际商务英语教学的特殊之处，是其区别于其他 ESP 教学的地方。

商务英语教学的基本宗旨应当是英语语用能力的训练。"以英语为本"这一方针应贯穿于整个教学过程。打好英语基础、培养英语交际能力既是出发点，又是落脚点。商务英语的特点之一是强调准确性。国际商贸业务的法律文书、合同、单证等的语言规范、用词精确、措辞严谨，对英语的使用提出非常高的要求，因此加强语言基本功的训练在商务英语教学中自然十分必要。正如"根深才能叶茂"，没有扎实的英语根基，商务的"枝叶"就难以"茂盛"。据调查，学习者英语才能的高低与投入时间的多少成正比,"外语才能的差异可用时间的差异来表示"。(桂诗春,1990:231)这对英语专业课程设置的启发意义是明显的。在课程体系中,英语专业技能课程属于主流课程,是英语专业人才培养的基础,是英语专业"立身之本"。因此,专业技能课程在学时上应得到充分保证,并贯穿于培养计划的始终。商务英语另一显著特点是语言技能和商务背景知识的密切结合。开设与国际商务相关的专业课、专业倾向课或专业知识课,加强课程的实用性和针对性,已成为商务英语专业课程建设的重要内容。商务背景知识是教学的重要组成部分,内容宽泛,包括国际贸易、金融、营销、法律等诸多领域。商务背景的内容如何,决定着该情境中需要运用的语言及交际技能如何。语言技能是从事商务活动的必需技能,表现为电话交谈、业务洽谈、报告演示以及各种应用文撰写等方式。此外,一些非语言因素,如交际策略、社会文化背景、交际双方关系等,也应在商务英语教学的考量之中。

2. *遵循理论与实践相结合的原则*

商务英语培养学习者以英语为工具从事商务活动的能力,学习者能够用英语解决国际商务的实际问题为终极目标,学习具有较强的实践性。因此,在保证学习者掌握语言知识和商务知识的理论基础上,应有大量的实践和训练内容。教学方法的选择应以功能为导向,以使学习者在获得英语语言交际能力的同时,获得国际商务知识与技能。把握好语言与商务的关系是国际商务英语教学设计的重点和难点。

3. *形成专业的课程体系*

英语专业人才应该具备的英语语用技能:①有效的普通及专业外语语音、词汇、句法、语篇表达基本手段;②外语口语与书面语的信息交际有效性与人际沟通得体性;③外语综合感知和文体修辞能力与灵敏度;④完善的外语与汉语口头与书面综合信息立体构建与交互处理能力;⑤丰富的外语文学、语言、文化知识。(《入世与外语专业教育》课题组,2001:13)据此,英语专业课程设置要想形成科学体系,大纲所列三类课程(英语专业技能课程、英语专业知识课程和相关专业知识课程)都须在开设时间、教学内容、教学时数等方面为上述外语人才培养目标服务。每类课程具体选开哪些科目,可考虑以下标准:各门课的个体价值(个体价值高不高主要是指它是否符合本阶段教学要求的广度和深度,是否有利于本校本专业人才培养目标的实现);同类课程的各门课之间的相关性的高低;三类课程整体价值的最大化。

4. *突出商务英语听、说技能*

国际商务交际往往是一个听、说、读、写交互并用的过程。由于我国传统英语教学长期存在的一些问题，英语听、说一向是学生的弱项。这在大学英语、雅思、剑桥商务英语等重量级考试中都突出地表现出来。许多学生通过了正规考试，却仍无法进行有效的口头交际。随着国际商贸的不断发展和国家对外开放的不断深入，对外商务范围日益扩大，人际交往日益频繁，口头交流成为愈加重要的交际形式。因此，英语口语训练显得空前迫切和重要。刘法公（2003）曾撰文专门论述基础英语与专门用途英语之间的教学关系，认为基础英语教学是专门用途英语教学的必备条件，而专门用途英语教学是基础英语教学的拓展和延续。基础英语与商务英语之间的教学关系也应如此，在大学一、二年级阶段，应以基础英语教学为主，打好扎实的英语语言基本功，并可将通过英语专业四、八级作为此方面的基本要求。进入高年级阶段，应及时转入商务英语教学，掌握一定的商务英语专业词汇、熟悉商务英语的语体变化规律，并为进入全英语商务专业课程教学做好准备。学科的根基决定了一个学科今后的发展方向，商务英语专业的特色是语言学与国际商务学科的交叉和融合，但就其学科根基而言，与其他的外语专业一样，商务英语的学科基础和学科体系仍是语言学和应用语言学，其他与其相关的专业知识，如经济学、管理学、社会学、教育学等方面的一些基本理论知识尽管也是该专业体系中的组成部分，但应有一定限度和范围，而不是无限涉及或掺杂，否则会影响商务英语专业的学科基础，甚至蜕变为经济学、管理学等其他学科。商务英语专业的核心或内涵是英语专业知识和专业技能，其他专业知识只能算作其外延或拓展。因此，在课程设置、教学内容等方面必须处理好英语专业知识与其他专业知识之间的比例关系，确保商务英语专业应有的特色和活力。

（二）教学方法与教学手段

21世纪，外语专业人才的培养目标和培养规格以及教学内容和课程建设的改革都需要通过教学方法和教学手段的改革才能得以实现。商务英语教学应该始终围绕其人才培养的目标定位，并在把握好商务英语教学基本原则的基础上，根据商务英语教学的特点，坚持以学生为中心，注重英语语言教学与商务知识教学、专业知识教学与人文素质教学、课堂教学与实践教学、传统教学方法与现代化教学手段的有机结合。课堂教学仍是商务英语教学的主线，课堂教学的效果直接关系到该专业的人才培养质量，因此，教师应首先抓好课堂教学，在强化英语语言训练的同时，帮助学生熟悉和掌握现代国际商务的基础知识和基本技能，充分调动学生学习的积极性、主动性和能动性，注重学生学习能力、研究能力及创新能力的培养。根据商务英语教学的特点，在课堂教学的基础上，应强化第二课堂教学、专业课程实践、社会实践等各种形式的实践教学，比如，充分利用学校现有的实验教学资源，开展校企合作，建设实践实训基地，参加贸易投资洽谈会等，培养学生的实际操作能力及综合素养。

商务英语教学还应注意传统教学方法与现代化教学手段的密切结合，那些在商务英语教学中普遍使用的传统教学手段（如交际教学法、语篇分析教学法、对比教学法等）仍是商务英语教学的重要方法，教师应根据不同的课程、教学内容、教学要求，选择合适的教学方法。商务英语教学还可积极借鉴商科专业中的经典教学方法，如案例教学法等，并结合和运用现代语言学的相关理论和方法。此外，还应充分利用多媒体、计算机、网络教学等现代化的教学手段，采用多元化、全方位的教学模式，激发学生的学习兴趣，扩展其学习空间，提高教学效率。

（三）学习效果评价

学习效果评价是检查商务英语教学质量的重要手段，同时也反映了商务英语专业的人才培养质量。依据商务英语人才培养目标的基本要求，我们可采用软、硬两套指标来衡量商务英语专业的人才培养质量，硬指标主要是商务英语专业人才必须具备的基本技能和素养，软指标是在硬指标的基础上学生综合素质的拓展和提升。硬指标主要包括英语语言知识和技能、商务专业知识和技能等基本素养，其中，英语语言知识和技能应占硬指标的60%~70%，商务专业知识和技能一般占30%~40%；而软指标则主要包括人文素养、跨文化交际能力、国际视野、创新能力、研究能力等方面的素养。目前，对每一门课程的平时和期末测试仍是检查学生学习情况、评价学习效果的主要手段，因此，测试必须具有较强的科学性，尤其是测试形式、测试范围、题型分布、难易程度等，应能较为客观地反映该专业人才培养质量的相关评价指标。其实，实务中也有不少值得借鉴的测试方式，比如，英语专业四、八级测试可以检查英语语言的综合运用能力，而一些商务类的资格证书考试如BEC、外销员、国际商务师等测试也可以检查商务专业知识的熟练程度。此外，期末测试还应与课程论文、小组作业、课堂练习、课外实践、小测验等平时的各项测试结合起来，从软、硬两套指标来综合测评各门课程的学习效果，科学、合理地反映人才培养质量。

五、商务英语的师资队伍

专业教师在知识结构和教学方式两方面的素质对商务人才的培养举足轻重，人才培养师资先行。教师是高等学校最大的资本和资源，人才培养、知识传递、知识创造、科技创新无一不是由教师来完成的。优秀的师资队伍是实现人才培养的最强有力的保证。目前，我国高等院校的商务英语专业教学出现瓶颈，其主要原因是专业师资状况难以满足商务英语教学的需要（王军等，2009）。因此，如何建设一支素质优良、结构合理、一专多能、专兼结合的教师队伍是高等院校商务英语专业亟待解决的一个难题。

下面首先分析商务英语师资的现状，依据商务英语专业的建设要求总结未来师资培养的发展方向，同时提倡教师将教学与科研联系起来，通过行动研究不断提高自身业务能力，促进商务英语专业人才培养质量提升。

（一）商务英语师资现状

目前，我国商务英语专业的授课教师主要分为三大类：第一类是教授英语语言类课程的纯英语语言教师，这部分教师的专业背景完全是英语语言文学，几乎与商务无任何关系；第二类主要是讲授商务英语类课程的教师，这些教师的背景较为复杂，部分也是无任何商务背景的英语语言教师，部分教师则是英语专业毕业后有一定的商务实践背景，或经过一定的经济学或相关学科的培训和进修，还有部分教师则在本科阶段主修英语专业，研究生阶段则为经济类专业；第三类为讲授商务专业课程的教师，主要是以商科背景的外语教师或非外语院系的经济管理类专业教师为主。

考虑到商务英语专业的学科性质以及人才培养目标定位，商务英语教师必须经过系统的英语语言知识和技能的训练，具备英语教师的基本素质，此外，还应具有一定的商务专业背景或商务实践经历，具备基本的商务知识结构。由于商务英语在国内发展时间较短，专业人才较少，从全国来看，拥有较雄厚的商务英语师资力量的财经院校和外贸院校数量少，而普通本科院校外语系（学院）从事商务英语专业教学的教师约有800人毕业于非商务英语专业，仅有少数是近年来经过商务英语专业培养的拥有高学历的教师（李九革，2008）。现阶段从事商务英语专业教学的教师主要有两类，这两种类型的教师都有各自的优点，但也存在明显的缺陷：①普通英语专业教师直接进行商务英语教学，这类教师具有扎实的语言基本功和娴熟的语言教学技巧，但大部分教师因欠缺商务背景，没有经过系统的商务专业知识培训，没有企业工作经验和行业背景知识，缺少在社会生产实践工作岗位应用外语的经验，很难胜任商务英语教学工作的需要。这是因为商务话语中存在许多的隐性知识，不懂商务（学科知识、行业管理和程序等），教师可能就会对商务话语中商务知识起作用的过程缺乏敏感，不能真正启发学生从完成商务活动的角度考虑问题（王军等，2009）。②从企业或行业引进的有从业经验的经济类专业人才进行商务英语教学。这些人商务实践经验丰富，专业理论基础雄厚，了解企业的运作模式，与企业关系密切，是实践教学的中坚力量，但他们教学理论和科研经验欠缺。教学方法和技巧略显单一。这些教师在教学中都难以将专业知识的讲授与学生听、说、读、写、译等语言技能的培养有机地结合起来

（李蓉，2012），需要加强教育理论学习和实践。

总之，现阶段的商务英语教师由于学习或工作经历造成了专业局限，英语出色、专业知识扎实，具有从业经历的教师极少；理论教师偏多，实践和实训指导教师不足；高学历高职称的教师偏少，缺乏理论和教学经验的青年师资数量较多，师资尚未形成良好的梯队。因此，商务英语专业发展中建设高素质师资队伍的必要性和紧迫性不言而喻。

（二）商务英语师资的复合型要求

商务英语学科的应用性、交叉性等特点，对其教师的知识与能力素质以及其他素养提出了多方位的要求。商务英语的复合型特点决定了商务英语的师资也必须是复合型的，在师资培养方面各学者都不约而同地提出了"双师"型的教师培养方向，即必须具备深厚的语言修养和系统的商务知识，这一培养方向已经得到肯定。作为一名商务英语的教师，要想培养出国家经济建设所需的人才，自己首先要复合。因此，商务英语的教师不仅要精通英语听、说、读、写、译，还要具备扎实的商务知识以及跨文化交际能力。知识是教学的内容之一，直接影响教学的质量；能力却决定教学的方法、影响教学的效果。因此，从事商务英语教学的教师应具备以下四个方面的能力和素质。

1. 教学能力

教师的本职工作就是传授知识，教学能力的高低直接关系教学质量。商务英语教师应当有扎实的英语功底、商务专业理论基础和一定的行业背景知识，能运用现代教学技术进行教学，具备系统的教学设计能力、较好的教学管理能力和监控能力，善于调动学生的学习热情，善于协调师生关系（原庆荣，2009）。根据高职商务英语专业课程特点，从实用性、交际性出发，针对不同课型，采用多元与多样化的教学模式，注重启发式教学，倡导探究式学习方式，把行动导向法融入课堂教学之中，激发学生的学习兴趣和创新思维，挖掘其内在潜力，锻炼他们分析与解决问题的能力，培养他们独立思考、积极探索、善于合作的能力。

2. 专业知识素养

商务英语教师的专业知识素养包括学科基础知识和学科专业知识。作为英语教师，商务英语教师的学科基础知识首先体现在其英语语言的掌握中。语言是人类交际的工具，也是人类思维的工具和人类文化的重要载体。而学科专业知识则指商务英语教师的商务知识（如贸易知识、金融知识、财务知识、会计知识、法律知识、管理知识、营销知识等）和社会实践等（江春等，2012）。

3. 实践指导能力

在实践指导层面，商务英语的培养目标要求教师具有全面的综合素质，教师既能从事理论教学，又能胜任与专业相关的实习、就业的组织与指导工作，还可指导学生参加相关行业或技能的职业资格证书考试等。教师要具有丰富的行业背景知识和一定的专业实践经验，能用英语向学生介绍和讲授相关行业的产品信息、营销策略、社交礼仪、谈判技巧等商务知识，指导学生的实践活动。

4. 科研和教改能力

在教改科研层面，教师要以培养学生职业技能为主线，积极构建有特色的商务英语课程体系和教学内容；需主动探索教育教学规律、进行教学改革；要有较高的专业学术水平和科研能力。

（三）商务英语师资队伍建设的有效途径

商务英语专业建设具有应用性和复合性的特点，这在一定程度上决定了商务英语教师专业发展的特殊性。根据商务英语教师应有的素质，高校培养复合型师资的途径有以下十种。

（1）专业知识培训。高校可以通过选派教师参加由国内外权威院校举办的商务英语教师师资培训班培养复合型教师，鼓励教师进行在职进修学习商务类课程；或者请社会上水平较高的商务从业人员和商务理论知识扎实、商务操作技能良好、工作经验丰富的教师对没有商务知识的教师进行集中培训，使之掌握商务基础知识和基本操作技能。

（2）专业资格证。鼓励教师考取商务相关证书以具备"双师型"教师的资格，如参加剑桥商务英语证书考试等。

（3）学历教育。高校还可以以一些优惠政策鼓励青年教师攻读在职或脱产的商务英语专业硕士以上学位。

（4）国外引进师资。通过聘用高素质的兼职商务专业外籍教师，充实师资队伍；引进的外籍教师可以是以英语为母语的人，也可以是在境外受过高等教育的人，但均应有商务背景经历，以建立结构合理、灵活有效的外籍商务英语教师队伍。

（5）语言培训。专业教师进行海外短期语言提高培训。

（6）中外合作办学。通过与国外大学合办国际商务英语专业，提高商务英语教学与科研水平，进一步优化课程设置，教学组织，师资结构等。上海对外经贸大学与英国中央兰开夏大学合作的商务英语本科双学位项目就是一个很好的例子。

（7）实践培训。组织专业课教师到企业进行专业实践或兼职，例如有计划分批安排教授商务英语课程的教师到具有涉外商务活动的进出口公司、外资企业、海关等单位学习和兼职，丰富教师的商务知识，提高他们的商务操作技能。

（8）带教活动。为提高青年教师的教育教学能力，新老教师可以结对，以老带新，同时也增强了商务英语教师的团队意识和合作精神。

（9）培养商务英语学科研究领军人物。培养德才兼备、学术和技能水平双优、组织管理能力强的学科带头人，此类人才应广泛参加学术交流，了解本专业发展动态，能组织、带动其他教师进行专业建设，共同提高教学水平、科研水平和实践能力。

（10）兼职教师。从涉外企事业单位或相关院校聘请既有丰富实践经验又有丰富专业知识的专家、学者等高级专门人才为兼职教师，并聘用有实践经验的外贸公司人员担任商务英语教学实践环节的教师。

建设一支能够胜任语言教学、专业理论教学和专业技能教学的高质量师资队伍，才能实现商务英语的教学目的，从而使语言类专业学生的就业能力得到显著提高。

商务英语是英语语言学与国际商务相结合而形成的一个边缘性语言学科，具有交叉性、应用型、复合型的特点。商务英语专业主要培养具有扎实的英语语言基础，宽厚的人文素养，系统的国际商务知识，较强的跨文化交际能力的应用型、复合型商务英语人才。这是一种外语与国际商务密切结合的人才培养模式。商务英语的专业属性仍是英语语言学，而非经济学、管理学等其他学科。商务英语专业的具体培养模式、课程体系、教学内容、教学手段、评价模式等必须强调商务英语的"英语本色"，商务英语教师也主要归属于英语语言学学科，这是该专业教育最为根本的原则性问题。如果片面强调经济学、管理学等其他学科的知识体系而忽视英语教学的自身特点和规律，商务英语专业就会失去应有的特色和活力，甚至蜕变为其他商科专业。

第二章　商务英语的语言特征

经济全球化的深入发展使国际商务活动日益频繁，商务英语在国际事务中的重要作用更加突出，社会对于全能型商务英语人才的需求也在不断增加。在这样的时代背景下，分析商务英语的语言特征从而切实提高商务英语的综合运用能力就具有强烈的现实意义。这里就来对商务英语的词汇、句法、语篇与修辞特征进行分析。

第一节　商务英语的词汇特征

词汇是构建当代商务英语大厦的砖石，了解商务英语的词汇特征是正确运用商务英语的前提。现代英语词汇量大、词义丰富，一词多类、一词多义、一词多用的现象比比皆是。商务英语具有普通英语的语言学特征，同时，商务英语又是英语语言、商务知识、管理技能和其他专业知识的结合，因而其本身又具有独特性。从用词上讲，商务英语词汇具有专业术语丰富、缩略语现象普遍、名词化程度高、新词汇层出不穷等特征。商务翻译过程中必须考虑商务英语词汇的特点。随着外向型经济的发展，我国在更大程度上与国际接轨，并参与国际合作与竞争。因此，商务专业英语在商务领域的实际应用也越来越广泛。商务英语是一种以职业为目的的英语，需要参与者用英语来完成其所有或部分的工作职责，具有较强的实用性、知识性和专业性。作为一种社团方言的商务语言，其专业词汇的数量大，应用范围广。其词语体系主要由商务专业术语、商务工作常用词语和民族共同语中的其他基本词和非基本词构成。其中，商务术语是商务语言词汇体系中重要的组成部分。

一、多用数字、日期及意义单一的词

当代国际商务活动常常涉及价格、时间、金额、数量、规格等信息。为使表

达准确、清晰，商务英语中常使用数字、日期等，以保障商务事宜的顺利进行。例如：

Within 30 days after the signing and coming into effect of this contract, the Buyer shall proceed to pay the price for the goods to the Seller by opening an irrevocable L/C for the full amount of USD 30000 in favor of the Seller through a bank at export port.

买方须于本合同签字并生效后 30 天内通过出口地银行开立以卖方为收益人的不可撤销信用证支付全部货款计 3 万美元。

The first phase of domestic air freight village, which covers an area of about 40000 square meters, has a yearly handing capacity of 500000 tons.

国内航空货运站第一期占地约 4 万平方米，年吞吐量达 50 万吨。

Europe's biggest information technology services firm Atos Origin aims to quadruple its business in China over the next two years.

欧洲最大的信息服务公司 Atos Origin 计划在未来两年将其在华业务增至四倍。

商务英语词汇应体现规范、准确、专业的特点，因此，商务英语常使用意义单一的词汇，以有效避免表达上的歧义与误解。例如：

商务英语用词词义较多的词

acquaint	be familiar with
by return	soon
constitute	include
effect	make
grant	give
in lieu of	in place of
inform	tell
initiate	begin
tariff	tax
terminate	end
utilize	use

在表达一些统一概念意义时，商务英语词汇与普通英语词汇相比，也体现出了具体、准确的特征（鲍文，2009）。

二、专业术语丰富

商务英语属于应用性语言学科。它涉及国际贸易、营销、金融、广告、物流、保险和法律等多个领域，涵盖了各领域的专业术语。专业术语是指适用于不同学科领域或专业的词，是用来正确表达科学概念的词，具有丰富的内涵和外延。专业术语要求单义性，排斥多义性和歧义性，且表达专业术语的词汇都是固定的，不得随意更改。商务英语拥有数量可观的专业术语，这些术语体现了明显的行业知识。如国际贸易方面的：free on board（离岸价）、standby letter of credit（备用信用证）、Letter of Guarantee（银行保函）；经济学方面的：Gross National Product（国民生产总值）、demand curve（需求曲线）、bond yield（债券收益）、comparative advantage（比较优势）；金融方面的：fiscal deficit（财政赤字）、contract curve（契约曲线）、to ease monetary policy（放松银根）；营销方面的：attitude tests（态度测试）、market share（市场份额）、aftersales service（售后服务）；保险方面的：Absolute Liability（绝对责任）、Force Majeure（不可抗力）、Risk of Breakage（破碎险）；广告方面的：appeal（诉求广告）、audience share（受众份额）、media mix（媒介组合）等。

商务专业术语与商务语言使用的民族共同语中的其他基本词和非基本词相比较，有其自身的专业特点，归纳起来有以下三点：

（1）词义的单一性和对义性。至少在一个学科领域内，一个术语只表达一个概念；同一个概念只用同一个术语来表达（钱三强，1989），即理论上讲的"一词一义"。英汉商务术语也不例外。因此，在具体运用过程中，任何人在任何情况下都必须对其有同一的解释。商务专业术语的单一性主要表现在两方面：一是每个专业术语所表示的都是一个特定的商务概念，在使用时不能用其他任何词语替代。例如：在英语中 credit standing（资信状况）不能用 position 代替 standing; standby credit（备用信用证）不能用 spare 代替 standby。汉语中也是如此，"资信"不能说成"诚信"，"备用"不能说成"零用"。二是某一个专业术语即使在民族共同语中属于多义词，在商务专业英语中也只保留一个义项，例如，listed company（上市公司），list 在英语中解释为"清单""记入名单"，而在商务专业英语中，它解释为"上市的"。又如, claim for damage（要求损害赔偿金），claim 在日常英语中意为"声称""断言"，而在保险专业英语中，它意为"索赔"。汉语也同样，例如，停止参加某个项目可以说"放弃"，但如果中途不参加保险了，都说"退保"，而不说"弃保"。

词语的对义性是指词语的意义互相矛盾、互相对立或互相关联：词语所表示的概念在逻辑上是一种矛盾或关联。在民族共同语中，这类意义相反或对应的词属于反义词或关联词的范畴。在商务语言中，我们称之为对义词。商务工作常常需要借助一组表示矛盾、对立的事物或表示对立的商务活动的词语来描述各种互相对立的商务活动的性质或进展。所以，在商务专业术语中，英语和汉语都有一些反义对义词，例如：

supply/demand	供应/需求
premium/discount	升水/贴水
bear market/bull market	熊市/牛市
surplus/deficit	过剩/短缺
assets/liabilities	资产/负债
inflation/deflation	通货膨胀/通货紧缩
appreciation/depreciation	升值/贬值
spot transaction/forward transaction	现货交易/期货交易

关联对义词是指两个相互对应的词在词义上不一定是严格意义上的反义词，但是它们在含义上有明显的联想意义和对比意义，表示着相互关联的一类商务现象或概念。在这一点上，英语和汉语也有一致性。例如：

fiscal policy/monetary policy	财政政策/货币政策
preferred shares/ordinary shares	优先股/普通股
preloss/postloss	损失发生前的/损失发生后的
insurer/insured	承保人/投保人

商务专业术语这种对义现象是由商务活动本身的性质所赋予的。因为商务活动往往是远近、优劣、强弱等互相对立或关联的两方面，这就决定了商务专业术语中不可避免地存在大量的对义词。

（2）词语的类义性和简约性。类义词是指意义同属某一类别的词。一般来说，类义词所共有的类别意义为类概念，表示类概念的词被称为上义词；归属于同一义类，分别表示同一类概念之内的若干种概念的词被称为下义词。英汉商务专业术语存在大量的类义词是其又一大特点。如 transaction（交易）可作上义词，它所包括的 deposit money、draw money、settle an account、exchange foreign currency 等为其下义词。又如，insurance（保险）可作上义词，它所包括的 liability insurance、property insurance、health insurance、travel insurance、self—insurance 等为其下义同。类义词是概念划分的产物，在汉语中的表现也类似。商务专业术语中存在类义词的现象，是因为商务面向的是整个社会，接触的是全体公民、各类机构、团体等，表示其商务关系的概念也就必然有大有小，有类有种。在使用这些概念的过程中，为了明确其外延的范围，就必须从不同角度、不同层次上根据其各自不同的属性进行划分，然后用适当的词语加以确定，以避免在理解上错误地扩大或缩小概念的内涵。这样，就产生了不同层次上的类概念和种概念，而表示这些概念的词语就是不同层次上的类义词。

典型的商务语体是一种明确可靠且具有权威性，能用来管理商务界、调节市场的语言。它由专家按照固定的模式加以编制并进行解释。因此，商务术语还有简约的特色，其突出的表现就是缩略词的大量运用。而且，随着网络技术的高速发展和商务竞争的白热化，远隔重洋的买卖双方可以通过视频电话、发送电文等方式进行商务谈判。这就要求语言简明扼要、便于记忆和记录。为此人们创造了大量缩略词，广泛应用于招商引资、劳务输出、国际贸易、国际金融、国际经济技术合作、国际旅游、海外投资等商务领域。缩略语造词简练、信息容量大、使用方便，能用比较少的词语传达更多的信息。例如：

EPS（earnings per share）　　　　　每股收益
VAT（value added tax）　　　　　　 增值税
FPA（Free from Particular Average）　平安险
CAR（Contractor's All Risk）　　　　建筑工程一切险
AAR（against all risks）　　　　　　 全险
BSC（bunker surcharge）　　　　　　燃油附加费
CAT（catalogue）　　　　　　　　　商品目录
D/A（documents against acceptance）　承兑交单
D/O（delivery order）　　　　　　　 提货单
FOB（free on board）　　　　　　　 离岸价格
P.O.D.（pay on delivery）　　　　　　货到付款
S/O（shipping order）　　　　　　　 装货单

缩略语造词简练、信息容量大、使用方便，能用比较少的词语表达出丰富而复杂的内容，传达更多的信息。但在使用缩略语的时候，有一点必须注意：有些缩略语在不同的语境里会有不同的指代。例如，TSE 既可以指 Tokyo Stock Exchange（东京证券交易所），也可以代表 Toronto Stock Exchange（多伦多证券交易所）。

（3）词语的历史性和与时俱进性。语言是社会现象，是全民的，没有阶级性。语言在人类社会发展的一切阶段都是全民的交际工具，它是人类共同创造并使用的，对全社会统一，而且一视同仁地为社会全体成员服务。因此，语言中的一些词汇作为语言的基本符号，从古至今一直被沿用，商务活动中同样选用了一部分旧的包括古代的商务术语。例如，汉语中的"租赁""折旧"等，英语中的 lease、bill 等。社会继承和使用这些旧的商务术语，是因为它们在长期的使用过程中已经具备了公认的特定含义，没有必要另外创造新的术语。在有些情况下，如果硬性改换沿用已久的术语还会造成错误。例如：在银行业务术语中"票根"应该是 drawing advice（开票通知），但如果改成 counterfoil，表面上似乎正确，事实上却有了本质的区别，因为 counterfoil 表示票据开出或撕下以后保留的存根。

此外，商务英语多涉及商务函电、经贸合同和各种协议，由于这些文本对买卖双方均有法律效力，为体现法律的权威性和严密性，用词要正式、规范、严谨，甚至经常使用一些在其他英语语体中很少或不再使用的古体词。其中，出现最多的是以 here、there、where 为词根，分别加上 after, at, by, from, in, of, to, under, upon, with 等一个或几个介词共同构成的复合副词。

例如：

hereafter	自此	hereby	特此，兹
herein	于此	hereof	在本文中，关于这点
hereto before	迄今为止	hereupon	随即
thereafter	其后	thereby	由此
therein	在其中	thereinafter	在下文中
thereof	其中	thereon/upon	在其上
thereto	随附	there under	在其下
whereas	鉴于	whereby	凭借
wherein	在那儿	whereof	特兹

这类词多见于商务合同文本。在英语商业文书中，常常用到严谨而规范的书面语，用词虽然正规却显得累赘。例如，"acknowledge" "advise" "utilize" "by means of" "in view of"。此外，常以短语代替单个词的使用。例如，"true facts" "my personal opinion"，而对应的汉语却很精练。因此，在汉语商务文书中，常可见到以 "系" "度" "拟" "予" 等古词语构词，以及 "洽商" "鉴于" "函告" "查收" 等合成动词。例如，We feel that the price you quoted is to be found on the high side，with a view to the long friendly relations between US，we may accept a 10％ reduction in price（译文：我方觉得你方所报价格偏高，鉴于我们之间的长期友好关系，我方还是可以接受贵方下调10％的价格）。

自19世纪以来，人类在自然科学和社会科学方面取得了突飞猛进的发展，新产品、新思想不断涌现。科学的发展也必然会在金融领域反映出来，随之而来的就是新的商务术语的出现。例如：

e bank	电子银行	e commerce	电子商务
e money	电子货币	cyberstore	网店
cybershopping	网上购物	cybercard	网卡
cyber—trade	网上交易		

随着社会的不断发展和国际交往的日益频繁，我国的商务界必将进一步健全、完善和发展。在这一过程中，不可避免地要借鉴先进国家的经验，援用其他国家商务工作使用的某些商务术语，尤其是国际交往中通用的商务术语，例如，"破

产""法人"等。

例1：If all the terms and conditions in the credit are not complied with, the exporter may ran the risk of his draft being dishonored by the bank.

译文：如果信用证的条款不一致，出口商的汇票有可能遭到银行拒付。

赏析：该句中"terms and conditions""credit""draft"和"dishonor"均为国际贸易术语。其中，"terms and conditions"意为"条款"；"credit"在此句中表示"信用证"；而"draft"意为"汇票"；"honor"在商务英语中是"兑现、承兑"的意思，而此句中的"dishonor"是"honor"的反义词，是指"不兑现，拒付"，而不是"玷辱，使蒙羞"之意。

例2：For payment: please send draft for acceptance, at maturity we will cover you in accordance with your instructions.

译文：付款：请将汇票交我方承兑，到期时，我们将按照贵方的要求向责方付款。

例3：Insurance on the goods shall be covered by us for 110% of the CIF value, and any extra premium for additional coverage, if required, shall be borne by the buyers.

译文：将由我方按照到岸价的发票金额的110%办理该货的保险，如果需要，额外增加的保险的费用将由买方承担。

赏析：在例2中，"cover"出现在支付的语境中，表示"付款给某人、支付……费用"，可译为"支付、付款给某人"。而在例3中，"cover"出现在保险语境中，表示"投保……险、对……保险"。"coverage"为"cover"的派生词，作名词，在保险业中的含义是"保险、险别、投保"，例如，Risks & Coverage "险别"，increasing coverage/extending coverage "加保"，renewing coverage "续保"等。

随着社会的不断发展和国际交往的日益频繁，我国的金融业必将进一步健全、完善和发展。在这一过程中，不可避免地要借鉴先进国家的经验，援用其他国家金融工作使用的某些金融术语，尤其是国际交往中通用的金融术语，例如，"破产""法人""熊市""牛市"等。可见，在商务英语中，术语的使用十分广泛，有些术语仅仅出现在特定的商务文体中，还有很多的术语是普通词汇在商务文体中的专用，在不同的商务场合具有不同的含义。因此，在翻译时，要根据该术语出现的具体语境，在充分理解其在句子中的特定含义的基础上，结合一定的商务知识，灵活选用恰当的汉语词汇来表达。

三、多用模糊修辞

模糊修辞并不是指词汇意义模棱两可或具有歧义，而是一种特殊的选词方法。模糊修辞的运用没有明显的目的性，有利于表达弦外之音，缓解双方的尴尬从而为商务洽谈留下可回旋的余地。例如：

What you mentioned in your letter in connection with the question of agency has had our attention and we shall give this matter careful consideration and shall revert to it later on.

本例中的 has had our attention（予以注意），shall give this matter careful consideration（将予以认真考虑）和 revert to it later on（以后再谈）均属于模糊修辞。这种表达方式既没有明确同意，也没有明确拒绝，而是巧妙地将现在难以回答的问题推脱掉，一方面利于对方的接受，另一方面也为后续的合作打好了基础。

As for goods Article No.120, we are not able to make you orders because another supplier is offering us the similar quality at a lower price.

若直接点明对方价格偏高，很可能使对方难以接受。本例婉转地使用 another supplier（另一供货商）来向对方暗示自己的态度，从而避免了尴尬局面的出现。

四、缩略语现象普遍

英语缩略（语）用简单的几个字母就可以表达出复杂的含义，具有言简意赅、快速捷达的特点。国际商务活动是一种跨国活动，随着电报、电话和电传的发明，国际贸易、国际金融、国际经济合作等得到了迅速的发展，远隔重洋的双方用电话交谈、发送电文，均要求简明扼要，便于记忆和记录。尤其是在全球经济趋向一体化的今天，为了省时节费，提高办事效率，人们在交际中力求浓缩快捷、言简意赅。因此，商务语域里的人们创造并使用着大量的缩略语。如IMF（International Monetary Fund）"国际货币基金组织"；ADB（Asia Developing Bank）"亚洲发展银行"；SHIPMT（shipment）"装运、装船"；MEMO（memorandum）"备忘录"；pro（professional）"专业人员"，等。商务英语缩略语的构词方法很多，其简化方式，概括起来主要有如下六种。

（1）首写字母构成的缩略语。这种缩写法多用大写字母，字母之间可用或不用缩写号。这是一种最常见的缩写法，常常用于组织名称、票据名称、作品名称、说明书和价格术语等专有名词的缩写，一般按字母读音。例如：

NIC（National Information Centre） 国家信息中心
ISP（Internet Service Provider） 网络服务商
BE/B.E.（Bill of Exchange） 汇票、交换券、国外汇票
EMP（European Main Port） 欧洲主要港口
EEC（European Economic Community） 欧洲经济共同体

（2）谐音缩略法。根据单词的发音，用一个或数个字母来代替。利用同音或近音字母组成缩写词。这种缩写法常用于单音词和少数双音节词转化为同音字母的缩写词，按拼音或字母音读音。常见的有：

BIZ（business） 商业、业务、交易、生意
R（are） 是（或助动词）
U（you） 你
UR（your） 你的
WUD（would） 会，情愿
THRU（through） 通过，经过
OZ（ounce） 盎司

（3）截词缩略法。截词缩略法是通过截略原词的一部分构成缩略语的方式，这是缩略语最常用的构词方法，截词缩略法又可细分为以下五种情况：

第一，保留字首、去掉字尾来缩写。即一个单词，只保留头几个字母，去掉后面的字母。如果是词组，则取各个单词的头一个或几个字母组成缩略语，如：

ACK（Acknowledge） 承认；告知……已收到
BAL（Balance） 余额
INV（Invoice） 发票
PRO（Professional） 专业人员
ASAP（As soon as possible） 尽快
AKA（AS known as） 正如你所知

第二，取单词的首尾字母，去掉其中间部分组成缩略语。即去中间，留两头，如：

AMT（amount） 数量
AIRD（Airmailed） 已通过航空邮件寄出的
FRT（Freight） 货运
LN（London） 伦敦

第三，取合成词的两部分中的第一部分。如：

micro（micro computer） 微型计算机
post（post code） 邮政编码

第四，取几个词的首部组合而成。如：

INCOTERMS（International Commercial Terms 国际贸易术语解释通则）

Contac（continuous action "康泰克"感冒药）

Nabisco（National Biscuit Company 美国饼干公司）

第五，以辅音为核心组成缩写词。

以辅音为核心构成的缩写词（并列的两个相同的辅音字母只用一个），这类缩写法主要用于单词的缩写。它包括：利用所有的辅音字母构成缩写词；利用词首的元音字母和其后所有的辅音字母构成缩写词；利用单词的第一音节和第二音节的第一辅音字母构成缩写词；利用第一和第二音节及第三音节的第一辅音字母构成缩写词；利用第一音节和其后所有的辅音字母或部分重要的辅音子母构成缩写词；利用单词首尾两个辅音字母构成缩写词；利用每个音节的第一辅音字母及该词的最后一个辅音字母构成缩写词等。这类缩写词可用大写字母，也可用小写字母，或用大写字母带出小写字母，一般按字母读音，也可拼读。如：

MKT（market）　　　市场

PCS（pieces）　　　匹、件、块、片、张、部分

PLS（please）　　　请

ACDNT（accident）　　　事故、意外事故

INFM（inform）　　　通知、向……报告

（4）符号缩略法。符号缩略法是指用符号来代替相应单词的方式，这种方法形象简洁、一目了然，运用也十分广泛。这类缩略语通常用于表示单位，如：

货币单位 $（dollar）/ £（pound）/ ￥（RMB）

（5）代号缩略法。代号缩略语找不到原词的痕迹，它们实际上是一种代号，如：

C（medium narrow 中号窄幅——男鞋宽度）

F（with free-board 限制吃水的——海运）

Z（Greenwich Mean Time 格林尼治平均时）

（6）利用外来语构成缩略语。外来语的缩略语在英语中也有广泛的应用。在英语中，借用外来语的缩略语有借自拉丁语、西班牙语、瑞典语、挪威语、法语、德语等语种。如：

CONG（Congius）加仑 [拉丁语]

LO（LandsorganisasjoneniNorge）　挪威工会联合会 [挪威语]

FIL（FeiraInternacionaldeLisboa）　里斯本国际博览会 [葡萄牙语]

商务英语缩略语和自然词交织在一起使用，和普通英语词汇一样，缩略语具有同等的句法功能，但习惯上不用作谓语。

五、名词化现象

商务语篇有明显的互文性,它将多种语类混合在一起,与其他类型的语篇相比较,在正式程度上有区别,而越正式的书面语,使用的名词化就越多。因此,符合书面语、正式语体的表达需要的名词化结构在商务语篇中大量存在。名词化结构可以压缩冗长的概念、定义、法律条文、契约条款等,使之成为意义更加明确、概括更加全面的陈述;还可以体现各种事件的逻辑关系,或创造形容词的空间,使之成为更有条理、更加生动的描述。

例1:

① If the contracting parties are scarce dispute with each other, they shall settle thedisputes through…

② Should there be any dispute between the contracting parties, they shall besettled through…

译文:缔约方之间产生的任何纠纷,应该通过……解决。

赏析:在①中,"dispute with each other"体现了过程;在②中,名词化的"disputes"有"to dispute with each other"的过程意义,但已省略了过程的执行者。这样语义上就具备了客观性、公正性和简洁性,符合商务合同文体的特殊交际用途。

例2:

① That the resources are scarce will lead to more rationing of services and hard choices.

② Scarcity of resource will lead to more rationing of services and hard choices.

译文:由于资源缺乏,服务行业将更多地实施限额配给,人们将面临艰难的抉择。

赏析:在②中,名词化结构作句子的主语,"Scarcity of resource"相当于一个简化了的主语从句"That the resources are scarce"。相比之下,②的语言更加简洁。

在语言上,名词化结构语言简练,结构严谨,表意简洁,例如:

(3) An increase in savings will result in a greater supply of money, shift the supply curve to the right and establish lower interest rates.

译文:储蓄的增长使货币的供应量增加,导致供应曲线右移,利率下降。

赏析:句中的 An increase in savings 是名词化词组,充当了句子的主语,还用于体现因果关系。

(4) Restrictions require a minimum monthly repayment, at present 3 percent of

the balance outstanding.

译文：条例规定要求每月最低还款金额为目前每月偿还余额的3%。

赏析：句中的两个名词化结构 restrictions 和 repayment 有 to restrict 和 to repay 的过程意义，但已省略了过程的执行者，在语义上就具备了客观性、公正性和简洁性，符合商务英语文体的特殊交际用途。

六、具有商务内涵的普通词

不少普通的词语在商务英语中被赋予了专业词汇的意义。例如：proposal form，在日常英语中 proposal 意为提议、提案，在保险英语中被引申为投保单；policy 在日常英语中的中心意义是政策、方针，但作为保险专业词汇时意为保单；pool 由池塘转义为组合基金，common pool 意为共同基金。

此外，在商务合同中，一些表示通常意义的词也可能具有非常意义。例如：

词汇 意义	通常的意义	商务合同中的意义
action	行动	诉讼
alienation	疏远	转让
asslgn	分派	转让
avoidance	逃避	宣告无效
construction	建筑	解释
defense	防卫	抗辩（理由），被告方
determination	确定	终止
discovery	发现	调查证据
dishonor	耻辱	拒付
distress	危难	扣押货物
execution	执行	（合同等的）签订
limitation	限制	时效
0mission	省略	不作为，不行为
prejudice	偏见	损害
satisfaction	满意	清偿，补偿
specialty	专长	盖印合同
subject matter	主题	标的物

对于这类词语，在翻译时必须特别关注。例如：

（1）The compensation will cover the whole loss.

译文：此项赔款足以抵消全部损失。

该句的 cover 在普通英语中表示"覆盖、包括"等含义，而在商务英语中则表示"清偿、抵销"之意。

（2）When opening new accounts it is our practice to ask customers for trade references.

译文：在开立新账户时，敝公司有一例行公事，即向客户要求商业证明人。

上句中的"reference"在普通英语中作"关于、参考"的解释，但在商务英语中指"信用、能力等的证明人"。

（3）We have to request you to do business on the basis of confirmed, irrevocable L/C payable at sight.

译文：我方不得不要求你方在保兑的、不可撤销的即期信用证的基础上进行这笔交易。

这里的 confirmed 和 at sight 在普通英语中的意思分别为"确认"和"看见"，但在商务英语中却有着特殊的含义。在此句中，分别指"保兑的"和"即期的"。

七、新词汇层出不穷

近年来，社会的发展脚步逐渐加快，新生事物层出不穷。为了满足表达的需要，新词新语不断涌现并渗透到语言的各个领域。商务英语也必然将这些新的词汇吸收进来，以使自己的表达更加丰富、准确。例如：

B2B（business to business）　　商业机构对商业机构的电子商务
C2C（consumer to consumer）　消费者之间的网上交易
credit-crunching　紧缩信贷
deflation　通货收缩
E-business　电子商务
euro　欧元
knowledge-based economy　知识经济
pink-collar worker　粉领
rebuilding of stocks　吃进库存
soft-landing（经济的）软着陆

需要注意的是，任何一种语言中的新词汇都不是凭空而来的，很多都是以普通词汇为基础并遵循一定规律构成的。因此，在理解这些新词汇时必须考虑具体的语境因素。例如：

Our company has a clean balance sheet and is confident the bank will approve a loan.

我们公司的资产负债表上没有债务，相信能获得银行的贷款。

在本例中，clean 的本义是"干净的"，但在本句中其具体含义为"没有债务"。

第二节　商务英语的句法特征

一、商务英语的表述

与日常英语相比，商务英语的表述追求精确和严密，其突出的特点是客观公正、不带主观色彩。因而句子中人称主语出现得较少，被动语态使用较多，无人称的使用突出了文本的内容而不是强调文本的产生者和接受者，可以避免给人以主观臆断的感觉，使文本表现得更为客观、正式、真实可信、语气更加委婉。

例（1）Business contracts can be classified according to their validity into several categories: valid.void.avoidable or illegal.

译文：商务合同按照其效力不同可以分为以下四种：有效的、无效的、可撤销的、违法的。

同时，在没有具体人物执行某一动作，或表达重点在于动作本身而不在动作执行者的情况下，把动词转化为抽象的名词可以体现商务合同英语庄重刻板的文体特点。名词化结构语言简练，结构严谨，表意简洁，同时也保证了文本的客观真实，因此，名词化结构的使用日益广泛，它不仅挤掉了其他一些词类，而且顶替了很多语法结构。例如，Smuggling of goods whose import or export are subject to prohibitions, which constitutes criminal offences, shall be subject to…（走私禁止进出口的货物，构成犯罪的，依照……）

汉语属于意合语言，重视内在的逻辑关系而不是形式的曲折变化，在语态上表现为格式化倾向。大部分情况下，汉语靠主动句的语义逻辑来显现被动意义，按照汉族人的思维方式，即使是受事者做主语，也常用主动形式来表达被动意义。例如，"项目做好了""合同完成了"等。由于汉语中被动结构用得较少，商务翻译时，在遣词造句方面应注意原文的语气特点，努力保持英语中被动结构体现的礼貌、委婉和严谨，传达出被动语态的语用功能。

例（2）Your firm has been recommended to me by Mr Charles, with whom we have done business for many years.

译文：与敝公司有多年生意来往的查尔斯先生向在下推荐了贵公司。

例（3）Your early reply will be highly appreciated.

译文：如蒙早复，不胜感激。

例（4）The workers have been given a clear mandate for industrial action over the re-negotiation of employment contracts.

译文：工人们得到了明确授权，准许他们围绕就业合同重开谈判采取行动。

例（5）After the said license is approved, we shall establish an L/C in your favor.

译文：许可证获准后，即开立以你方为受益人的信用证。

二、商务英语基本句型

商务英语基本句型是对英语语言中的句子，通过特定的研究方法进行概括后所得到的模式。这些模式被语言使用者普遍使用，并可以作为规则加以习得，然后通过对这些有限的基本句型直接生成或进行转换、扩展，产生各种不同结构的句子，从而达到交流的目的。商务英语句型结构是以动词为核心，通过词与词之间的关系组合来生成不同的类型。

（一）商务英语简单句

只包括一个独立分句的句子就是简单句。换句话说，简单句里只包含一个"主语"与"谓语"的组合，即一套主谓结构。根据动词与搭配关系的不同，商务英语简单句又可以被细分为五种：主谓结构、系表结构、主谓宾结构、主谓双宾结构、主谓宾宾补结构。

1. 主谓结构

主谓结构的框架：Subject（主语）+Intransitive Verb（不及物动词）。

在主谓结构的简单句中，谓语常与一些副词、副词短语或介词短语搭配在一起且不能带宾语。例如：

In other developing regions, export volumes grew at a more moderate pace, close to that of the G-7, but gains from the terms of trade boosted the purchasing power, and consequently their imports.Overall, the share of developing countries in global trade rose from 29 percent in 1996 to 37 percent in 2006.

本例的第二个句子中，share 是主语，rose 是不及物动词。

2. 系表结构

系表结构的框架: Subject(主语)+Link Verb(系动词)+Subject Complement(主语补语)。在系表结构的简单句中，主语补语又称"表语"。具体来说，介词短语、形容词、名词、动词不定式或分词等都可以充当表语。

例如：

Among the developing regions, East and South Asia were clearly the most successful in increasing exports（by volume）, at rate of about 160 percent, despite a deterioration in their terms of trade.

本例中，East and South Asia 是主语，were 是系动词，the most successful 是主语补语。

3. 主谓宾结构

主谓宾结构的框架：Subject（主语）+Monotransitive Verb（单宾动词）+ Object（宾语）。本句型的谓语动词是及物动词或动词短语，宾语是动作的承受者或结果。能做宾语的有：名词、代词、动名词、动词不定式或从句等。例如：

IT systems and administration, and the resulting synergies and economies of scale will produce cost savings; strengthen the financial position of the integrated market operator.

本例中，IT systems and administration, and the resulting synergies and economies of scale 是主语，第一个单宾动词 will produce 后面跟 cost savings 做宾语，第二个单宾动词（will）strengthen 后面跟 position 做宾语。

4. 主谓双宾结构

主谓双宾结构的框架：Subject（主语）+Ditransitive Verb（双宾动词）+ Indirect Object（间接宾语）+Direct Object（直接宾语）。

在主谓双宾结构的简单句中，宾语有两个，一个是直接宾语，另一个是间接宾语，二者缺一不可。需要注意的是，直接宾语有时可以位于间接宾语之前，此时在间接宾语前应使用相应的介词。例如：

Under the agreement, American Express Bank will sell $630 million worth of mortgages to the HKMC Funding Corp a special purpose company set up to buy mortgages from banks under the MBS program.

本例中，American Express Bank 是主语，will sell 是双宾动词，$630 million worth of mortgages 是直接宾语，HKMC Funding Corp 是间接宾语。

5. 主谓宾宾补结构

主谓宾宾补结构的框架：Subject（主语）+Complex Transitive Verb（复合动词）+Object（宾语）+Object Complement（宾语补语）。

在主谓宾宾补结构的简单句中，宾语与宾语补语之间存在一种逻辑上的主谓关系。例如：

Investor Participants may still instruct HKSCC Nominees through the CCASS

Phone System to vote on their behalf by inputting the voting instructions in respect of their shareholdings.

本例中，Investor Participants 是主语，may mstruct 是复合动词，HKSCC Nominees 是宾语，to vote 是宾语补语。

（二）商务英语并列句

英语的并列句主要由并列连词 and、but、or、than 等把两个或两个以上简单句连接起来的句子，各分句之间是一种平行或并列关系。概括来说，商务英语并列句包括三个类别：表关联的并列句、表列举的并列句、表让步和结果的并列句。

（1）表示关联的并列句。表示关联的并列句通常由 and，both…and…，either…or…，neither…nor…等并列连词将两个或两个以上的分句连接在一起。例如：

In 2008, China's total export volume of juice beverage decreased to 794000 tons and the export value reached USD 1.26 billion, dropping by 30.4% YOY and 7% YOY separately.

（2）表示列举的并列句。表示列举的并列句通常由 namely、that is、such as、for example、for instance 等词组来进行列举。例如：

Apart from the products of several enterprises such as Huiyuan, Coca-Cola and Pepsi that sell well all over China, most other enterprises can only sell their products in regional markets.

（3）表示让步和结果的并列句。表示让步和结果的并列句常使用 yet、but、hence、however、therefore、consequently 等连接词。从语义角度来分析，后面的分句是前面分句的某种结果，或者分句之间存在一定的语义冲突。例如：

It is clear that, to date, only a small number of developing countries and economies in transition are participating in the process of R&D internationalization. However, the fact that some are now perceived as attractive locations for highly complex R&D indicates that it is possible for countries to develop the capabilities that are needed to connect with the global systems of TNCs.

（三）商务英语复合句

复合句是由主句+从句构成，它是英语学习中比较复杂的句子结构。一般来说，英语中一个句子只能有一个主谓结构或动宾结构，如果出现两个主谓结构或动宾结构，那么其中一个主谓结构或动宾结构只能是以从句的形式或者并列句或分词短语的形式出现。从句是指从属于主句的句子，它是主句中一个句子成分；

从句必须由引导词即关系代词或关系副词引导。

概括来说，商务英语复合句中的从句主要包括三种：名词性从句、定语从句和状语从句。

1. 名词性从句

宾语从句、表语从句、主语从句、同位语从句等都属于名词性从句。一般来说，名词性从句由疑问代词（如 what、that、who 等）和疑问副词（如 where、when、how、why 等）来引导。在某些情况下，if、whether 等连接词也可以用来引导名词性从句。例如：

The Committee members discussed the issue of uses of balance of payments statistics in their various countries and suggested that further work be undertaken by IMF.

本例中，"The Comnuttee members discussed…and suggested…" 是主句，"that further work be undertaken by IMF" 是 suggest 的宾语从句。

2. 定语从句

当一个句子在复合句中作定语时，这个句子就是定语从句。定语从句常由 which、that、whose、who、whom、where、when、why 等来引导，其中最常用的是 which 与 that。

定语从句所修饰的词叫先行词。根据定语从句与先行词之间亲疏关系的不同，定语从句可以分为限制性定语从句和非限制性定语从句。

（1）限制性定语从句。限制性定语从句对所修饰的先行同起限制作用，与先行词的关系较为密切。换句话说，如果缺少定语从句，主句的意思就不完整或者会出现逻辑错误。因此，限制性定语从句紧跟先行词，二者之间不能使用逗号。例如：

The purpose of the Joint Venture is to adopt advanced technologies and efficient management systems to produce Licensed Product which shall be of top quality and competitive in the world markets, so as to achieve satisfactory economic returns.

（2）非限制性定语从句。非限制性定语从句对先行词不起限制作用，只是对被修饰语加以叙述、描写或解释，通常用逗号隔开。将非限制性定语从句删除后，主句的意义几乎不受影响。因此，非限制性定语从句与先行词之间常通过逗号进行分隔。例如：

A Hainan Airlines baggage attendant decided that his personal signature would be to collect all the luggage tags that fall off customers' suitcases, which in the past have been simply tossed in the garbage, and in his free time send them back with a note thanking them for flying Hainan.A senior manager with whom I worked decided that his personal signature would be attaching Kleenex to memos that he knows his employees won't like very much.

3. 状语从句

当一个句子在复合句中作状语时，这个句子就是状语从句。具体来说，商务英语中的状语从句主要包括条件状语从句、时间状语从句、原因状语从句、目的状语从句、让步状语从句、结果状语从句等。

（1）条件状语从句。条件状语从句是表示主句动词发生的前提或条件的从句。条件状语从句分为真实条件状语从句和非真实条件状语从句。引导条件状语从句的有 if（如果）, unless（如果不）, as（so）long as（只要）, on condition that（条件是……）, in ease（假使）, provided/providing that（如果、只要、假如）, suppose/supposing that（如果、只要、假如）等。例如：

If any change is required regarding the terms and conditions of this agreement, then both parties shall negotiate in order to find a suitable solution, provided, however, that any change of this agreement shall be subject to the approval by the government of both parties.

（2）时间状语从句。时间状语从句常由一些表示时间的连词如 when、before、after、as、while、since、until 等引导，用来对某一动作发生的时间状语进行描述。例如：

After we trove checked the L/C carefully, we request you to make the following amendment: "Partial Shipment and Transshipment Allowed."

（3）原因状语从句。原因状语从句常由 because, since, as, for 等表示原因的连词来引导，用来说明主句表达的内容的理由与根据，或说明主句动词所表示的动作或状态的原因。例如：

Because small foreign cars could be produced at less cost than the larger cars made in the United States, they captured a significant share of the American market. To compete with foreign cars, American manufacturers began to produce compacts. When the U.S. dollar was devalued on the international market the cost of aforeign car to an American buyer rose proportionately, and the American compacts could now be sold for less than their foreign competitors.

（4）目的状语从句。目的状语从句常由 so that、in order that、to the end that 等来引导，用来说明主句状态或动作的目的。例如：

An effective management will review on a regular basis whether they should continue to hold the security or sell it.Thus, in order that management's performance can be measured, it is appropriate to classify the security as other investment regardless of the period of holding and carry it at fair value in accordance with paragraph 24.

（5）让步状语从句。让步状语从句表示在某种相反的条件下，主句中的情况依然会出现。引导让步状语从句的有 although/though（虽然），while/as（尽管），even if/though（即使），whatever/no matter what（无论什么），whenever/no matter when（无论什么时候），however/no matter how（无论怎样），wherever/no matter where（无论在哪里），whoever/no matter who（无论是谁），whichever/no matter which（无论哪一个），whether…or（不论……还是）等。例如：

It was the biggest one-day points loss in more than two years and the second—biggest points drop ever.Although an interest rate rise in the US is expected next month, analysts had not been prepared for such a dramatic falloUt in Hong Kong this week.The index closed on Wednesday at 15.846.72 points and Thursday down further at 15.153.23,

（6）结果状语从句。结果状语从句常由 so that、with the result that 等引导，用来表示主句内容所产生的结果。例如：

Low audit fees have become a way of life over the past 18 months as the economy has gone off the boil.The audit has been traditionally regarded as a fairly generic service, so that as the economy has slowed, price—Cutting has been regarded as the only way to compete on audit services.The tendency to cut prices when times get tough for companies has been magnified by a new development on the Hong Kong accounting scene.

二、商务英语特殊句型

商务英语中的特殊句型主要包括比较句型、被动句型和存在句型。这些特殊句型具有表达简练、适用面广、使用频率高的特点。

（一）比较句型

比较结构表示两人或两物在性质、特征、程度、数量、大小等方面相等、相近、不同等概念。在国际商务实践中，运费比较、价格比较、产品质量比较以及其他数据的比较等是司空见惯的现象，因此，比较句型常出现在商务英语中。根据比较点、比较范围、比较方式等方面的差异，商务英语中的比较句型可以分为五种：等比句型、差比句型、比例句型、对立比较句型和极比句型。

1. 等比句型

等比句型常通过 as much as、no less than 等比较人或物在性质、特征等方面的某些相似之处。例如：

Meanwhile, Thai newspapers reported yesterday that HSBC will buy 75 percent of Bangkok Metropolitan Bank for as much as 40 billion baht（HK $8.03 billion）.

GREGATE CONSIDERATION Term Fat has represented and warranted that the audited consolidated net asset value of Tem Fat Hing Fung（B.VI.）Limited as at 31st December, 1997（"December NAV"）will be no less than HK $56000000.In the event that the December NAV is less than HK $56000000, Tem Fat will refund to RNA an amount equal to the shortfall as an adjustment to the consideration.

2. 差比句型

该句型用于对两个人或事物之间的差别进行比较，其中包括两方面：一是优等比较，即"甲胜于乙"，另一是次等比较或劣等比较，即"甲不如乙"。例如：

A broker said the counter still had strong European institutional interest.Another broker noted that in contrast to earlier in the year, HSBC was favoured more by local than European inVestors.SmarTbne dropped 5.99 percent to $20.40.It has shed 17.4 percent since Thursday, when Hutchison Telecom made sweeping cuts to its mobile.

In the coming years, Asia is going to have to use its own savings much more productively than in me past to achieve growth.That's because there will be much less foreign savings flowing in than prior to the crisis.That's not bad news.

3. 比例句型

比例句型通常用于表示前者与后者的正向或负向比例关系，即前者与后者在程度上的变化关系。比例句型常使用 the more…, the more…的结构。其中，逗号前的部分是从句，关系副词 me 表示 by how much；逗号后的部分是主句，指示副词 the 表示 by so much。例如：

"More important, it enhances China's international status." Party spokesman Sin Chung—kai said: "Past experience shows the more China opens up the more benem it brings to Hong Kong." He said worries that Hong Kong would lose its intermediary role were unfounded.

4. 对立比较句型

对立比较句型常使用 by contrast、unlike、in contrast to、on the contrary on the opposite side 等来表示两个事物互相对立的状况。例如：

The company has recruited more staff since the onset of the financial crisis.We did not lay off any staff because of the economic crisis.on the contrary, our workforce has increased by 20 percent since then.The newly recruited are brokers and information technology personnel, Mr Chan said. "We will diversify the portfolios in our Greater China Region fund to include Growth Enterprise Market-related stocks, red-chips and technology-related stocks.We will not only focus on technology-related stocks as we think technology is still a high-risk area." he said.

The forecast is a substantial reversal of the IMF's previous stance on Hong Kong in April, when its last report predicted a 1.3 percent contraction in GDP this year.It is also in contrast to the Asian Development Bank's stance, while saw its GDP forecast for Hong Kong downgraded last week to a contraction of 0.5 percent this year.

5. 极比句型

这一句型表示某一事物在一定范围内最突出或某一动作达到最高程度，通常要带一个表示范围的词组。例如：

J.P.Morgan & Co.Inc.closed down 4- 3/8 at 109 - 1/2; American Express Corp was down 3- 1/4 at 142 and Citigroup Inc.closed off - 11/16 at 43 - 13/16.Retail clothing chain Abercrombie & Fitch Co.was the most actively traded stock on the NYSE, falling 6 - 3/8 to 26 - 3/16 after it said October sales slumped but was still comfortable with its third-quarter profits estimates.Oil stocks had a strong day, however, as oil prices rose following a bullish report late Tuesday.

（二）被动句型

被动句的结构实质是，某事或某人是被动者，即主语要承受某种动作（指谓语动词）所施加的影响。由于被动态的结构特点，因此被动句大都用于表达事物的客观状态。如果一个句子中的主语是谓语动词所表示动作的承受者，那么主语与谓语之间就是被动关系，这个句子就属于被动句型，其基本结构是"主语+be+过去分词"。

在具体的商务英语实践中，被动句型常会发生一些变形，具体包括以下七种。

（1）Subject（主语）+Verb（动词）+To be+past Participle（过去分词）+…（其他成分）。这种结构中通常有两个动词：第一个动词对句意的表达起辅助作用，并使用主动形式；第二个动词用来表达全句的主要内容，使用被动形式。例如：

There are possible differences of objective and culture. "While bankers always want to be considered as gentlemen, they consider insurance sales staff as non-gentlemen.There are operational difficulties in getting them to work together." Mr.

Westall said.

本例中，bankers 是主语，want 是动词，to be considered 是被动形式。

（2）Subject（主语）+Be+Past Participle（过去分词）+Preposition/Adverb（介词或副词）+…（其他成分）。这种结构中的介词与副词可使句意更加准确、完整。例如：

The International Monetary Fund has suspended talks on its bailout instalments to Jakarta, and it has been announced publicly that the Asian Development Bank will hold up further loans until the Bank Bali case is cleared up.

本例的第二个分句中，it 是主语，has been 是系动词，announced 是过去分词，publicly 是副词。

（3）Subject（主语）+Be+Adjective（形容词）+To be+Past Participle（过去分词）+…（其他成分）。这种结构属于合成谓语的被动句型。其中，"Be+Adjective"起辅助说明作用，第二部分则是被动说明部分。例如：

Hong Kong dollar due to the linked exchange rate system, would lead to further improvement in the terms of trade, that is, the ratio of export prices to import prices; but export volume growth is likely to be affected by the deterioration in export price competitiveness.As a result, total export volume growth might at best average only 10,124,512 on 1997.A strong dollar would also imply lower inflationary pressures in Hong Kong as import prices are likely to be…

在 but 引导的分句中，growth 是主语，is 是系动词，likely 是形容词，affected 是过去分词。

（4）It+Be+Past Participle（过去分词）+Real Subject（that、who、where、when 等真正主语）+Clause（从句）。在这一结构中，that、where、who、when 等词引导的是真正的主语，而 it 只是形式主语。当主语过长，使用主动句易使句意重心偏离或句子结构失衡时，应使用本句型。例如：

It is reported that Standard and Poor's, an international credit ratmg agency, have forecast that the percentage of bad and doubtful debts against the total amount of loans（referred to as "bad/doubtful debt ratios" below）made by banks in the territory would probably increase to more than 10 this year.

本例中，it is reported 构成了句子的主干，that 引导的句子是真正的主语。

（5）Subject（主语）+Be+Past Participle（过去分词）+Object（宾语）+…（其他成分）。这一结构由"主谓双宾结构"转化而来。"主谓双宾结构"中的直接宾语与间接宾语都可以充当被动句型中的主语。当双宾之一充当主语后，另一宾语应在原来的位置上继续保留。例如：

Disciplinary procedures adopted by the Commission are designed to ensure that a person is given a proper opportunity of being heard.Once the Commission makes a tentative decision to make a disciplinary order against a person he is informed by letter of the facts and circumstances upon which it is based.

在第一个句子中由 that 引导的分句中，a person 是主语，is 是系动词，given 是过去分词，opportunity 是宾语。

（6）Subject（主语）+Be+Past Participle（过去分词）+Subject Complement（主语补足语）+…（其他成分）。这一结构由"主谓宾宾补结构"转化而来。其中，"主谓宾宾补结构"中的宾语补足语相应地变为被动句中的主语补足语。例如：

Within 7 business days after a person is appointed or ceases to be appointed as a director of a registered financier, the financier must give written notice to the Commlssion of the appointment or cessation of appointment and the person's name and address.

本例第一个逗号前是一个介词短语，其中包含了一个由 after 引导的时间状语从句。其中，a person 是主语，is 是系动词，appointed 是过去分词，a director 是主语补足语。

（7）Subject（主语）+Be+Past Participle（过去分词）+To Be Past Participle（被动不定式）+…（其他成分）。这种结构常由 order、expect、allow、suppose、report 等担任谓语动词。因同时包含谓语动词的被动形式与动词不定式的被动形式，这一结构又被称为"双重被动句"。例如：

"We are now forecasting a lending volume of US $1.6 billion in the fiscal year of 2000." Mr.Severino said.The reduction is expected to be attacked by World Bank critics, who are likely to argue the bank cannot insist on continued reforms by Beijing while cutting off assistance vital to such efforts.In the bank's latest quarterly East Asia Regional Overview report, it expressed concern about Beijing's reform of state enterprises and its continued boosting of the economy.

本例第二个句子中，the reduction 是主语，is 是系动词，expected 是过去分词，to be attacked 是被动不定式。

（三）存在句型

存在句型是一种表示存在的特殊句型，以非重读 there 作引导词或形式主语，而把真正的主语放在动词的后面。谓语动词通常是主动词 be 或其他含有"存在"意义的动词的一定形式。其结构模式是：There+ be+ 名词词组 + 地点状语 + 时间状语，在商务英语实践中大量使用。以 There be 句型的结构与作用为标准，商务英语中的存在句型可被分为以下四类。

（1）用来表示存在。真正的主语位于 be 的后面，且句中常包含表示时间或地点的状语，这是 There be 句型最基本的用法。例如：

If they have at least that much in reserve in case the underlying market moves against them.The initial margin is $13000，but the contract is valued at $1000 per index point and there is a "maintenance margin" of $10400 per lot.This means if the underlying Hang Seng 100 index moves more than 2.6 points（$2600 worth of index points）against the investor, they need to top up their margin so there is always $13000 of coverage.

（2）用来描述事物的状况。此时，主语部分是句意的重点，动词常表示"出现""存在""发生"等含义。例如：

HK Dollar life insurance helps you and Hong Kong to have a better future HK Dollar policy offers stability，better returns ——Due to the peg system，there exists interest rate differences.That's why the HK Dollar policy can geneially offer a better dividend and interest rate.Also，a HK Dollar policy can reduce the risk of premium increases due to the floatation of exchange rates.

（3）用来表达某种观点。此时，句子的基本结构是"There is expected/thought/considered to…"，谓语动词的范围限于 thought、expect、consider 等。例如：

On the other hand, economic growth in the Mainland of China should continue to be steady.Overall，the economy there is expected to move forward in reasonable shape，with GDP rising by 8 percent this year and with the on-going process of reform and structural change adding potential for further growth.

（4）用来表示说话人的态度。其中的 be 常与助动词或情态动词构成复合谓语。例如：

Global Regulatory Review and the Need for Reform All things considered，there must be a global regulatory review on prudential regulation.At present，too much trust has been put in segregation，capital and other prudential measures that have been shown to be.

四、商务英语的句子基本特点

（一）多用成语介词、被动语态、祈使句、非谓语动词、情态动词及从句

商务英语用以传递重要的商务信息，要求其具有正式、严密、严肃、庄重的

文体特征，行文严谨，避免歧义。为了做到语言简洁、内容表达客观公正和有关事项描述的准确无误，商务英语中常使用大量的介词或介词短语、被动语态、祈使句、非谓语动词、情态动词以及各种从句。

例（1）：Formerly, when any countries were on the gold standard and permitted the free flow of、gold out of the country, the value of their currencies in terms of other currencies could fluctuate within only a very narrow range.

译文：原先，许多国家采用金本位制，允许黄金自由流出本国时。其货币与别国货币兑换的价值浮动的幅度很小。

例（2）：The international marketer must provide considerable training to the local sales force, in resard to both the product line and negotiation techniques suitable to the company's image and financial requirements.

译文：国际营销者必须培训当地的销售人员，以使产品系列和谈判技巧与公司的形象和财务要求保持一致。

例（3）：Foreign exchange is a commodity, and its price fluctuates in accordance with supply and demand; exchange rates are published daily in the principal newspapers of the world.

译文：外汇是一种商品，它的价格根据供求关系而浮动，汇率每天都登载在世界主要报纸上。

解析：成语介词 in terms of、in regard to 和 in accordance with 在各自的上下文中分别可用简单介词 against、concerning（considering）和 with 来代替，替代后句子语义丝毫不受影响，但文体意义有所不同。在商务英语中，成语介词的频繁使用使商务文体具有正规严肃、庄重严谨的特点。

被动语态的使用具有结构紧密、语义准确、表达严密、逻辑性强等特点，在商务英语中使用被动语态，不说出施动者，能够起到突出商务信息、提高论述的客观性、少带主观色彩和增强可信度等作用。因此，被动语态的运用适宜具有严肃性和庄重性特色的商务文体的需要。

例（4）：Quotations and samples will be sent upon receipt of your specific enquiry.

译文：一收到贵方的具体询价，我方将马上寄送报价和样品。

例（5）：Notwithstanding the provisions of this Clause or any other Clause of the Contract, no payment certificates shall be issued by the Engineer until the performance security is submitted by the Contractor under the Contract and approved by the Employer.

译文：尽管有本条款或任何其他合同条款的规定，在承包人提交履约保证并经业主批准之前，工程师不对任何支付款开具证书。

（二）句式结构复杂

商务英语的句子有的很长，句式结构比较复杂，句中常常用插入短语、从句等限定、说明成分，形成冗长而复杂的句式结构，有时一个句子就是一个段落。

例（1）：In any situation whatsoever and wheresoever occurring and whether existing or anticipated before commencement of or during the voyage, which in the judgment of the Carrier or the Master is likely to give rise to risk of capture, seizure, detention, damage, delay or disadvantage to or loss of the ship or any part of her cargo, or to make it unsafe, imprudent, or unlawful for any reason to commence or proceed on or continue the voyage or to enter or discharge the goods at the port of discharge, or to give rise to delay or difficulty in arriving, discharging at or leaving the port of discharge or the usual or agreed place of discharge in such port, the Carrier may before loading or before the commencement of the voyage, require the shipper or other person entitled thereto to take delivery of the goods at port of shipment and upon failure to do so, may warehouse the goods at the risk and expense of the goods; or the Carrier or the Master, whether or not proceeding toward or entering or attempting to enter the port of discharge or reaching or attempting to reach the usual place of discharge therein or attempting to discharge the goods there, may discharge the goods into depot, lazaretto, craft, or other place.

译文：不论任何地方任何情况，不论是在开航前或航程中存在或预料到的，只要承运人或船长认为可能有导致捕获、扣押、没收、损害、延误或对船舶或其货物不利或产生灭失，或致使启航或续航或进港或在卸货港卸货不安全、不适当，或非法，或致使延误或难于抵达、卸载或离开卸货港或该港通常或约定的卸货地，承运人可在装货或开航前要求发货人或与货物权利有关的其他人在装货港口提回货物，如要求不果，可仓储货物，风险和费用算在货主头上；承运人或船长，不论是续航至或进入或企图进入卸货港，或抵达或企图抵达港口通常的卸货地，或企图在此卸货，也可将货物卸在仓库、检疫站、驳船，或其他地方。

解析：commence 和 start 都是动词，表示"开始"，但前者比后者更为正式，因此，在法律英语中也总是被选用了在有限的条款中完整、明确地体现商贸各方的权利和义务，商贸合同中常常使用长句。长句的频繁使用无疑增加了商贸合同逻辑的严密和句子结构的严谨性，但也增加了理解和翻译的难度。翻译商贸合同中的长句一般采用拆句法，然后根据中国人的思维方式调整各句之间的顺序。

（三）句法的严谨性

商贸英语注意行文严谨。由于它的目的是规定商贸双方的权利和义务，所表达的内容必须完整、明确、肯定。从句法层面上讲，书面商贸英语以陈述句为主，几乎不用疑问句、省略句。在商贸合同中还较多地使用被动句和长句。

被动句突出动作的承受者，对有关事物作客观描述、规定。使用被动句体现了商贸英语的严谨性。在翻译时一般将英语的被动句转换成汉语的主动句。例如：

Party A shall be unauthorized to accept any orders or to collect any accountson and after May 28.

自5月28日起，甲方无权接受订单货账单。

The date of the receipt issued by transportation department concerned shall be regarded as the date of delivery of the goods.

由承运的运输机构所开具的收据日期即被视为交货日期。

为了在有限的条款中完整、明确地体现商贸各方的权利和义务，商贸合同中常常使用长句。长句的频繁使用无疑增加了商贸合同逻辑的严密和句子结构的严谨性，但也增加了理解和翻译的难度。翻译商贸合同中长句一般采用拆句法，然后根据中国人的思维方式调整各句之间的顺序。例如：

The prices stated are based on current freight rates, any increase or decrease in freight rates at time of shipment is to be the benefit of the buyer, with the seller assuming the payment of all transportation charges to the point or place of delivery.

合同价格是以运行运费计算，装运时运费的增减均属买方。卖方则承担至交货地的全部运费。

例句从买方和卖方的利益和义务确定商品的价格计算，原文中以一个介词 with 来分界。在原文中 with 分句是一个状语，翻译时采用中国人平铺直叙的思维方式，用分述的方式把这个句子拆成两句，清楚地表达了原文的语言信息。

第三节　商务英语的语篇特征

商务英语是在商务活动这一特殊社会语境下进行交际的工具，是社会活动的产物。而语篇分析（text analysis、or discourse analysis）以在某一特定语境下使用的语言（language in use、or language as discourse）为对象，突破了传统语言学一直以"句"为最大研究单位的羁绊，焦点从形式转向意义，从微观转向宏观，从静态转向动态。自 20 世纪七八十年代以来,语篇分析逐渐成为文体学的研究热点(程雨民,2004;McCarthy, M.and Carter, R.2004;Martin, J.R and Rose, D.2007),而衔接则是语篇分析中最重要的内容之一。这里运用语言学基础理论和语料库提供的语料,在语篇这一层次上,对商务英语的衔接手段进行定量研究,以明确商务英语的语篇衔接特征。

一、语篇衔接的基本手段

在商务英语中,语篇的衔接与语篇的好坏有着密切的关系,好的语篇衔接手段可以使文章的内容更加有条理地展现出来。具体而言,商务英语中语篇衔接的基本手段包括以下三种。

(一)省略

省略指的是将语篇中的某一部分省略掉。省略也可称为"零替代"(Zero Substitution)。省略可以分为动词性(Verbal)省略、名词性(Nominal)省略和小句性(Clausal)省略。

(1)名词性省略。名词性省略是将名词词组的中心词省略掉,只保留限定词或限定词加前置修饰语。例如:

Attitude surveys focus on customers' perceptions of (…), and attitudes to, products and the companies who make them.

顾客态度调查主要是调查顾客对产品及厂家的认识和看法。

上例中在 perceptions of 后面省略了 products and the companies who make them.

(2)动词性省略。动词性省略指句子中谓语部分的省略,表现在助动词、主动词及全部动词的省略。不定式中存在的动词省略现象,亦可被视为动词性省略。动词词组可以由一个实义动词构成,也可以由助动词和实义动词一起构成。因此,动词性省略之后有的有助动词,有的没有。例如:

Under this system, the value of a currency unit was not directly fixed or defined in terms of gold but rather (…) in terms of a currency which was fixed in terms of so much gold.

在这种货币制度下,货币单位值不是以黄金形式直接确定或规定的,而是以一种由含金度多少而定的货币来确定的。

上述例句中将 but rather 后面的 was fixed and defined 省略。

(3)小句性省略。小句性省略指的是将整个分句省略,小句性省略主要用于对话中，对于对话中已经提到的具体内容，在后面的对话中再提及时往往将其省略。例如：

A：Do you mean they are both named George?

B：No. One is Samuel, the other is Albert.

例句中的 B 在回答时将 No 后面的内容省略了，但是这对于话语意思的理解没有任何影响。

（二）替代

替代指的是将语篇中的一个成分用另一个成分来代替的方法。替代属于语法衔接手段，替代主要利用词与词、词组与词组以及句子与句子之间的结构关系，而非其意义关系来实现照应。替代是一种纯粹的语篇衔接手段，其只利用段落中的两个部分实现衔接，没有其他任何功能。按照所替代成分的不同可以将替代分为动词性替代名词性替代和小句性替代等。

（1）动词性替代。用动词性替代词，又称代动词，和（复合代动词）来替代动词词组中心词或整个动词词组的替代现象叫动词性替代。动词性替代主要借助助动词 do、does、did 来实现。例如：

A：You think Joan already knows?

B：I think everybody does.

A 句中的动词 knows 被 B 句中的 does 所替代。

A：Do they buy their drinks at the local supermarket?

B：No, but we do.

A 句中的动词 buy 被 B 句中的 do 替代。

（2）名词性替代。以名词性替代词替代一个名词词组或者它的中心词，这种替代现象叫作名词性替代，能充当名词性替代词的词项主要有 one、ones、some、the other、others、the same、the kind、the former、the latter 等。例如：

For example, technological advance has also had a strong impact on employment and productivity, benefiting some jobs, hurting others.

例如，科技的进步对就业状况和生产力的提高就会产生很大的影响，对某些工作的就业会有利，但对其他的工作就会造成不利的影响。

上述例句结尾处的 others 替代了 some other jobs。

Collection is of two kinds: collection with bill of exchange against documents and collection with a clean bill. In practice, the latter is not so widely used as the former.

托收可分为两种：一种是跟单汇票的托收，另一种则是光票托收。在实际操作中，后一种没有第一种用得广泛。

此例第二句中的 the latter 和 the former 分别替代前句中的 collection with bill of exchange against documents 和 collection with a clean bill。

Among all measures to develop national industry, a key one must be investment in upgrading plant, machinery and skills.

在所有发展国家工业的措施中，关键的一个就是必须在更新厂房、机器和技术方面进行投资。

此句中的 one 替代了意义上单数形式的 measure。

（3）小句性替代。小句性替代指的是用替代词指称上文出现的名词性小句表达的意义。小句性替代一般由形式词 so、this、that 来代替整个句子或句子中的部分内容。例如：

The founder-members of the EEC believed that if the economies of the member states were linked, they would grow together politically. We shall have to wait and see if this is so.

欧洲经济共同体的发起国相信，各成员国如果在经济上联合起来，将在政治上也会共同发展。是否如此，我们将拭目以待。

该例句末尾最后一句的 so 替代前一句话中的 they would grow together politically。

Following the OPEC oil embargo, for example, United State automakers began to make greater numbers of small cars and fewer of the large models they had previously produced. This did not happen because government intervention had ordered this charge.

欧佩克颁布石油禁运令之后，例如，美国汽车制造商开始打算生产更多的小型车而减少原有大型车的产量。这种情况之所以没有发生，是因为政府的干预控制了局面。

上述例句中，this 所替代的是分句 United State automakers began to make greater numbers of small cars and fewer of the large models they had previously produced.

（三）衔接

词汇衔接指语段中一部分词的意义存在某种联系。具体而言，衔接方式有词汇同现、词汇重复、上下义词以及相似性。

（1）词汇同现。词汇的同现（collocation）是指使用相关词语使篇章能够前后呼应，这种现象在所有语言中都可以找到。例如：

When consumers borrow money to buy a house, car or dishwasher, they are paying higher rates because of the deficits.

消费者借钱买房子、汽车或洗碗机时，会因为财政赤字而支付比较高的利率。

该句中的 consumer、money、buy、paymg 在语义上具有相关性，利用这些词使语篇更具完整性、连贯性。

（2）词汇重复。在语篇中重复出现的词一般都是一些关键词，这些词的重复出现既可以增强文章的气势，又可以使文章更加连贯。例如：

Lower tariffs will increase the imports of both agricultural and industrial products, Competition from foreign imports will force Chinese producers to lower their price and improve the quality of their products, to the benefit of Chinese consumers.Those firms that cannot compete will have to adjust, with some possibly going bankrupt.Foreign manufacturers operating in China will also provide competition.Local foreign producers have the advantages over importers of being able to use the low-cost labor in China and save the cost of transporting the final products to China.Financial and telecommunications firms in China will have to upgrade their products to service foreign competition.

本例出现了三个 competition，还出现了其同根词 compete。这些词的巧妙使用使主题更加突出。

（3）上下义词。英汉上下义关系词的使用有一点十分相似：它们都经常用于某个概念或物体性质的界定。上义词可以用来界定下义词，上义词的含义比较概括，属于抽象性意义，而下义词的含义较为具体。例如：

Top students allow no interruption of their study time.Once the books are open, phone calls go unanswered, TV unwatched and newspaper unread.

优秀的学生在学习时杜绝任何干扰。只要一打开书，从不接听电话，也不看电视和报纸。

该例中，Interruption 是 phone calls，TV，newspaper 的上义词，而 phone calls，TV，newspaper 是下义词。

（4）相似性。相似性包括两层含义，一个是"近同义性"，一个是"反义性"。这里的形似性与其具体意义没有关系。例如：

As dealers, the specialists are charged with maintaining an orderly market in the stocks in which they specialize.ln carrymg out this responsibility, specialists should be trading against the marketthat is, buying if the prices of his stocks are declining and selling if they are rising.

该例中的 be charged with 和 responsibility 为近义词，两者都可以表示某种责任。又如：

When a balance of payments deficit is caused by something considered undesirable （such as heavy dependence on Mid-east oil）, it may be that the government will seek a way to decrease such imports.When the same deficit is caused by something considered desirable（such as contributions to developing countries to foster their economic development）, the government may be willing to draw down its reserves for the purpose.

如果国际收支逆差是由不令人称心如意的原因引起的（如过分依赖中东的石油），结果就可能会使政府想方设法减少这类进口。但若国际收支逆差是因令人向往的原因引起的（如帮助发展中国家发展经济），政府可能会乐意为此目的降低其官方储备。

上例中的 undesirable 和 desirable 形成一种反义衔接，表达了产生国际收支逆差的两种原因的不同性质。

二、商务英语的指称衔接

商务英语的指称衔接，包括人称指称、指示指称和比较指称三种。

（一）人称指称

人称指称指的是利用话语情景中的功能以及不同人称表现的指称。我们所熟知的人称代词有第一人称（I, we）；第二人称（you）；第三人称（he、she、it、they、one）。在人称指称中的人称代词与这些代词有所不同，其范围更加广泛，包括这些人称代词的主格和宾格（me, us, you, him, her, it, them, one），还包括其各自的形容词所有格（my, our, your, his, her, its, their, one's）以及所有格代词（mine, ours, yours, his, hers, its, theirs）。例如：

Japan has been able to export large quantities of radios and television sets because it can produce them more efficiently than other countries.

日本之所以能出口大量的收音机和电视机，是因为日本的生产效率高于别国。

从上面的句子可以看出，it 指称 Japan；them 指称 radios and television sets。

（二）指示指称

用指示词或相应的限定词以及冠词等所表示的指称照应关系称为指示指称。在指示照应中，发话者通过表明事物在时间或空间上的远近来确定所指对象。指示指称词包括：this、these、that、those 和指示副词如 here、there、now、then 等来体现。

例如：

Central banks of the member countries were required to intervene in the foreign exchange markets to keep the value of their currencies within 1 percent of the par value.This intervention was achieved by buying or selling foreign exchange or gold. A given currency could, therefore, never rise above nor fall below fixed points, which are called intervention points.These are the prices beyond which the central bank intervenes.This is called the system of fixed exchange rates.

各会员国的中央银行必须干预外币市场以保持其币值于平价的1%之内。这种干预是通过买进或卖出外汇或黄金来实现的。这样，一种货币上升时不得高于、下降时不得低于固定点，这些固定点叫作"干预点"，超过了这些价格中央银行就要进行干预，这叫作"固定汇率制度"。

上面一段话的第2句中的this intervention 指称前一句话的谓语部分 were required to intervene，第4句中的 these 指上句中的 intervention points，最后一句中的 this 指本段内容中前四句讲述的这种干预外币市场的现象。

Japan has been able to export large quantlties of radios and television sets because it can produce them more efficiently than other countries.It is cheaper for the United States to buy these from Japan than to produce them domestically.According to economic theory, Japan should produce: and export those items from which it derives a comparative advantage.It should also buy and import what it needs from those countries that have a comparative advantage in the desired items.

日本之所以能出口大量的收音机和电视机，是因为日本的生产效率高于别国。对于美国来说，进口日本货要比自己生产合算。根据经济理论，日本应该生产和出口那些因生产费用较低而获利的产品，购买和进口那些自己需要的、别国也因生产费用较低而获利的产品。

上面的一段话中，第2句中的 these 和第3句中的 those items 均指称第1句中的 radios and television sets，第4句中的 those countries 指称第5句中的 that have a comparative advantage in the desired items。

（三）比较指称

比较指称指的是用比较事物异同的形容词或副词及其比较级所表示的指称。比较指称语包括形容词与副词的比较级、最高级，以及同级结构如 as…as、superiorto、inferiorto 等。比较指称可以分为三种。

（1）表示相似、相同指称关系。例如：

The principle of similitude states that the best foreign market for a company is the country that is the most like, or the least unlike, the markets currently served by the firm.

In other words, companies should seek to identify those foreign markets whose characteristics are very similar to those of their domestic markets.Making the right product policy decision is greatly simplified when the company sells in similar markets.

（2）表示相反关系。例如：

The firm may welcome some competition.Competitors' promotional dollars combined with the firm's spending may lead to a much greater expansion of the market than would have been possible without competition.A share of a very large market may mean more sales than 100 percent of a small market.

（3）表示好坏、多少、大小等比较关系。例如：

The APEC group of economies includes all China's most important trading partners and accounts for over 54 percent of its report and export trade if Hong Kong's trade is included while that of China and trade between the two economies is excluded from their total trade.

Among them are the United States and Japan.While the relationship with the United States is not free of problems (the human rights issue, arms sales intellectual property rights, illegal textile trans-shipments, the Taiwan Issue, and market access for US products in China) and the relationship with Japan carries the burden of history, China shares more interests with the Asia Pacific economies than with other trading nations.

三、商务英语的连接

在商务英语中，连接的表达形式多种多样，如连词、动词分词、一般副词、合成副词、介词短语等，它们在数量上可谓惊人。尽管似乎有大量的连接语可供选择，但是人们实际上很少可以随心所欲、自由取舍，而要受到语域的限制。其中的实际使用情况和特点可通过下列连接手段使用的不同方式和频率得到体现。

（一）增补连接

增补关系可以表示追加、否定、选择、比较、同位以及后续等逻辑关系，表示不同的关系需要不同的连接词。下面就对增补连接中的两种常见的增补连接词进行说明。

（1）表示意义引申。意义引申指的是一种顺接关系。在英语中表示意义引申的词主要有 again, also, and, and then, and besides, besides, equally, further, furthermore, in addition, additionally, in a like manner, in the same way, likewise, moreover, similarly, what's more 等。在商务英语信函中经常会使用表示意义引申的连接词。例如：

Dear sir,

We welcome your mquiry of 14th May and thank you for your interest in our hand-made leather gloves.We are enclosing our illustrated catalogue and price-list giving the details you ask for.Also under separate cover, we are sending yon a full range of samples and, when yon have a chance to examine them, we feel confident that you will agree that the goods are both excellent in quality and very reasonable in price.

On regular purchase in quantities, of not less than five gross of individual items, we would allow you a trade discount of 30%.

We also export a wide range of hand-made leather shoes in which we think you may be interested.They are fully illustrated in the catalogue and are of the same high quality as our gloves.

We hope the samples will reach you in good time and look forward to your order.

Yours faithfully.

（2）表示举例、例证。通常用基数词和序数词以及副词来表示举例。在段落中可以使用 next、then 等来引导，结尾项目还可以用 last（ly）、finally、to conclude 等引导。表示例证通常用 for example, for instance, incidentally, in particular, in other words, namely, particularly, specifically, such as, that is 等。例如：

First, these countries were richly endowed with natural resources such as fertile arable land, forests, and mineral deposits.

Second, workers with various skills moved in great waves from overpopulated Europe to these mostly empty lands, and so did huge amounts of capital.Though data are far from precise, it seems that from 30 to 50 percent of total capital formation(i.e., investments) in such nations as Canada, Argentina and Australia was financed through capital inflows.The huge inflows of workers made possible the construction of railroads, canals, and other facilities that allowed the opening up of new supply sources of food and raw materials.

Finally, the great improvement in sea transportation enabled these new lands to satisfy the rising demand for wheat, com, cotton, wool, leather, and a variety of other foods and raw materials more cheaply than traditional sources of supply in Europe and elsewhere.

（二）因果连接

因果连接可以表示原因、结果、目的、条件、手段等逻辑语义关系，常用来表示因果的连接词包括 so，therefore，as a result，consequently，for that reason，in other words，in that case，if so，if not，that implies，then，therefore，thus 等。

例如：

He says that he will love me for good.If so，1 will be the happiest girl in the world.If not，I would kill him.

To run a business is like managing a big family.In other words，the "parents" must be excellent at administration；otherwise，the "big family" would break up.

下面是商务英语中因果连接的使用。在语篇中使用因果连接可以使内容之间结构紧凑，文章连贯。

Dear Sir or Madam,

I am writing about the heating unit you installed forus.Unfortunately，the heating system exploded，blowing a large hole in the roof.

I should like to remind you that we wrote to you on 9 December last year because it was making a strange noise，but you did not give us a reply.

We must insist，therefore，that you replace the heating system immediately and pay for our damages stock worth about US $400000.

Yours faithfully.

（三）时间连接

时间连接可以表示连续、同时、在前、总结等逻辑语义关系，主要利用时间词表达事件的进展等信息。

（1）表示某个时间以前的事态发展可用 earlier，former，preceding，previous 等。

（2）表示在某个特定时间点两个事件同时发生可用 contemporary，meantime，meanwhile，presently，simultaneously，at present，at this point，in the meantime 等。

（3）表示在某个特定时间以后的事态发展可用 following，later，next，afterwards，immediately，since，after that，since then 等。

下面通过语篇实例进行具体说明。

In 1998，Australia proposed the Asia Pacific Economic Cooperation（APEC）as an annual forum.The proposal called for ASEAN members to be joined by Australia，New Zealand，Japan，China，Hong Kong，Taiwan，South Korea，Canada， and the United States.It was initially modeled after the Organization for Economic Cooperation and Development (OECD).Since then, APEC's goals have become more ambitious.At present, APEC has twenty-one members and has the third largest economy of the world.The key objectives of APEC are to liberalize trade by 2020, to facilitate trade by harmonizing standards, and to build human capacities for realizing the region's pool of savings, the most advanced technologies, and fastest growing markets.Therefore, companies with interests in the region are observing and supporting APEC-related development closely.

（四）转折连接

转折连接可以表达对比、修正和排除等逻辑语义关系，转折连接用于提示段落内容意义的改变，表示意义转折的语汇有 but, for all that, however, in spite of, nevertheless, notwithstanding, on the contrary, on the other hand, still, yet, whereas 等。例如：

I supposed that he would not meet the deadline.On the contrary, he over fulfilled his task.

On the questions of payment terms, however, we will make no concessions.

The workers kept working, notwithstanding the heavy ram.

（五）空间连接

空间连接主要利用方位词来表示空间概念，如 above, across, from, before, below, beyond, beneath, close to, down, further, in front of, next to, near to, on the left, on the right, opposite, on top of, over 等。例如：

The development in Asia has been quite different from that in Europe and in the Americas.While European and North American arrangements have been driven by political will, market forces may compel politicians in Asia to move toward formal integration.While Japan is the dominant force in the area and might seem to take leadership in such an endeavor, neither the Japanese themselves nor the other nations want Japan to do it.

四、商务英语语篇基本特点

（一）文体多元化性

商务英语具有多元化特点，因为它被社会上不同的领域所使用。根据英语的功能划分，英语通常包括以下五种文体：文学英语、法律英语、新闻英语、广告英语、科技英语。从商务英语所涉及的专业范围来看，五种文体中属于商务英语的是广告英语和法律英语。

由于国际商务在各领域中的实践性较强，商务英语还具有实用性。国外有学者从国际商务用途角度出发，认为商务英语通常与一定的商务背景知识有关；以需求分析为基础；有时间上的压力；目的明确。

（二）确切性

商务篇章要具体明确、层次分明、有说服力，必要的时候，要使用具体的事实和数据。商务英语中业务数字和时间都很关键，稍有差池，可能就会导致业务失败。概念的表达，物与名所指，数码与单位等，都要求具体明确，而且全文一致。为了避免纠纷和损失，商务英语所涉及的语义信息、风格信息、文化信息等都要求使用者做到具体得当的传达。

例如：We are delighted to receive your Letter of November 18 asking whether we can supply you with Art.No.6120.

很高兴收到你方11月18日来函，询问我方可否供应6120货号产品。

商务英语不说"We wish to confirm our telex dispatched yesterday"，而要说"We confirm our telex of July 2nd, 2000"。因为前者笼统含糊，后者清晰明了，恰如其分地表情达意。

在商务英语中，有时可采用不同的词语或短语表达同一语义或概念，这不仅可以避免重复所引起的"单调乏味"，使语篇表达富有变化，生动活泼，而且更能从不同侧面加强所表达的语义，使之更明晰、明确。有时，采用省略的方式能够使表达更明确，而汉译时必须采用重复方式才能使译文语义明确，且并不因此而显得冗赘单调。

又如：In such a society, we make contracts when we buy goods at the supermarket, when we get on a bus or train, and when we put money into a machine to buy chocolate or drinks.

在这样一个社会里，当我们在超级市场购物的时候要订立合同，当我们乘公共汽车或火车的时候要订立合同，当我们把钱投入自动售货机购买巧克力或饮料的时候，也要订立合同。

解析：英文原文仅一处使用make contracts，而汉译文将此重复使用三次，英汉表达方式不同，但却都达到了表达清晰明确的目的，可谓殊途同归。

（三）篇章结构规范

商务英语具有程式化的语篇特征。在篇章结构上，严格按照各种语类的纲要式结构并参照各种语类的交际目的行文。这种程式化的纲要式的结构和交际的目的是其各种语类的核心。在商务英语实践中，我们把商务文本细分为商务报告、商务广告、企业宣传材料、产品说明书、商务信函、商务合同、商标词等，每一种文本都有其"纲要式"的结构，为从事商务活动和商务交际的人们提供对各种语类在理解和写作上的参照。下面以商务报告类文本为例，分析商务英语的篇章结构的示范性。

从整体结构上讲，英语商务报告包括了下列十大部分：题目（Title）、报告传达书（Transmittals）、目录（Contents）、总结（Summary）、前言（Introduction）、正文即调查结果和研究结果（Findings）、结论（Conclusion）、建议（Recommendations）、参考资料（References）、附录（Appendices）。其中，关键的部分是主体。商务报告的主体一般由前言（preface）、正文（body）和结尾（conclusion）组成。在前言部分，主要说明报告的目的（purpose）、背景（background）、范围（scope）和问题的叙述（problem statements），说明问题提出的缘由、背景和相关情况。报告的正文部分是核心内容，通常是由研究内容、研究方法、研究结果等构成，主要阐述研究结果和调查结果、项目进展情况、策划方案的步骤等。

（四）礼貌性

商务英语作为一种跨国交际的手段，它的翻译不同于文学作品的翻译和欣赏，它具有实用性和广泛的交际功能。就建立双方贸易关系的信函来说，其非常注重礼貌，语气客气、婉转，因此经常使用社交礼貌套语。这些客套语起交际应酬作用，信息量不大，但不容忽视，须认真对待。在信函的开头和结尾部分都有固定的礼貌套语：Dear Sirs/Gentlemen, Dear Mr.Smith, Dear Madam; yours sincerely, yours truly, yours faithfully 等。礼貌能使对方心情舒畅，给对方留下良好印象，便于建立友谊，促使双方贸易的达成。客气婉转的语气在商务信函中不仅可以委婉地拒绝对方的要求或条件，还不至于伤对方的情面，有利于维持双方友好的贸易关系。委婉的语气还可以用来表达道歉、感谢等意义。例如，当买方想了解卖方关于货物的信息时，我们可以说："Would you please inform us by return of the price, discounts, terms of payment and time when you Can deliver?"（你方能否告知我们价格、折扣、付款方式和交货时间？）这句话听上去有些强硬，但是仍不失礼貌。如果我们说："You must pay the rest of the outstanding bill to us within this week, otherwise, we will take court action."听起来僵硬，不可避免地会伤害贸易合作伙伴。

（五）名词化程度高

名词化可以将许多需要用句子才能表达的意义用名词或名词短语表达出来。使用名词可以使得信息量集中，符合商务交际中语言表达的经济原则，而且名词化主要是动词的名词化，不使用动词而使用名词可以避免时态、语态、语气、情态等因素，使得整个语篇显得客观、正式、严谨。

例如：If, whether during the execution of the works or after their completion and whether before or after the repudiation or other termination of the contract, between the Employer and the Contractor arises any dispute in connection with, or arising out of, the Contract or the execution of the works, including any disagreement by either party with any action, inaction, opinion, instruction, determination, certificate or valuation of the Engineer, the matter shall, in the first place, be referred to the Disputes Review Board.

无论是在工程执行过程中，还是在工程完成以后，也无论是在放弃或其他形式的终止合同之前或者之后，如果业主与承包商之间出现任何与合同或工程执行有关的或因合同或工程执行而引发的争端，包括任何一方对工程师的任何行动、不行动、意见、指示、决定、证书或评价所产生的异议，那么该争端应首先提交争端审核委员会。

在这句话中，execution, completion, repudiation, termination, disagreement, action, inaction, instruction, determination, valuation 分别是动词 execute, complete, repudiate, terminate, disagree, act, do not act, instruct, determine, valuate 的名词化。同时，为了使这种名词化程度很高的语篇能表达严密的逻辑关系，此例中还使用了大量的连词和介词，如 if、whether、and、or、by、after、before 等。由于汉语中多使用动词，英语中多使用名词是各自较为显著的一个特点，因而，在翻译这样的英文时往往会使用较多的动词来替代原英文中的名词，甚至是介词。

第四节　商务英语的修辞特征

从广义的角度来讲，商务英语的修辞可包括商务英语语音、词汇、句法、语篇的组成等各层面的所有特征，涉及"遣词酌句、谋篇布局"过程中的一切活动，是对语言进行选择加工,以达到传情达意的目的。而词义、句子结构以及语篇等所有的特征总汇构成商务英语的修辞特征。

一、商务英语的词义修辞特征

商务英语中的修辞为实现选词恰当、精确,语言表达礼貌的语言效果起到了至关重要的作用,其词义修辞特征主要表现在以下方面。

(一)暗喻

暗喻又称隐喻,是一种含蓄的比喻,本体和喻体同时出现,没有喻词。在商务英语中,暗喻是频繁使用的修辞手段之一。例如:

A woman express herself in many languages, Vimal is one of them.——Vimal Saree.

女人用多种语言表现自己,维姆就是其中之一。——维姆纱丽服。

该例中,妇女服饰品牌 Vimal Saree 被比作 language,表达了这种服饰就像语言一样可以直观地传达出女性的魅力所在,潜意识下表明了该品牌的特殊之处。

(二)双关

双关的修辞效果往往使得话语更加幽默,一箭双雕。商务英语中经常利用同音词、谐音词与一词多义的词来实现双关。例如:

The Self-Made woman.She's living better all the time.

《自我》成就的女性,生活永远如此称心。

该例中,Self-Made 的使用实现了双关,因为其具有一词多义的特点。Self 即有"自我"的含义,同时还是一本妇女杂志的名称,故 Self-Made 暗示了阅读《自我》杂志的女性在生活上都是称心如意的,这就可以号召大量女性来阅读该杂志。

(三)夸张

虽然夸张手法有言过其实的修辞效果,但基本上还是符合事物本质特征的。适当的夸张是为了增强效果、抒发感情,在事实的基础上做出放大或缩小某一特征的艺术手法。因此,夸张是商务英语中经常使用的修辞手段之一。

例如:

They murdered us at the negotiating session.

谈判时他们枪毙了我们的方案。

该例中,murdered us 即是夸张手法的运用,目的在于强调谈判失败的后果,使得表述更加生动有效。

（四）借代

商务英语中常常用一个表示具体形象的词来表示一个事物、一种属性或一种概念，表现为将具体词语的词义作抽象化引申，引人联想，并起到修饰语言的作用。例如：

Viewing such problems with a humorous eye and avoiding the syndrome of taking yourself too seriously can make all the difference in keeping negotiations on track.

如果用幽默的眼光来看待这些问题，让自己避免过分严肃，对谈判沿着既定的轨道前行具有十分重要的作用。

该例中，利用人体器官 eyes（眼睛）这一具体器官的形象引申出其所产生的行为——眼光，使得句子在表述上形象、轻松，在很大程度上缓和了话题的过分严肃性。

二、商务英语的结构修辞特征

对商务英语结构具有重要修饰意义的手段有：倒装句、反复、排比、对比。下面就对这些修辞手段进行探讨。

（一）倒装句

倒装句倒装是一种语法手段，用于表示一定句子结构的需要和强调某一句子成分的需要。商务英语中也常常通过改变语序、倒装句子来实现有所指、有所强调的交际意图。试比较下面一组句子。

（1）A sample of a similar cloth, of exactly the same color, which we have in stock, is enclosed.

（2）Enclosed is a sample of a similar cloth, of exactly the same color, which we have in stock.

附上一块目前有现货的，颜色几乎一样的相似布料。

对于同一个句子，使用的英语句型却是完全不同的。（1）句使用的是普通的、正常顺序的句子，因为主语很长且位于句首，给读者的感觉是头重脚轻。（2）句通过倒装改变了句子中词语的顺序，读起来更加合理。

（二）反复

商务英语中常用反复来强调所表达的内容，引起话语接受者的注意，其主要表现在以下三个方面。

（1）重复某个关键词。重复某个关键词（Repetition of a Key Word）能够帮助语言发出者建立主题思想，让语言接收者有意识或无意识地熟悉这个词带来的信息。例如：

She is a leader: a leader in the workplace, a leader in her church, and a leader in the commumty.

她是领导：是工作上的领导，是教堂的领导，还是社区的领导。

该例中，通过对 leader 一词的重复使用实现了强调的目的，充分表达了其牢固的领导地位，从而将她的领导形象深深刻在人们心中。

（2）句首重复。一个单词或词组出现在连续几个句子、诗行或语段的开头，英语修辞中叫作句首重复（Anaphora）。例如：

Farewell to the mountains high covered with snow!
Farewell to the straths and green valleys below!
Farewell to the forests and wild hanging woods!
Farewell to the torrents and loud pouring floods!

再见了，积雪皑皑的高山！
再见了，脚下的溪壑绿谷！
再见了，森林和原始垂悬的树木！
再见了，急流奔腾轰鸣的洪水！

这里除了 Farewell to 在句首重复外，每一行诗的句法结构也是对称的。不过，这种对称对句首重复来说不是绝对需要的。

（3）结末重复。结末重复（Antistrophe）是指末尾段落连续使用重复的短语或句子。与句首重复一样，结末重复也是为了强调这些语句。

例如：

Our stockholders will win.
Our employees will win.
And, best of all, our families will win.

我们的股东将会获益；
我们的员工将会获益；
另外，最让人高兴的是，我们的家族将会获益。

该例中，对句末短语 will win 进行了重复，强调了人们获益的范围是非常广泛的，即表明了这次成功将使所有人都获得利益。

（三）排比

排比（parallelism）就是把两个或两个以上结构相同或相似、意义相关或并重、语气一致的语言单位平行排列起来，形成一个连贯的整体的修辞手法。在商务英语中，排比也是一种常用的修辞格。这种修辞结构使读者强烈感受到排比结构内部的关系，起到加强语气、强调重点的作用。例如：

If a man runs after money, he's money-mad; if he keeps it, he's a capitalist; if he spends it, he's a playboy; if he doesn't get it, he's a never-do-well; if he doesn't try to get it, he lacks ambition.If he gets it without working for it, he's a parasite; and if he accumulates it after a lifetime of hard work, people call him afool who never got anything out of life.

只追求钱的人是疯子；只攒钱的人是资本家；只花钱的人是花花公子；挣不到钱的人是小混混；不愿意挣钱的人是没有包袱的人；想不劳而获的人是寄生虫；一辈子只为挣钱的人则是傻子。

该例中，整个段落列出了七项有关 money 的种种行为，并通过这种排比结构讽刺了一些人、批评了一些人，在一定程度上加强了人们对于如何花钱这方面的正确认识。

（四）对比

商务英语中经常使用对比的修辞手法使一句平衡对称的句子在意思上截然相反，形成强烈对比。例如：

There is a large group of active and innovative companies who devote themselves to increasing the productivity.While there always a large group of laggard and stereotyped companies who devote themselves to gnawing government subsidy.

很多积极的、创新的企业都致力于提高生产力。然而还有很多落后的、守旧的企业致力于啃食政府补贴。

本句通过 active and innovative 和 laggard and stereotyped，increasing the productivity 和 gnawing government subsidy 两组意象的对比，表达了两方面的意思。

（1）赞美前者的创新精神。

（2）批评后者不思进取、腐败落后的企业作风。

三、商务英语的语篇修辞特征

（一）圆周句

圆周句（Periodical Sentence），也称"掉尾句"，它是英语中末端中心（end focus or endweight）原则的应用。圆周句的特点：主要信息或实质部分迟迟不出现，使之造成一种悬念，借以抓住读者的注意力，步步推进，直到句尾或接近句尾才能明了作者所要表达的真正意思，给读者以深刻的印象，从而使主要信息或实质部分得到强调。圆周句是作者有意安排的句子，句子结构比较严谨，多用于正式语体。当很多从句都把话语重点放在了句末，便形成了修辞学上所说的圆周句。圆周句在商务英语中的使用主要基于以下目的。

（1）有时是为了吸引对方注意。

（2）有时是为了加以强调。

（3）有时是为了减弱不利信息造成的影响。

下面来看一则实例。

Although profits are down, morale remains high.

尽管利润下降了，但我们的道德水平依然很高。

该例中，通过使用although来引导让步状语从句，并以此说明后面的句子是语言表述的重点，故该句是一个圆周句。其中profits are down这一不利消息以状语从句的形式被放在了前面，而话语中心则被放在了后半句上，因而整个句子就句子含义而言，在很大程度上减弱了不利消息对听话人的影响，强调了好的一面。

（二）松散句

松散句（Loose Sentence）也是复合句，即主句在前，后面通常跟有几个从句：一些语言学家定义的右分支结构（right-branching structure）。松散句是一种组织松弛的句子。在效果上这种句子比较松弛，多用于谈话。句子的组织部分连绵不断，但结构如此松散，以至于可以在句中的任何地方加一个句号，结构都是完整的。与圆周句不同，松散句通常将句子中心放在前半部分用以提出主旨。

例如：

The Buyer may cancel its order through a telegram to the Seller, which is required to get to the latter prior to the beginning of any shipment.

买方可以通过电报通知卖方取消订货，但此电报需在货物装运之前到达卖方。

该例中首先明确了话语的主题即"取消订单"，然后在后半句进行了说明：不是任何时候都可以取消订单，只有在货物装运之前将取消订货的电报传达给卖方时才可以。

第三章 商务语言服务

第一节 我国语言服务产业基本情况

  一般认为,泛化的语言服务行业包括语言翻译、语言传播、语言技术、语言培训、附属于专项技术(如法律、工业、医疗等)的语言咨询等。我国的语言服务行业萌芽于 20 世纪 90 年代,得益于我国长期而稳定的改革开放和经济利好政策,我国的语言服务行业现正处于高速发展时期。根据卡门森思公司(Common Sense Advisory)发布的数据,截至 2016 年,我国语言服务及其相关衍生产业的经济总产值约为 3000 亿元,相关企业数量超过 30 万家,与 2011 年相比,经济产值年增长率接近 20%,企业数量年增长率约为 16%。这些数据不管从哪个角度来看,都是惊人的。但是,中国语言服务虽然企业的总体数量众多,整体规模较大,但个体经营规模较小,缺乏持续成长优势,国际竞争力较弱。结合卡门森思咨询公司的数据和 2016 年国家语委发布的《2015 年中国语言服务行业发展报告》,截至 2015 年年底,国内专门从事语言服务(如翻译、语言知识、语言技术和相关语言衍生品等)的企业有 7000 多家,但这些企业规模普遍较小,中大型企业占比很低。统计资料显示,从企业规模方面来看,注册资金 5000 万元以上的企业不到 1%,100 万元以下的达七成;从营业额方面来看,年营业额 100 万元以下的企业多达 64%;从员工数量方面来看,雇员人数 400 人以上的企业仅占约 2%,5 人以下的多达 35.0%。由此可知,中国目前语言服务行业整体体量较大,但质量较差,因此,语言服务行业急需进一步往产业化方向发展,提高质量,建立一套比较完备和可持续的语言服务发展体系。而要做到这一点,人才培养是关键。因此,我国首先需要在相关专业(如应用英语、商务英语、小语种专业等)中引入语言服务教学类资源,构建语言服务类教学模式,以培养更多的高素质语言服务类人才,并最终提高中国语言服务产业的质量和影响力。

第二节　商务英语语言服务产业面临的机遇与挑战

语言服务产业作为展现各国软实力的重要手段，近年来呈快速发展态势。咨询机构 Common Sense Advisory 的数据显示，2008 年至 2012 年这 5 年间，除 2011 年外，全球语言服务市场的年增长率均在两位数以上。据《2019 年中国语言服务行业发展报告》公布信息显示中国现有语言服务类企业 369 家，935 家，总产值 372.2 亿元，年增长率为 3.6%。业态发展良好势头为河北省语言服务行业发展带来机遇，投资者和语言服务提供者对市场的乐观态度使得该行业企业数量处于不断增加趋势。加之近年来京津冀一体化战略不断向纵深推进、冬奥会等体育赛事、各类型商务交流会在冀举办等契机，对商务语言服务的需求呈上升态势，刺激了商务英语语言服务企业在河北省的快速发展。虽然具备较有利的市场环境和发展态势，但商务英语语言服务产业发展亦面临不少问题。主要表现在以下两方面。

一、服务企业规模较小，服务结构单一，行业规范化服务体系尚未建立

目前，商务语言服务提供主要依靠两种形式，一种是由专业商务语言服务企业提供，另一种是中方企业作为语言服务需求方自行聘专职商务语言服务岗位员工。就后者而言，限于企业编制要求，商务英语语言服务人员数量常常无法满足大型翻译任务需要，仍需临时聘用或选择外包服务，将业务临时交给专业服务企业完成。在这样的情况下，对完成服务任务而言，无法形成稳定的合作语言服务团队，专业商务语言服务企业也很难形成专业化服务规模。而从行业角度来看，专业商务英语语言服务企业缺乏统一的行业标准和规范化服务，受制于规模限制，多媒体本地化、软件本地化和国际化业务等往往无法实现。

二、专业商务英语服务人才供给相对短缺，且人员分布不均衡

以语言服务业的核心业务——翻译为例，当前仍以传统翻译为主，笔译从业人员占商务英语语言服务人才主体，口译服务人员相比较缺乏。高层次语言服务人才，如同传等，相对短缺。同时，商务英语语言服务需要服务提供人员

兼具深厚的语言功底和商务专业知识，当前此类复合型人才比较缺乏，且未针对其设置统一的行业资格标准。

人才分布不均衡。从地理角度来看，大多高层次专业商务英语服务人才集中在省会城市、各大高等院校、大型企业。人才分布不均衡的现象亦存在于各行业之间，主导产业领域商务英语服务人才较集中，而对于非支柱型产业，特别是一些新兴产业、交叉性产业，商务英语服务人才较匮乏。

第三节　商务英语语言服务产业发展路径设计

一、明确发展思路，实现统一、科学筹划

以产业经济学、管理学等相关理论作为科学指导，系统梳理发展方向和思路。

从总体规划与设计层面，可将商务英语语言服务产业体系按产业结构和产业链进行细分，例如，按照子产业可划分为商务英语语言本地化与国际化教育、培训及研究；语言翻译；多语言文字处理等各相关要素层面。依据产业链各个相关业态，有针对性地进行调研，并在此基础上设计发展路径整体规划。从具体操作层面，借助统计分析、SWOT和SCP等工具具体分析发展方案，对采集到的河北省商务语言服务产业各子业态语言产品消费情况、行业质量评估等数据进行有效分析，剖析商务英语语言服务产业对全省经济贡献度、核心竞争力等，为产业构建策略建议的设计提供支持。

二、科学构建产业发展路径和明确具体实施方案设计

基于前期调研成果，由相关部门牵头，聘请省内外专家进行商务英语语言服务产业体系构建途径和策略设计工作。从数据整合分析入手，剖析行业现状，探索核心竞争力，有针对性、有步骤地从核心竞争力要素、再生性要素及制动性要素三个层面提出相应的构建途径和政策建议。集合专家及各方建议，有关部门可科学制订商务英语语言服务产业整体发展路径规划及具体实施计划。

三、以人为本，关注产业发展中核心要素

高水平语言服务人才构成行业核心竞争力。相关管理部门可以利用此次冬奥会契机，采用构建和完善人才库等方式，吸纳具有相关资质的高校师生、语言服务企业人员及社会人员加入人才库。同时逐步建立完善的商务语言服务人才资质认定和评价体系，从语言服务技能、商务知识、商务实践运用技能等角度，建立综合能力和水平考量制度，进而实现动态化人才库人员考核管理机制。

从行业发展角度来看，发挥河北省高校科研教学优势，助力行业发展，形成"政产学研"合作模式。高校作为商务英语人才输出的重要基地，在人才培养环节，调整教学目标与教学重点，从单一翻译人才培养转变为"专业+语言"的复合型人才培养。紧贴企业需求，围绕河北省重点产业，如电力、化工、纺织、医药等，同时兼顾新兴产业，如软件、人工智能、绿色产业等产业需求，建立专业培养与语言服务技能培养相结合人才培养模式。大力推广实践教学，采用设立校外实训基地、校内实践工作坊等方法，增强学生实际应用能力，使学生能够"学中练，练中学"。

四、利用先进技术，构建发展平台

利用现代互联沟通技术，构建语言服务资源共享平台。从人力要素角度来看，该平台的构建将打破人员流动限制，基于共享理念构建商务语言人才交流平台。共享平台管理部门必须具备统筹经费职能，筹集专项经费成立语言服务培训共享专项基金，建立长期、多样化的培训体系。基于互联网的语言服务技术不断发展为商务语言服务人才共享形式创新提供可能性。如今，基于网页端、手机端的应用软件可进行人才需求信息共享，在线语言服务团队建设，促进语言服务团队专业化发展。共享平台管理者应敦促相关高校、企事业单位尽快完成完善语言服务人才智库建设工作，组建人才信息数据库，完善人才电子档案库。同时建立服务人员成长记录制度，记录其参加培训和提供共享服务经历，作为考核其服务水平的重要参考。信息共享平台还可以实现技术和硬件资源的共享，从而带动与计算机技术相结合的语言服务相关产业发展，实现云语言服务等。

五、建立行业资质评审体系，规范行业管理

商务英语服务直接与众多企业外经贸商务交流息息相关，服务需求量高，利

润空间大，因而吸引了大量相关服务提供企业进入。但是，由于当前河北省语言服务行业尚未建立起一套标准的行业规范体系，导致企业规模差异较大，竞争秩序混乱；缺乏统一的行业服务标准，语言服务水平及产品质量参差不齐；行业缺乏统一目标引领，企业单纯以利润追求为目标，甚至产生价格恶性竞争。这些问题的存在影响了河北省商务英语语言服务行业整体形象，削弱了企业的竞争力，也制约了行业健康发展。因此，营造公平、合理的行业规范体系成为当前工作的重要任务。该行业规范体系应包含行业准入体系、规范管理体系、服务收费定价体系及行业资质评审体系等多维标准，对行业和市场秩序进行全面的调整和管理。

六、紧跟行业发展趋势，重视语言技术研发

当前信息互联网科技和人工智能技术的不断发展给商务英语语言服务产业带来巨大的机遇与挑战。"人机协同翻译"成为未来语言服务行业发展的趋势。政府应采用政策引导，资金支持等手段，鼓励企业及相关各方积极进行大数据利用云翻译、人工智能翻译技术等新型语言技术研发，掌握技术竞争优势，转变传统、低效的语言服务模式。对语言技术开发往往对企业规模、资金等有较高要求，因而在政府引导下，可以利用这一契机，实现河北省内商务英语语言服务企业进行良性整合，逐步实现行业规模经济，提升企业质量。

第四节 语言服务需求的商务英语专业人才培养

一、语言服务需求的商务英语专业人才培养体系建设

自20世纪以来，在经济全球化的影响和推动下，我国企业的国际化商务活动不断增加。特别是在"一带一路"倡议提出以后，我国企业纷纷走出国门，跟"一带一路"沿线国家进行密切的经济交流和合作。这些情况使得我国社会各行各业对语言服务人才的需求不断提高。高等教育体系是培养社会人才的重要途径，因此，在语言服务人才需求缺口不断增加的情况下，高校应该优化商务英语专业人才培养体系，以取得更好的人才培养成效。本文全方位探讨语言服务需求下商务英语专业人才培养体系的优化与创新策略。

（一）实现商务英语专业课程体系的创新优化

在高校人才培养体系中，完善的课程体系能够提供较好的支撑。因此，高校应该立足于语言服务需求进行课程体系的优化与改善，使得课程内容更好地契合商务英语专业和语言服务需求。各个高校应该积极接触语言服务人才的需求侧——企业，同时还要积极进行人力资本市场供给侧的全面调研。这样高校就可以在课程体系建设过程中形成"三方主体"参与体系，使得最终建成的课程体系具有更强的成效。结合当前语言服务需求来看，最终建成的课程体系应该至少包括以下三方面的内容。

第一，商务英语的基础知识与能力模块。这部分课程内容应该设计为必修课，主要包括商务英语专业的基础内容，具体有商务英语综合课程、商务英语听力、国际贸易等。这些课程最好设置在大一、大二阶段，使学生在基础阶段就可以学习这些课程蕴含的知识与技能。

第二，商务英语的创新创业模块。从当前我国语言服务需求来看，整个行业需要高素质的专业人才，同时对于人才的创新要求也有所提高。因此，高校可以设计一些商务英语创新创业的相关课程内容。这些课程主要包括创新创业教育、公司治理、语言服务项目管理、语言服务艺术等。这些课程可以是选修课，学生必须选择一定量的该类课程（姚国玉等，2020）。

第三，商务英语实操类课程。这类课程可以较好地强化学生在商务英语专业方面的实践技能水平，具体可以结合产学实际进行设计，如语言服务产业规划、大数据技术与语言应用等。这类课程可以设置在大三、大四阶段，并且需要结合学生的专业方向进行优化设计。

（二）重新规划商务英语专业实践教学体系

在商务英语专业人才培养过程中，实践教学模块是非常关键的，在很大程度上决定了人才培养活动的综合成效。在开展实践教学活动的时候，高校可以充分融入互联网信息化技术，切实提高商务英语专业实践教学活动的效率，同时也可以较好地降低实践教学模块的建设成本。

第一，建立互联网实训平台。高校可以积极结合当前使用比较普遍的大数据等技术，构建"互联网＋语言服务"的实训平台，为高校的商务英语专业实训课程提供较好的资源支撑。这样的平台应该至少具有实训场景对话、名师教学资源等功能，从而丰富实践教学的资源，同时也可以带来较好的实践教学体验。

第二，建立基于互联网技术的校企合作模式。高校在进行商务英语专业人才培养的时候，应该充分发挥校企合作模式的价值。在这个过程中，高校应该充分发挥线上教学与线下活动的联动作用，使得学生可以积极参与到企业开展的语言服务项目中。高校还可以跟校外企业进行积极沟通和互动，加强双方合作，开展订单班。在合作培养过程中，学校应该积极使用线上方式，使学生可以更好地感知企业的实践项目场景。在学生经过一定时间的适应以后，学校就可以引导学生参与到企业相关语言服务工作中，提高实践教学的成效。

（三）充分保证人才培养成果的转化效率

在进行商务英语专业人才培养的时候，高校需要建立相对完善的人才培养成果转化保障体系，提高人才培养的转化效率，使得高校的人才培养活动可以取得预期成效。

第一，高校逐步完善学分制度，通过学分体系来控制学生的学习过程与成果。结合当前的语言服务需求来看，社会行业环境需要具有较强创新素养的高素质人才。因此，高校也应该结合创新意识和实践能力设计学分，将学生参与的实践项目转化为学分，同时还可以记录学生在专业课学习过程中的具体成果，并折算成学分（翁林颖，2021）。通过这种方式，高校可以引导学生积极进行创新意识培养和实践项目训练，提高人才培养的成效。

第二，高校构建完善的人才培养成果转化和"双创"人才孵化保护机制。在这个过程中，高校应该鼓励那些具有创新精神和能力的商务英语专业学生积极参与创新实践活动，并引导他们将自身的创新成果进行积极转化，切实提高他们的创新能力水平并促进创新成果发挥较好的作用。

（四）构建以学生综合素质为主的人才培养体系

随着商务英语专业的人才培养要求不断提高，高校需要积极构建以学生综合素质为主的人才培养体系。

第一，职业素养的培养。在当前我国语言服务行业中，社会企业对于人才的服务水平有较高要求，因此，高校商务英语专业人才应该具有较强的服务意识，并提高自身的职业素养水平。在开展人才培养活动的时候，高校需要以职业素养为导向，着力提高商务英语专业人才的团队协作、沟通能力、服务精神、诚信敬业等素养，使得他们在就业过程中可以表现出较高的道德修养水平。

第二，理工科技素养的培养。结合当前我国语言服务需求来看，理工领域的人才需求非常突出，其中以信息技术行业为主。因此，高校在进行商务英语专业人才培养的时候，也可以考虑加入科技素养的相关内容，比如信息技术翻译能力、理工术语写作能力等，通过这种方式保证高校培养出来的人才可以更好地满足语言服务的需求。

第三，管理素养的培养。商务英语专业是"商务+语言"的学科，其中商务不仅仅包含国际贸易、电子商务等内容，同时也包含工商管理的知识。特别是在"一带一路"倡议全面贯彻以后，我国对外合作活动不断增加，对于商务英语专业人才的工商管理素养需求也逐步增加。因此，高校在进行商务英语人才培养的时候需要引入管理素养的相关内容，切实提高学生的管理素养水平。

二、商务英语专业语言服务类人才培养模式

（一）建立基于语言服务的商务英语专业创新创业教育课程体系

课程是人才培养的基础，语言服务作为一个较新的研究点和教育点，目前国内对此的教学研究开展较少，相关课程设置也未成体系。高校作为语言服务类人才的供给侧，应该积极联系和接触处于需求侧的语言服务人才需求企业或处于供给侧和需求侧连接点的人力资本市场，三方共同制定人才培养课程体系。在设定课程体系的时候，高校应系统地考虑到"双创"背景，社会对语言服务的需求和人才的可持续发展性，重视培养学生的"双创"素养、商务知识、语言能力，引导学生关注语言服务行业的整体需求并拓展其知识维度。综上，要培养合适的商务英语专业语言服务类人才，其课程体系上至少要包括以下两类知识和能力模块。一是语言商务类知识和能力模块。此类模块依然为本课程体系中的主要模块，课程设置形式为必修课，具体课程包括但不限于一些传统的商务英语课程，如商务英语综合、商务英语口译、商务英语听力、商务英语写作、国际贸易、外贸函电等，开课时间建议在第一学年和第二学年。二是创新创业与语言服务类知识和能力模块。此模块以协同创新类课程为主，课程设置形式以限选课为主，如创新创业教育、创业模式、企业管理、公司治理、语言服务概论、语言服务项目管理、语言服务艺术、语言服务业概述等，开课时间建议在第三学年或第四学年。此外，学校还可以增设拓展类知识和能力模块。此模块课程设置形式为任选课结合讲座，分为学研结合课程和产学结合课程，具体内容和教师选择可根据本校师生的水平和需求灵活设置。学研结合课程以跨学科知识概论为主，如贸易类知识课程、财务类知识课程、工业类知识课程、信息类知识课程。此外，产学结合课程以实操类课程为主，如语言服务项目管理、翻译质量管理、语言服务产业规划、计算机辅助翻译技术、大数据下的语言应用技术等。

（二）建立基于语言服务的商务英语专业创新创业教育实践体系

目前，互联网是创新创业的最大平台，基于"双创"的教改也应该立足于此。实践教学是创新创业教育中的一个重要部分，要打造商务英语专业实践课和创新

创业实践课程相融合的实践教学体系，学校就必须以"互联网＋语言服务"为指导，利用教育信息技术，构建三大实践教学体系：第一，基于课程专业实训平台的实践教学，如"互联网＋本地化语言"服务实训、"互联网＋语言大数据"服务实训、"互联网＋国际文化贸易语言"服务综合实训、"互联网＋翻译服务"实训等；第二，基于校企合作项目的实践教学，如教育集团校企合作实践教学、教学软件校企合作实践教学，通过线上、线下活动，让学生参与企业的语言服务项目；第三，基于创业实战的实践教学，即引导学生进行"互联网＋语言服务"创新创业实践活动，以验证创新创业教育效果，具体要包括创新（创新项目和创新创业训练项目）及创业（创业训练项目和创业实践项目），或参与企业的相关语言服务工作等。

三、建构长期的、适合商务英语专业的创新创业意识向实践成果转化的保障机制

为使创新创业教育能长远健康发展，学校必须建立成果转化的保障机制。首先，学校要给予学分制度上的保障，即在学分方面对学生的创新创业意识进行保护，具体可以通过相关设置，允许学生通过创新创业活动获取一定的选修课学分，并且鼓励学生参加相关的创新创业活动和培育活动，再将其相关成果折算成学分。其次，学校要进行成果转化和孵化方面的保护，即学校应该出具相关文件，鼓励那些有创新精神和创业能力的商务英语专业学生参与创新创业实战，并通过学校资源和教师指导为这些学生的"双创"行为提供成果转化和孵化方面的帮助，如提供政策上的支持，包括一定的经费、一定的荣誉和创新创业场地，甚至还可以利用学校和系部影响力帮其引入风险投资等。

三、语言服务需求的商务英语专业人才培养的保障措施

（一）积极调研语言服务的需求变化

对高校商务英语专业的人才培养来说，高校应该积极调研语言服务行业的需求变化，并基于此进行人才培养活动的优化调整（李婉婉，2019）。这主要是因为商务英语专业的实践性比较强，高校如果忽视了语言服务行业的需求，那么最终培养出来的人才就很难具有较好的就业前景，同时还会在行业环境中表现出不适应性。因此，我国高校商务英语专业在建设过程中，一定要注意语言服务行业的需求变化，保证人才培养体系的灵活性。

（三）优化校企合作的新模式

从语言服务需求的角度来看，高校应该不断优化校企合作新模式，使得高校可以在商务英语专业人才培养过程中跟校外企业取得较好的合作状态。企业的主要目的就是实现利益最大化。因此，高校可以紧密结合当前我国关于校企合作的政策，优化自身跟合作企业的利益关系，使得双方实现合作共赢（彭波等，2017）。在这个过程中，高校也可以考虑跟校外企业进行深度合作，比如共同建立校外实训基地、开展订单班等。除此之外，高校应该积极优化与创新校企合作模式，使得学校和企业可以在商务英语专业人才培养方面形成合力。

总而言之，当前我国社会对语言服务人才的需求增大，高素质国际化人才缺乏。在这种情况下，我国高校的商务英语专业人才培养体系应该进行优化与调整，立足于课程内容、实践教学、人才培养成果转化、综合素质培养等多个方面，提高商务英语专业人才培养的综合成效。

与此同时，高校在开展校企合作模式的时候，需要处理好自身跟校外企业的利益分配问题，只有这样，高校商务英语专业的人才培养才能在后续工作中取得较好的成效，为我国语言服务行业输送高素质人才。

第四章　商务英语语言翻译

第一节　商务英语翻译界定

翻译是不同民族沟通的桥梁，古往今来，人们把翻译看成是复制品、相似物、拷贝、剧本、画像、映象、再现、拟态、模仿、镜像、透明玻璃等。还有人把它比喻成拆了以后在另一个场地重建的小木屋。后殖民翻译理论甚至将其比喻成"食人"，吃掉其血肉精华，也就是消化原文文本，为其所用。在西方翻译史上，译者还被比喻为媒人、中介人、和平的使者、女性、大衣、地毯、镜子、铜钱、赝品、乐谱、有色玻璃等。

自从人们的翻译活动开始以来，已经有许多人给翻译下过很多定义。有关翻译的概念既有相同的，也有不同的。从古到今，人们从不同的角度去描述和比喻翻译，要达到完全统一的认识是不可能的，也是不切实际的。

什么是翻译？《大英百科全书》将翻译定义为"将一种语言或者一套语言符号所表达的内容用另一种语言或者另一套语言符号进行转换的行为或过程"。英国翻译理论家卡特福德将其定义为"用一种等值的语言的文本材料去替换另一种语言的文本材料"。以上两种定义，尽管陈述形式不尽相同，但都是从翻译是作为一种行为这一角度来界定的，其核心内容完全一致。

首先，翻译是一种行为或过程。其次，翻译涉及两种语言（或两套语言符号）或两种文本材料。第三，翻译的结果是一种语言被另一种语言所取代。第四，翻译是一种语言的内容而非形式被另外一种语言所替代，或者说是一种语言的文本材料被等值的另一种语言的文本材料所替换。

从功能和目的两方面讲，"翻译是思想交流的桥梁（使不懂原语的人，能通过译文而懂得体现在原文信息中作者的思想、意图、观点和所表达的思想感情）和接力（使原文信息能传播得更远，能传播到更多的人那里）"。（范仲英，1994：12）

我们根据以上界定，采用范仲英（1994：13）对翻译所做的界定：翻译是人类交流思想过程中沟通不同语言的桥梁，使通晓不同语言的人能通过原文的重新表达而进行思想交流。翻译是把一种语言（原语）的信息用另一种语言（译语）表达出来，使译文读者能了解原作者所表达的思想，得到与原文读者大致相同的感受。

那么，到底什么是商务英语翻译？商务英语翻译同普通英语翻译或文学翻译有很大区别。最重要的区别就在于：对于普通英语翻译或者文学翻译，译者只需精通翻译所涉及的源语和目的语、精通源语文化和目的语文化、熟悉所涉及的翻译技巧，就可以进行成功的翻译，因为在普通英语翻译及文学翻译中所涉及的场景、所讲述的故事都源自人们熟悉的日常生活，原文中的用词、采用的句式、呈现的表达法等，均不涉及专业知识，均不具备专业特点。比起普通英语翻译或者文学翻译，商务英语翻译则要复杂许多。这是因为，在从事商务英语翻译时，译者除了要精通翻译所涉及的两种语言、两种文化和翻译技巧之外，还必须充分了解商务英语翻译所涉及的商务专业知识、国际商务准备和商务文化以及商务语篇所应达到的目的。

商务英语翻译是在经济全球化过程中，作为促进商业文化和物质交流的经济活动的一部分而出现的一种翻译活动。商务英语翻译概念的范畴有狭义、一般意义与广义之分。根据上文背景探讨，狭义的商务英语翻译是在具有直接经济利益目的的经营性活动中所涉及的翻译活动，如公司参与国际贸易业务所需要的翻译活动；一般意义的商务英语翻译是指跨越国界的各种商业活动，包括商品、劳务（如技术、熟练劳动、运输）、资本等任何形式的经济资源的国际传递相关的一切领域所涉及的翻译活动，如国际商务活动涉及的法律法规翻译、涉外旅游宣传的翻译等；广义的商务英语翻译可以包括一切与国际商务相关的广泛领域的翻译，如外交事务翻译、外宣政策文件翻译等。目前，商务英语翻译的研究与实践内容都超越了狭义的层面。

商务英语翻译的分类因角度不同而不同。在中国，就其译语方向来说，有汉语译成英语和英语译成汉语两种。就其工作方式来说，有口译和笔译之分。笔译和口译差别很大。笔译的时间限制比较宽松，译者可以有充分的时间对原文进行分析，甚至可以通过协商进一步延长最后期限。按照联合国译协的翻译标准，职业译者每天工作量为6~8页，每分钟5词或每小时300词。而同传译员则需对每句话立刻做出反应，速度要求通常为笔译的30倍，即每分钟150词或每小时9000词。原则上，笔译者可以充分斟酌衡量利弊得失再做出最佳选择，而口译者却只有唯一，别无选择，不能使用任何工具书。就翻译方式来说，有全译和部分翻译（变译）之分，这里主要以商务英语笔译中的英汉互译活动为主，其中的商务翻译原理也适用于英语与其他语言之间的翻译活动。

第二节　商务英语翻译的标准和要求

一、商务英语翻译的标准

翻译标准是翻译理论的核心问题，是翻译活动必须遵循的准则，是衡量译文质量的尺度，也是翻译者应努力达到的目标。因此，翻译标准对商务英语的翻译来说十分重要。但是翻译的标准却并不统一，翻译界对此也没有完全一致的定论。商务英语翻译的标准有很多，商务英语翻译标准的提法也各不相同，这使得我们无法有一个统一的指导性原则。这里主要介绍商务英语翻译的一般标准和最高标准。

（一）一般标准

一般标准即现实通用的"忠实、通顺"。下面我们对这两种一般标准进行具体分析。

1. 忠实

"忠实"标准原则是商务英语翻译人员必须遵循的首要标准。所谓"忠实"，即译文所传递的信息同原文所传递的信息要保持一致，或者说要保持信息等值。商务英语翻译必须忠实于原文，做到信息对等而不是相似，不得随意发挥，不能窜改、歪曲、遗漏原文所表达的思想。"忠实"的应该是原文的内容意旨和风格效果，而不是原文的语言表达形态。例如：

Bank bonds are also popular because they have a short maturing and are currently offering an interest rate of 20% more than the average bank deposit rates.

银行债券也颇受欢迎，因为期限短，利息也高于银行的平均存款利率。

上述翻译遗漏了一个重要信息，即 are currently offering an interest rate of 20%这一重要信息，因此这样的译文也就很难忠实于原文，也就不能称得上是好的译文。原文应该译为：银行债券也颇受欢迎。因为它期限短，而且目前正提供高于银行平均存款利率20%的利息。

又如：

江苏已成为外向型经济发展的一个热点地区。

有人将上述这句话译为 Jiangsu has become a hot spot for its development of extemal directed economy. 这里的 hot spot 就有望文生义之嫌了，因为 a hot spot 往往被理解成 "difficult or dangerous situation; place where (e.g political) trouble is likely."但汉语中的"热点"指的是"某时期引人注目的地方或问题"，毫无"危险、冲突、内乱动荡的地方"之意，以 hot spot 来译"热点"显然是误译。

原句应该译为：Jiangsu has become a focus of attention for its development of export—oriented economy.

但汉语中。"热点"可以说毫无"危险、冲突、内乱动荡的地方"之意，而指"某时期引人注目的地方或问题（《现代汉语词典》）"。以"hotspot"来译"热点"属语义误解产生的误译。另外，"外向型"经济指"面向外国市场"的经济，以生产出口产品为导向的经济。

2. 通顺

将一种语言翻译成另一种语言后，译文要流畅、明了、易懂。英汉对译时必须使译文规范化，即所用的词汇、短语、句子及语法都必须符合本语种、本行业的一般规范和习惯，用词要准确，文字不晦涩、不生硬、不洋化。译文必须是清晰明了的现代语言，纹理通顺、结构严谨、逻辑清楚，不能出现逐词死译、硬译的现象。不能出现没有语言晦涩的现象。例如：

请从速办理此事，我们将不胜感激。

原译：Please do it at once, if 80, we will be much thankful to you.

改译：Please prompt attention to the matter would be much appreciated.

原译和改译表达得都很正确，但相比较而言，改译采用的长句和被动语态使得句子表达更加正规和严肃。而且 would be much appreciated 相比饺 we will be much thankful to you 显得更加委婉。所以，改译更加忠实于原文。

忠实和通顺是紧密相连、相辅相成的。做到了忠实但忽视了通顺，则会给读者造成理解的困难，也就谈不上忠实；做到了通顺而没有做到忠实，则会脱离原作的内容与风格，通顺也失去了作用。例如：

Western Europe has been hit harder than the United States and Japan.Some relatively self-reliant poor countries, such as India, have been partly insulated.

例句中"hit harder"和"have been partly insulated"的翻译能否达到"忠实""通顺"的标准，直接会影响到译文的质量。"hit harder than…"的意思是"受到的影响比……要大"，"have been partly insulated"的意思是"至今（只）受到部分影响"。其中 insulated 的含义是"使其绝缘了"，属于物理学中常用的动词。则 partly insulated 的含义是"部分绝缘了"，因为句中的主语是"经济衰退"，因此则可应转译为"（只）受到部分影响"，由此"have been partly insulated"可初步翻译为"受到经济衰退的部分影响"。英语中语句的表达方式多使用被动语态，而汉语中则习惯使用主动语态的表达方式。据此，上文后半句的翻译是："经济衰退至今只在一定程度上影响到了一些诸如印度等那些相对自力更生的穷国。"

3. 准确性

"准确性"标准是商务英语翻译的核心。"准确"是关键，译者务必在信息转换的过程中正确理解并选择词语，概念表达要确切，物品与名称所指正确，数量与单位精确，将原文的语言信息用译文语言完整表达出来，不曲解原义。

例如：That's because, under the original Oyu Tolgoi agreement, Rio still has right of first refusal over any shares offered to third parties.

误译：这是因为，根据最初的奥尤陶勒盖协议，对于任何向第三方出售的股份，力拓仍有优先拒绝权。

正译：这是因为，根据最初的奥尤陶勒盖协议，对于任何向第三方出售的股份，力拓仍有优先购买权。

解析：原译文背离了"准确"原则，问题处在对"right of first refusal"的理解上，该表达法的真正意思是"优先购买权"。

又比如，"knocking copy"为广告学用语，指（对竞争者的产品进行的）攻击性的广告字眼，译成其他的表达就不地道，不是"行话"。另外，对于合同中的"IN WITNESS WHEREBY"，也应译成合同文体规范的正式用语"立此为证"。

4. 统一性

所谓"统一"，即是指在商务英语翻译过程中所采用的译名、概念、术语等在任何时候都应该保持统一，不允许将同一概念或术语随意变换译名（刘法公，1999）。也就是说，词语运用规范，符合约定俗成的含义，译文的行文方式合乎商务文献的语言规范。"统一性"标准有利于商务英语译文的统一和规范。有些术语以及专有名词在长期的翻译实践中，已有了固定译法，沿用已久。即使这些译名不符合规范，不够妥帖，甚或错误明显，但因多年来已为人们所公认和熟悉，早已成为人们的共同语言了，如 Munich 慕尼黑（不按德语发音译为"明欣"）；George Bernad Shaw 萧伯纳（不按人名译音为"乔治·伯纳德·萧"）。这些译名，虽不规范，但沿用已久，如重新译名，反而引起混乱，不利于译名的稳定和统一。此外，为了避免产生歧义，有些词语的翻译必须保持同一种译法，尤其是合同中的专业术语和关键词语都有着严格的法律含义，翻译时一定要透彻理解原文的内容要求，准确完整地传达合同文件的精神实质。以"exclusive"为例，exclusive territory 应译为"独占区域"，但是，exclusive contract 则译为"专销合同"。

（二）最高标准

最高标准即"功能对等"。"功能对等"理论是奈达基于他的《圣经》翻译研究而提出来的。他最初提出的是"动态对等"（dynamic equivalence）这一术语。所谓"动态对等"是指从语义到语体，在接受语中用"最切近的自然对等语"，用奈达自己的话来说，就是"与源语信息最切近而又自然的对等"（the closest natural equivalence to the source language message）（Nida, 2001：91），它包含三层意思，"（1）对等，针对源发语信息；（2）自然，针对接受者语言；（3）最切近，以最高近似值为基准，将前两种取向结合在一起"。例如：

Gentlemen,

We have received your telegram of May 6, from which we understand that you have booked our order for 2000 dozen of hirt.

In reply, we have the pleasure of informing you that the confirmed, irrevocable letter of Credit No.7634, amounting to $17000, has been opened this morning through the Commercial Bank, Tokyo.Upon receipt of the same, please arise shipment of the goods booked by 118 with the least possible delay.We are informed that S.S. "wuxi" is scheduled to sail from your city to our pert on May28.We with that the shipment will be carried by that steamer.

Should this trial order prove satisfactory to our customers, we can ensure you that repeat orders in increased quantities will be placed.

Your Close cooperation in this respect will be highly appreciated.Meanwhile, we look forward to your shipping advice.

Yours sincerely,

上述信函蕴含了两个主要功能，即信息功能和呼唤功能，所谓信息功能就是向信函读者传达的相关信息，如获悉对方接受订货、信用证已开出等；所谓呼唤功能就是向信函读者传达己方的希望，呼唤对方去思考和行动，如希望对方将所订货物迅速装船，并由"无锡"号装运等。翻译时必须要注意这两个功能，并确保其实现，不仅要精确地传达相关的信息，而且要成功地唤起信函接受者采取行动。下面是其翻译内容。

先生：

5月6日电悉，贵方已接受我方购买2000打衬衫的订货。

我们高兴地答复，第7634号保兑的、不可撤销的信用证，金额为17000美元，已于今晨通过东京商业银行开出。收到后，请将我们所订的货物迅速安排装运。另据悉"无锡"号轮定于5月28日从贵处开往我港，我们希望由该轮装运这批货物。

如若此次试购使我方客户满意，我们保证将继续大量订购。

我们对贵公司在这方面的密切合作深表感谢。同时盼望贵方的装运通知。

敬上

该译文不仅忠实了原文，而且还以汉语商务英语信函的写作特点为依据，成功地确保和再现了原文的双重功能。行文流利、规范、得体。下面我们对这一标准进行具体的分析。

1. 原文与译文语义信息的对等

语义信息是基础。没有语义信息就没有风格信息或文化信息，因为风格信息和文化信息必须通过语言的基本含义表现出来。语言是信息的载体，语言若没有传递信息，风格信息和文化信息就无从谈起。语义信息包括表层语义信息（surface structure semantic message）和深层语义信息（deep structure semantic message）。表层语义信息指的是话语或语篇的字面意思。例如：

The New York Port Authority stipulates that barium carbonate should be packaged in fibre drums instead of in bags.The leakage was attributed to your failure to effect shipment according to the packing terms as stipulated in the contract.

纽约港务局规定碳酸钡应用纤维材料制成的桶装，而不应用袋装。泄漏是由于贵方未按合同规定的包装发货所致。

上述例子是关于贸易运输中货物出现问题时的函件。原文字面意思很明确，译文已将原文的表层信息传递出来了。

表层结构语言所蕴含的意思即深层结构信息。换句话说，深层结构信息就是"字里行间"的意思。要了解深层结构信息，译者必须要依据上下文的内容进行揣测，要运用对社会、文化、专业知识、历史、艺术等方面的知识，去体会、理解和剖析原文包含的层结构信息。例如：

It works just 85 well On the dash

Just because you're on the move doesn't mean your business has to come to a standstill.

The new F—series is a quality business tool designed to keep you in touch both in and out of the car.

It's one of the smallest and lightest portables around.And, if size does make a difference to you, it even has two different batteries.A large one for longer use and a small one to avoid unsightly bulges in your pocket.

Back in the car you can't get a better phone.It clips easily into place giving you a powerful class 2 mobile phone.Thanks to Panasonic's advanced acoustic engineering, it then gives you the best possible hands—free performance.

So whether you're on four wheels or two feet you can always keep your conversation moving.

For more details on the F—series, cut out the coupon or dial 100 anytime and ask for Freephone Panasonic.

风驰电掣传话依然那么清晰

您在旅途并不意味着您要停下业务。

新F系列是一种高质量的生意工具，是专为您在车内或车外时保持联系而设计的。

它是目前体积最小、重量最轻的手提式电话。如果体积在您看来举足轻重的话，这种电话可使用两种电池。大的一种使用时间较长，小的放在您的口袋里，外面没有一丝凸起的痕迹。

在车里使用，您找不到比这更好的电话。它能很方便地放置在固定部位，成为一台高功率的二级汽车电话。

多亏松下先进的制造工艺，才给您最好、最省事的服务。

所以，不论您坐汽车，还是步行，您的谈话总能够继续下去。

若要索取F系列详细资料，请剪下附表或随时拨打100，获得松下免费电话服务。

上述是一则手提电话的广告。从中可以看出，广告的语言不是很复杂，译文基本上将表层结构信息传达了出来。译者在原文的基础上，通过上下文的推测，将广告中蕴含的深层结构信息也准确地传达了出来。例如，标题必须要根据广告的内容将广告设计者所要表达的意思翻译出来，而不能只按照标题的表层含义直接进行翻译；第二段"a quality business tool"中的带有下划线的"quality"也不能根据表层含义翻译成"质量"，如果翻译成"质量生意工具"，则会使读者产生疑惑。实际上，作者的意思是：本产品质量上乘，可靠。因此，将其翻译为"高质量的生意工具"，原文深层机构信息含义就翻译出来了。

2. 原文与译文风格信息对等

风格信息对等是指原文的风格信息与译文的风格信息对等。翻译的风格所关注的重点是原语风格意义的所在。这里的风格实际上指的是不同的文体。风格信息是信息传递的载体，在翻译中的作用不可忽视。如果忽略了原文风格信息的翻译，就会使得译文流失大量的信息，还会使译文显得不够得体。商务英语会涉及许多不同的文体，如广告、法律等，因此在翻译时必须注意不同风格信息的传递。例如：

These Rules shall govern the arbitration except that where any of these Rules is in conflict with a provision of the law applicable to the arbitration from which the parties cannot derogate that provision shall prevail.

本规则应管辖仲裁。但若本规则任何条款同适用于仲裁而为当事人各方所不能背离的法律规定相抵触时，则该规定应优先适用。

上述文字是具有法律意义的条款，因此译文也必须是法律语言，如果译文不是法律语言，那么读上去就不像法律条款。如 These rules shall govern l the arbitration...若翻译成"这些规则将管制仲裁……"，则会使人非常费解。再看下面一则例子：

Instant Full Cream Powder

This instant full cream powder is made from the Premium Grade A milk.To prepare it you simply mix the powder with water and instantly you have nutritious, natural full cream milk.

This milk powder gives you the flame nutritional value as fresh milk because it contains vitamins A, B1, 132, 136, B12, C, D, E, K, PP, carotene, protein, and milk fat, plus enrichment with vitamins A and D.

速溶全脂奶粉

本速溶全脂奶粉选用优质 A 级牛奶精制而成，加水即可调成营养丰富的天然牛奶。

本奶粉含有维生素 A、B1、B2、136、B12、C、D、E、K、PP、胡萝卜素、蛋白质和乳脂以及强化维生素 A 和 D，其营养价值与新鲜牛奶相同。

上述例子是一产品说明书，可以看出，译文读上去很符合汉语说明书的语言。如将"This"翻译成"本"而不翻译成"这"或"该"；将"is made from the Premium Grade A milk"翻译成"选用优质 A 级牛奶精制而成"等。

3. 原文与译文文化信息的对等

文化信息对等在语言的翻译过程中是可能的，因为尽管人类生存的条件、环境等方面不同，但是，人类生存的需要和人的思维方式都有共性。不同的民族文化之间有许多这样那样的差异，国际商务英语翻译者需要了解这些差异，以便通过恰当的方法达到文化上的对等。这样的例子举不胜举。

例如：在汉语中，黑色与"不好的""倒霉的""邪恶的"特征相联系，而在商务英语中，in the black 这个短语有好的意思，表示"盈利"，这个短语来自记账时所用墨水的颜色。可见，由于中国和英语民族有着不同的历史背景、风俗习惯、文化传统等，商务英语翻译中就必须准确地找到这种差异，才能在翻译工作中做到文化信息对等。

4. 读者反应对等

读者反应对等指的是原文读者反应与译文读者反应对等。上述描述的三个对等都是这一对等的基础,这一对等也是国际商务英语翻译的最终目的。然而要做到完全的对等是不可能的,但是也不能因此而放弃这一对等原则。商务英语翻译者必须认识到:①"译文读者对译文的理解应当达到能够想象出原文读者是怎样理解和领会原文的程度。"②"译文读者应当能够基本上按照原文读者理解和领会原文的方式来理解和领会译文。"(尤金 A·奈达著严久生译,1998)译者在翻译过程中必须想象原文读者对所翻译的文本的反应和以英语为母语的读者的反应,但实际上做到这些是十分困难的。例如,下面来自具有法律规定意义的"协议书"的一段文字:

If any provision of this agreement shall be determined to be unenforceable, void or otherwise contrary to law, such condition shall in no manner operate to render any other provision of this Agreement unenforceable, void or contrary to law, and this Agreement shall continue to be operative and enforceable in accordance with the remaining terms and provision hereof.

翻译时译者必须首先要完全理解原文。然后运用地道的汉语法律语言将原文意思表达出来,否则译文读者的反应与原文读者的反应肯定会存在差别。甚至差别会很大。

上述例子说明语义信息传递了而风格信息传递没有完全到位,导致了译文读者与原文读者的反应未达到理想的对等。同样,如果语义信息在翻译过程中错误传递或丢失,那么译文读者与原文读者的反应也不能对等。例如:

Check for a "ditch or smile" around the coin on the product side. A "smile" in the path of the scoreline will produce leakers.

检查罐盖内侧硬币区是否有沟渠和微笑。在刻痕线上出现微笑则会产生渗漏。

译文中的"沟渠"和"微笑"以及"硬币"很显然会使人感到费解,其反应自然就会与原文读者的反应产生差距。实际上,原文中的"ditch""smile""coin"分别采用了比喻、拟人、拟物的修辞手法。(ditch)沟渠是凹进去的,因此将 ditch 比作凹面;(smile)人笑起来脸部肌肉会凸起来,所以 smile 意思是"凸";coin 的意思是"铆合区"。因此,上述译文可修改为:

检查罐盖内的铆合区是否有凹痕和凸起。如果刻痕线上出现凸起,则会产生渗漏。

以上几个方面都强调对等。需要注意的是:这里的"对等"绝不是绝对的一词一句的"对等",而是一种相对的概念。原文与译文的灵活对等就是不能拘泥于形式,对等不是词语的字对字的翻译。在保证原文的信息量最大限度地传递到译文中的前提下，译者可以灵活运用译入语，以便达到语义信息、风格信息和文化信息的最大限度的对等。

二、商务英语翻译的要求

商务翻译工作是一种促进各国人民进行文化、科技、商业交流的重要活动。由于这一工作性质的缘故，从事这一工作的人员承担着特殊任务，不仅应具备良好的政治素养和高度的责任感，而且应具备一定程度的外语水平能力、母语水平能力、知识水平能力、应用水平能力等。

（1）具有良好的政治素养。良好的政治素养是指译者能够运用正确的立场、观点和方法来分析研究所译的内容，确保译文准确、恰当地传达原文的思想，如在商务活动中，常常会涉及大陆、台湾地区、APEC 等提法。此时我们应提高警惕，认真对待。例如，大陆应译为 the mainland of China 或 China's mainland，而不能译为 mainland China。此外，对于台湾地区的说法，国外的一些人常会有意无意地将其说成 Republic of China，此时我们不应将其直接译为"中华民国"，而应译为"中国台湾"。另外，中国属于亚太经合组织（APEC）成员国，但香港和台湾等地区也包含在这一组织之中，因此在翻译与 APEC 有关的一些材料时，就要特别谨慎和敏感，APEC members 应译成 APEC 国家和地区，而不能译成 APEC 成员国。

（2）具有高度的职业责任感。高度的职业责任感是指译者必须意识到自己肩负的使命，要有兢兢业业、一丝不苟的态度，对不明白或不熟悉的东西要勤查多问，不望文生义，不草率下笔。翻译者肩负着重要的责任，稍有不慎就有可能造成重大的失误，如造成巨大的经济损失或不良的政治影响，因此，译者一定要有一种责任感，对于任何翻译工作都不能草率。

（3）具有较强的英语语言能力。较强的英语语言能力是英汉翻译的基础和首要条件，是清晰、完整、透彻地理解原文的前提。因此，要想很好地进行翻译，首先要提高英语语言能力。英语语言能力的提高一方面要尽量拓展词汇量，另一方面要掌握必要的语法知识。如果词汇量有限，那么在翻译时就要不断地查阅词典来辅助翻译，这样不仅会影响翻译的速度，还会打断翻译的思路，很容易造成翻译错误。如果没有具备较好的语法知识，在英汉翻译时就会不可避免地出现理解错误，使得译文不能很好地传达原文的意思。例如：Today we cannot walk a few steps without noticing advertising（今天，只要我们走出几步路，就一定会注意到广告）。这句译文采用了正译法，把原文译成了肯定句，可试想一下，假如此句不采用正译，此句的翻译又会是怎样的呢？

（4）具有扎实的汉语基本功。较高的英语知识是正确、清晰理解原文的基础，那么扎实的汉语功底则是贴切、自然表达的基础。虽然商务英语的翻译不像文学作品那样要运用形象的语言和多种修辞手段，但译文也要做到概念清晰、行文流利、逻辑通顺、完整准确。这一点常常被许多人所忽略，认为汉语是自己的母语，对于应付翻译中的表达问题是轻而易举的。但是，在实际的英汉翻译当中。往往会因一个词或一个句子的措辞而绞尽脑汁，很久也找不到一个恰当的词语或句子。如 Inflation is coming down; unemployment is coming down; things a definitely looking up! 如果译为"通货膨胀正在下降，失业问题正在下降。事实确实正在向上看"，读完之后会使人不理解其中的含义，如果改译为：通货膨胀正趋缓解，社会失业问题也在改善，形势确已好转！其含义就明了得多了，读来也不会使人费解。可见，翻译质量的好坏直接受译者汉语理解能力和表达能力的影响。如果汉语功底不扎实，即使精通了外语，也很难将原文的内容和风格完整准确地表达出来。要想学好汉语，拥有扎实的汉语基本功，一方面要借助语文教材，掌握基本的汉语语法知识；另一方面要阅读大量的汉语优秀文学作品，借鉴和学习里面的一些准确地道的表达方式。

（5）具有较强的知识水平能力。如果译者只懂得外语而不了解一些相关的专业知识，那么一些特殊的表达方式是很难译好的，因此知识水平能力是指译者应具备译入语和译出语的相关知识水平。针对商务英语翻译来讲，译者不仅要能运用流利、通顺的语言，还要懂得专业的术语和"行话"，将流利的语言和专业的相关知识完美地结合起来，才能将原文含义完整地表达出来。在进行商务英语翻译时，应注意一些专业常用词组的习惯用法，如 I am writing to notice you that…并非简单的"我现在在写信，要通知你……"，而是应译为"我写此信的目的是要告知贵（你）方……"；Enclosed are…并非"信中含有……"，而是"随信附上……"。对于原文的理解也应更加全面，采用得体、恰当的词语将原文的意思准确地表达出来。

（6）具有较强的应用水平能力。应用水平能力是指译者应具备较强的翻译能力，其中包括理解、选词、表达等综合能力。英语阅读能力的提高对于翻译能力的提高有着积极的促进作用，因此现在英语学习界十分重视和强调学习者的阅读能力。但是阅读能力的提高和翻译能力的提高并不是同步的，而是有差异的，尤其是汉译英的能力水平，有很多学习者已经学习了十几年的外语，但是连最基本的句子也不能很好地翻译。因此，学习者需要进行大量的练习，在进行翻译练习时应尽量选择一个安静的地点和无人打扰的时间，以便集中精神，一气呵成。所选择的翻译材料最好附有优秀的参考译文，这样在做完练习后还可以参考一些现成的译文。只做练习也是不够的，还应进行翻译实践，只有通过实践，译者的翻译水平才能得到真正的提高。

综上所述，只有具备了良好的语言知识能力、实际应用能力和政治素养及职业责任感，才能将翻译工作做好，才能成为一名合格的翻译人员。

第三节　商务英语翻译的原则与过程

一、商务英语翻译的原则

商务英语并非一般的语言描述，因此其翻译不同于文学和其他文体翻译，特别强调语义的对等或等效，追求"地道、准确"。翻译的一般原则与标准，从严复先生的"信、达、雅"，到 Peter Newmark 的交际翻译法，都无法完全应用于商务英语翻译。在商务英语翻译中，译者不仅必须精通两种语言及其所属文化，以及各种翻译技巧，还必须熟知相关商务知识，了解其各领域的语言特点和相关表达方式。因此，商务英语翻译还必须根据"Brevity"（简洁）、"Clarity"（明晰）和"Flexibility"（灵活）三个原则。

1. 简洁（Brevity）

英语中有句经典的谚语：言以简洁为贵（Brevity is the soul of wisdom.）。语言简洁，对从事国际商务活动的人们来说尤其重要，因为在当今竞争激烈的社会里，时间就是金钱。简洁的语言可以促成高效的交际和业务往来。简洁也是商务界从业人员素质和公司形象以及公司办事效率的具体体现。因此，在商务交际中，不求辞藻华丽与虚饰，但求语言朴实精练、客观正式、用词规范。

在商务英语汉译过程中，由于此时的翻译活动是从一种以注重句子结构完整的形合性语言向注重逻辑内在意义传达的意合性语言的转换，因此，翻译中的语言表达更要求精练、简洁。例如：

——As part of the plan to bolster its financial standing, the struggling life insurer will seek capital injection of about 100 million dollars from financial institutions.

译文一：这家经营有困难的寿险公司，将从金融机构寻求现金增资一亿美元，作为计划提升财务状况的一部分。

译文二：作为提升财务状况计划的一部分，这家在竞争中求生存的寿险公司将从金融机构寻求约1亿美元的资本注入。

在讨论简洁时，我们必须澄清这样一个概念：并不是指在文字表述中所使用的字数越少就意味着越简洁。就翻译而言，简洁就是指在充分表达并且不损失原文意义的情况下使用尽可能少的字数的表达。

上面的译文二更符合汉语表达，也最充分地传达出了原文的意义，因而符合简洁的原则。

2. 明晰（Clarity）

在商务英语翻译中，我们所说的准确原则强调的是译文所传达的信息完全符合实际或预期，简洁原则突出的是译文所传达的信息具有最高的效率，而明晰原则关注的是译文表达必须得体到位，即在最佳的位置上放置了最佳的词语，让读者一目了然。

例如：

——Marketing occurs when people decide to satisfy needs and wants through exchange.Exchange is the act of obtaining a desired objec from someone by offering something in return.Exchange is only one of many ways people can obtain a desired object.

As a means of satisfying needs, exchange has much in its favor.People do not have to prey on others or depend on donations.Nor must they possess the skills to produce every necessity.They can concentrate on making things they are good at making and trade them for needed items made by others.Thus, exchange allows a society to produce much more than it would with any alternative system.

Exchange is the core concept of marketing.For an exchange to take place, several conditions must be satisfied.Of course, at least two parties must participate, and each must have something of value to the other.Each party also must want to deal with the other party and each must be free to accept or reject the other's offer.Finally, each party must be able to communicate and deriver.

译文一：当人们开始通过交换来满足欲望和需求的时候就出现了营销。所谓交换就是指从他人那里取得想要的物品，并以某种物品作为回报的行为。获得想要物品的方式有多种，交易只是其中之一。

作为满足欲望和需求的方式之一，交换具有诸多优点：人们不必占他人便宜或者依赖他人的施舍，不必具有每种必需品的生产技术，因而他们可以专心生产他们最擅长生产的物品，然后用以换回由他人生产的自己所需要的物品。这样一来，交换就使整个社会能够生产出更多的东西。

交换是营销的核心概念。为使交换发生，必须满足几个条件：第一，必须存在交换双方；第二，每方都拥有对方所需的物品或价值；第三，每方都想要与对

· 111 ·

方交换;第四,双方都能自主地接受或拒绝对方的提供;第五,双方都有能力进行沟通和交货。

译文二:当人们决定通过交换来满足各种需求和欲望时,买卖就出现了。交换是指从他人那里获取所需之物并以提供某物作为回报的行为。交换只是人们获取所需物品的众多方式之一。

作为满足各种需求的方式,交换具备较多优点:人们不必再占他人的便宜或者依赖他人的施舍,也不必具备各种技术来生产每一种必需品。这样,他们就可以专心生产自己最擅长生产的产品,然后用以换取他人生产的自己所需的物品。可以说,交换就可以比运用其他任何方式更能使得整个社会生产出更多的产品。

交换是营销的核心概念。要产生交换,必须满足几个条件。最重要的就是,至少须由两方参与交换,一方必须具备对另一方来说有价值的产品;一方还必须具有同另一方交换的愿望;一方必须具备接受或拒绝另一方买卖的自由;最后,各方必须具备沟通和送货的能力。

为比较两个汉语译文的明晰程度,现将原文中的部分词语和短语以及两种与之对应内汉语译文如表 4-1 所示。

表 4-1 汉语译文对照表

英语原文	译文一	译文二
Marketing	营销	买卖
obtaining a desired object from someone by offering something in return	取得想要的物品,并以某种物品作为回报	获取所需之物并以提供某物作为回报
Exchange	交易	交换
As a means of satisfying needs	作为满足欲望和需求的方式之一	作为满足各种需求的方式
do not have to prey on others	不必占他人便宜	不必再占他人的便宜
Nor(must they)posses s the skills to produce every necessity	不必具有每种必需品的生产技术	也不必具备各种技术来生产每一种必需品
making things they are good at making	生产他们最擅长生产的物品	生产自己最擅长生产的产品
trade them	换回(……所需要的物品)	换取(……所需物品)
Thus	这样一来	可以说
with any alternative system	未译出	比运用其他任何方式
For an exchange to take place	为使交换发生	要产生交换
of course	未译出	最重要的就是
at least two parties must participate	必须存在交换双方	至少须由两方参与交换
have something of value to the 0ther	拥有对方所需的物品或价值	具备对于另一方来说有价值的产品

续表

英语原文	译文一	译文二
want to deal with the other party	想要与对方交换	具有同另一方交换的愿望
to accept or reject the other's offer	接受或拒绝对方的提供	接受或拒绝另一方买卖
be able to communicate and deriver	有能力进行沟通和交货	具备沟通和送货的能力

从表4-1中可以看出，对于列于左边一栏中从原文选取的词语和表达，译文一和译文二分别做了不同的处理，到底哪一种表达更为明晰读者应该一目了然。可见译文的明晰度到底具有多大的价值和分量！

3. 灵活（Flexibility）

商务英语翻译，作为译者，精通翻译过程中所涉及的两种语言是根本，但在此基础上，还必须具有灵活的翻译策略、翻译思路和翻译方法。这是作为译者的翻译能力和译者能力的综合体现。

在商务英语翻译中，译者在处理英汉两种语言以及国际和汉语商务文化时，要灵活机动地在译文中予以应对。译者的灵活是产出成功翻译作品的源泉。通常来说，越是经验丰富的译者，处理翻译问题时越是灵活，所作出的译文越是优秀。

译者在翻译过程中要善于从各种不同视角去观察、审视、切入并最终解决翻译问题。译事之难，所考验的就是译者是否具有灵活性。一切翻译技巧的讲解，要培养的就是译者的灵活性。译者在翻译中具有了灵活性，也就掌握了善变的技巧，善变则通，善变则达。

下面，我们以翻译实例来说明遵循灵活的翻译原则的重要性：

——We continue to make essential investments in our drive for more competitive products and services, delivered on ever shorter cycles.

译文一：寻求于更短时间内推出更具竞争力产品和服务的驱使之下，我们持续进行重要的投资。

译文二：由于一心想着要提供周期更短、竞争力更强的产品和服务，我们就不断进行着各种基础的投资。

译文一在表达上就缺乏灵活性，体现在：将"drive"一词机械地翻译成"驱使"；将"in our drive for more competitive products and services, delivered on ever shorter cycles"翻译成"寻求于更短时间内推出更具竞争力产品和服务的驱使之下"，也是因为表述缺乏灵活度而读来佶屈聱牙；将"continue to make essential investments"译成"持续进行重要的投资"亦缺乏灵活性。

译文二则机动灵活，将"in our drive for…"翻译成"由于一心想着要……"，将"for more competitive products and services, delivered on ever shorter cycles"译成"要提供周期更短、竞争力更强的产品和服务"，这样的汉语读来毫无斧凿痕迹，

将"continue to make essential investments"译成"就不断进行着各种基础的投资",正是原文所传达的意义之所在。

再如:

——Huge investment costs, such as those for developing environmental friendly technology, have made it difficult for an automaker to survive competition on its own.

译文一:大笔成本的投资,例如发展对环境有利的技术,会使得汽车制造业者面临生存竞争的困难。

译文二:巨额的投资成本,比如用于开发环境保护技术的投资成本,已经使得汽车制造业者很难独立地在竞争中生存。

译文一首先是漏译了"those for developing environmental—friendly technology"中"those"这一信息,也漏译了"on its own"这一信息。该译文将"Huge investment costs"表述成"大笔成本的投资",改变了原文中修饰成分同被修饰成分之间的关系,颠覆了原文中修饰成分同被修饰成分之间的位置,因而是错误的;将"those for developing environmental—friendly technology"表述为"发展对环境有利的技术",漏掉了"those"以及"for"所要表达的信息,且"发展……技术"的动宾搭配在汉语中只是勉强可以接受;将"survive competition"表述为"面临生存竞争",歪曲了原文之意。

而译文二的表述则非常灵活。首先,原文中"those"的所指就是前面提到的"investment costs",因此,将"investment COSTS"译成"投资成本"才便于下面的行文。将"those for developing environmental—friendly technology"译成"用于开发环境保护技术的投资成本"将"survive competition"表述为"在竞争中生存",真正传达出了原文之意。另外,诸如"巨额的投资成本""用于开发环境保护技术的投资成本""很难独立地在竞争中生存"等都是准确、简洁而明晰的汉语表达。

从本例可以看出,要使译文具有灵活性,首先它必须具有准确性、简洁性和明晰性。因此,以上所讨论的商务英语翻译四原则是相辅相成、相得益彰的。

二、商务英语翻译的过程

翻译是把一种语言的信息用另一种语言表达出来的过程。美国著名翻译理论家奈达将翻译过程分为:分析(analysis)、转换(transfer)、重组(restructuring)、检验(test)四个阶段。

第一,分析。分析包括对原文语言现象、文化背景、语篇类型及特征等进行的深入细致的分析。

（1）语言分析主要包括对原文词汇意义（如一词多义、多词同义等）、各成分之间的语法关系（如主谓结构、修饰结构等）、修辞手段（如拟声、双关、头韵、排比等）和惯用法（习语）等进行的分析。当源文本过长时，译者在仔细分析文本语义群的基础上可考虑将原文切分成几个小的部分。当源文本非常复杂时，译者为了消除表层结构和深层结构的不一致性，在进行语言转换之前，对源语文本进行语义结构的改写。改写的目的在于使隐含信息明朗化，消除次要意义和比喻意义。

（2）文化背景分析主要包括对因语言、历史、地理、风俗习惯等不同而造成的各民族独特的表达法和逻辑思维的分析。

（3）语篇类型及特征分析主要包括对原文题材、体裁、文体、风格乃至语篇内在的衔接、连贯等的分析。这对于我们选择翻译方法是至关重要的。一般来说，不同的语篇类型需要不同的翻译方法与之相适应，比如文学翻译就要求译者在翻译过程中具有创造意识，而商务翻译则更注重信息的准确性。因此，在动笔翻译之前，要对原文的语篇类型和文体特征进行认真的分析。

第二，转换。转换是从语义结构分析到产生译文初稿的过程。这个过程在译者的心里完成，即将源语文本的语义信息用合适的目标语表达出来。

第三，重组。结构重组就是组织译文中的词汇特征、句法特征和语篇特征，从而使所针对的读者能够最大限度地理解和领会译文。对一位优秀的译者来说，整个过程几乎是自动进行的，实际上就像我们使用母语讲话一样。在重组这个阶段中，译者需要牢记：（1）时刻考虑译文的读者群，以及他们的文化程度。（2）时刻记住原文作者的写作目的。

第四，检验。对商务英语翻译而言，在检验的阶段，无疑各种商务文本的读者才具有最大的发言和评判的权力。检验的标准就是我们在上述第二节中已提到的三方面的灵活对等原则。译者可以同时也是检验者，其主要的任务是检验译义是否表达清晰、准确、自然。

检验方法有：

（1）与源文本进行比较。在翻译的全过程中，要不断地将译文和原文进行比较。比较的主要目的在于核对信息内容是否对等，确保没有更改信息、丢失信息和擅自添加信息。

（2）逆向翻译。请熟悉源语和目标语的人将译者已经译好的译文翻译成源语言。这必须在没有接触原文文本的前提下进行，否则会影响效果。逆向翻译得到的译文着重于语义的对等而不在于语言的流畅性。译者再将逆向翻译得到的译文与原文进行比较，找出两者在语义方面的区别和运用翻译技巧和原则的不足之处。

（3）对译文进行理解层面的检验。这是译文成功的关键。检验的目的在于确定译文是否正确传达了原文的信息，译文读者是否能够和原文读者获得同样的信息和感受。检验的具体方法：请看过译文的人重述译文的内容并回答与译文相关的问题。问题最好是在询问之前就已经精心设计好的，而不是现场提出的。问题的内容可以是以下方面：整个文本的风格、文章的主旨、细节内容。检验者可以是译者本人，但最好由译者以外的人来承担，因为他人对译文的感觉是全新的。检验者一般为目标语的流利使用者，来自社会不同层次，不同年龄的普通人。检验者对译文的反应可以通过录音和记笔记的形式记录下来，再反馈到译者。

（4）对译文自然程度的检验。即检验译文是否表达自然，风格合适。该检验工作由评论员来完成。

（5）对译文可读性的检验。译者和检验者均可以对译文的可读性进行检验。检验的方法在于请人大声朗读译文的某一个完整的段落或章节，检验者仔细听，并记下朗读者停顿或犹豫过的地方。一篇可读性强的文章应该有好的韵律和风格。这一点同样适用于译文。

（6）对译文一致性的检验。一致性主要体现在内容和格式两个方面：一方面，检验译文中对关键词和概念寻找的对等词在整个译文中是否一致，这在科技、政治以及宗教文件里特别重要；另一方面，检验人名和地名的拼写形式、大小写、标点符号、呈现格式等是否一致。

第四节　商务英语翻译的方法

商务英语是一种具有特殊用途、不同于其他文体的英语，它具有行业特点强，表达方式平实、准确等特点。因此，无论从其词汇、句法、甚至从时态和语态上，还是从文字整体语气和风格上，既有其独特的一面，也产生了英语和汉语之间的差异。鉴于此，商务英语文本的翻译必然涉及许多翻译技巧和方法。一般来说，这种文体的翻译技巧，说到底就是对语言差异的"灵活"处理。译者既不能照抄英汉词典的释义，又不能照搬原文的句法结构，而是必须考虑到汉语的遣词造句特征，对译文做出必要的变通，以达到变中求信、变中求顺和变中求实的目的。这里将着重讨论以下翻译方法：选词法；增词法、重复法、减词法；正反、反正表达法；分译、合译法等。

一、选词法

英语同汉语一样，有一词多义的现象。商务英语词汇也是如此。因此，在进行英汉翻译时，译者必须弄懂英语句子结构后，选出关键词最佳的词义。这种方法叫作选词法。尤其要注意，商务英语词汇具有术语性、普通词的专业性、简约性和繁复性等特点，在选词义时，首先应考虑商务英语词汇的特点，其次应确定该词的词类，力求做到在翻译中忠实于原文的意思。例如：

（1）Commodity futures trading is an important part of the buying and selling process.

商品的期货交易是买卖过程中的重要组成部分。

（2）If a particular cargo is partially damaged, the damage is called particular average.

如果某批货是部分受损，我们称之为"单独海损"。

分析：例（1）中 futures 的意义分为"期货"，与其单数形式的抽象意义"未来"相去甚远。例（2）中 particular average 的意思是"单独海损"，是指在保险业中由于海上事故所导致的部分损失，因此，average 一词在本句中的意思是"损失"或"损坏"，而非它的常见意义"普通的"。

二、重复法

重复是汉语里一种常见的现象。它通过有意识地重复某个词语或句子，达到突出明确某种思想、强调某种意义或使文字更生动的目的。译文有时需要力求简练，尽量省略一些可有可无的词，有时则应该将一些关键性的词进行重复。重复法实际上也是增词，只不过增加的是上文中出现过的词。

（一）重复原文中省略的名词、动词及代词

为了明确某种思想，可以重复原文中省略的名词、动词及代词。这在商务文章的翻译中尤其多见。

（1）John is your friend as much as he is mine.

约翰既是你的朋友，也是我的朋友。（重复名词）

（2）It is on this basis that we should re—examine the world and ourselves.

正是在此基础上，我们应该重新审视世界，并且重新审视我们自己。（重复动词）

（3）The delegation will have the opportunity to meet and talk, not only to present, but also to potential new customers as well.

代表团将不仅有机会和现在的客户会晤、洽谈，而且有机会和潜在的新客户会晤与洽谈。（重复动词）

（4）Jesse opened his eyes.They were filled with tears.

杰西睁开了眼睛，眼里充满了泪水。（重复代词）

（5）Happy families also had their own troubles.

幸福家庭也有幸福家庭的苦恼。（重复代词）

（6）Some have entered college and others have gone to work.

上大学的，上大学了；上班的，上班了。（重复代词）

（二）重复一些比较关键的词

为了强调某种意义或某种情感，英文中常常重复一些比较关键的词，英译汉中也可以采用同样的手段，重复这些关键性的词。

（1）If you didn't succeed at first, try, try, try again.

起初不成功，可以一试再试。

（2）They would read and re-read the contracts to be signed.

他们往往一遍又一遍地反复琢磨这些待签的合同。

（3）They had to stand there in that heat, watching we go in, come out, come out, go in and never saying anything.

他们在那大热天里站着，一言不发，眼巴巴看着我进去出来，出来进去。

（4）It is impossible to live in society and be independent of society.

生于社会，不能脱离社会。

（三）运用四字词组或成语重复

汉语中的四字词组是一种常见而奇特的语言现象，是汉语词汇的一大特点。为了使译文更加生动，可以采用重复的手法，运用四字词组或成语。

（1）The rain was falling in drops.

雨淅淅沥沥地下着。

（2）Fine words dress ill deeds.

花言巧语，罪恶行径。

（3）Target priorities were established there.

目标的轻重缓急、孰先孰后，是在那里决定的。

（4）Whatever initial worries we had about the plane soon vanished.

不管开始时我们对这架飞机有什么不放心，这种顾虑不久就烟消云散了。

三、增词法

英汉两种语言由于语法结构、文化背景的差异和修辞手段的不同等，在翻译过程中往往会出现词量的变化。增词法就是在忠于原文内容、保持原文风格、展现原文神韵的前提下，为使译文规范化，表达通顺自然，符合中文语言结构和风格，而采用增补词的方法。译者不能脱离原文、随心所欲地滥增滥补。必须是增之有道、补之有理。由于表达方式的不同，翻译时既可能要将词类加以转换，又可能要在词量上加以增减。增词法就是在翻译时按意义上、修辞上和句法上的需要增加一些词来更忠实通顺地表达原文的思想内容。

（一）增加名词

英文不少动词，如"wash, write, borrow, work"既可以作及物动词又可以作不及物动词，此类动词作不及物动词时往往隐含着宾语，译成汉语时根据表达习惯可以增加相关的名词。名词在汉语中使用得非常广泛，因此在翻译时，在保证原文基本意义不变的基础上，有时需要增加某些名词使译文更加通顺，符合汉语的表达习惯。比如说，英语中有些动词用作不及物动词，但其宾语往往是隐含在动词后面的，因此在译成汉语时就需要把它表达出来。再如，英语中很多形容词在句子中是作为表语出现的，在翻译时我们就应根据需要将其说明的对象补充完整。

例如：在不及物动词后增加名词。

Day after day he call le to his work—sweeping, scrubbing, cleaning.

他每天来干活——扫地，擦地板，收拾房间。

此外，某些由动词或形容词派生来的抽象名词，或者具体在表达抽象含义时，在翻译时可根据上下文在其后面增添适当的名词，使译文更合乎规范。例如：

We should try to urge an easing of tensions between our two companies through negotiation.

我们应该主张通过谈判来缓和我们两家公司的紧张关系。

（二）增加表示名词复数的词和概括词

英语中名词有单复数变化，汉语中没有，翻译中有时需要增加一些词。但要表达强调多数的含义时，可以根据情况，在名词后增加"们""诸位""各位"，或增加重叠词、数词或其他一些词来表达。这样还可以增强修辞效果。例如：

（1）Directors went flying off to the headquarters in New York.

董事们纷纷飞到纽约总部去了。

（2）The purpose of making scientific and technological progress is to improve the economic performance of enterprises by disseminating applicable new findings.

企业的技术进步应围绕着改进企业的经济效益，大力传播先进、适用的科技成果。

（3）The first computer used the large, heavy valves and other components which made equipment very large.

第一代计算机采用大而笨重的电子管和其他元件，因此设备非常庞大。

（三）增加表示时态的词

英语借助于动词词形变化，或使用助动词表示时态。汉语动词没有时态变化。除了用"曾""已经""过""了"等表达过去的概念，用"在""正在""着"表示进行时态，用"将""就要""会""变"等表达将来的概念之外，要强调时间概念时，可增补时态助词和其他的一些表示时间的词。

例如：

More recently, Americans have been moving from the cities to suburbs.
最近，美国人一直不断地从城市向郊区迁移。

（四）增加其他的词

在英译汉中，除了上面所提到的增加名词、增加表示复数的词、增加表示时态的词之外，根据意义或修辞上的需要，还可以增加其他的词。可以在名词前后增加动词、增加形容词，在动词前后增加副词、增加语气助词、增加概括词及承上启下的词。例如：

（1）Despite changes in the load, the voltage applied to it remains fairly constant.

尽管负荷出现了变化，但应用的电压却仍保持不变。（增加动词）

（2）His departure depends on the weather.

他能否动身要由天气来决定。（增加副词）

（3）With the meeting to begin in just a couple of hours, they hadn't the time to worry about such trifles.

不出两三小时会议就要开始，他们没有闲工夫为这些琐事操心了。（增加形容词）

（4）My audiences vary from tens to thousands.

我的观众从几十人到几千人不等。（增加语气助词）

（5）The report summed up the changes in payment, deliver date and loan rate.

这个报告总结了支付手段、交接日期及贷款利率三方面的变化。(增加概括词)

（6）Yes, I like Chinese food.Lots of people do these days, sort of the fashion.

不错，我喜欢中国菜。现在很多人喜欢中国菜，这种情况算是有点赶时髦吧！（增加承上启下的词）

（五）根据句法上的需要进行增词

英语中有很多省略的情况，可以省略上文所提到的部分。例如，在回答句中省略问句中所提到的事物或动作，在并列句中省略相同的动词，在比较句中省略比较对象的情况，在含蓄条件句中省略条件部分。因此，在英译汉时，有时需要将英语中省略的部分翻译出来才能符合汉语的表达习惯，这就要求我们在英译汉的过程中根据句子结构的要求增补原文中各种省略的部分。

例如：

We won't retreat, we never have and never will.

我们不会后退，我们从未后退过，将来也绝不后退。（增加原文中省略的动词）

Until these issues are resolved.a technology of behavior will continue to be rejected, and with it possibly the only way to solve ou rproblems. （增加原文中省略的动词或谓语部分）

在这些问题得到解决之前，行为技术会继续受到排斥，解决问题的唯一方式可能也会随之继续受到排斥。

The Guardian, Le Monde and the United Morning Post all reported the financial crisis in Southcast Asia.

英国的《卫报》，法国的《世界报》，以及新加坡的《联合早报》都对东南亚的金融危机进行了报道。（增加文字的背景内容）

"It is pity your mother couldn't come," said father, "It would be wonderful to show her around."

"真遗憾你母亲不能来，"父亲说，"如果她来了，带她逛逛该多好。"（增加原文含蓄条件句中的省略部分）

Better be wise by the defeat of others than by your own.

从别人的失败中吸取教训比从自己的失败中吸取教训更好。（增加原文比较句中的省略部分）

四、减词法

所谓英译中的减词法，是指由于英汉两种语言在语法结构、表达方式以及修辞手段上的不同，有些短语或句子成分在英语中是必不可少的，但是照搬到译文中去，就会影响译文的简洁和通顺。因此，在商务英译汉的过程中，为了使译文更加简练，更符合汉语的表达习惯，需要省略一些可有可无或翻译后反嫌累赘的词语。但必须注意，略译不是删掉原文中的某些内容，在不宜略译的情况下，不要随便省略。

（一）省略代词

英语中代词的使用非常广泛，用以指代前边或后边提到的人或事物；或指代大家共知的人或事物。相反，汉语中代词的复现率远远低于英语。因此，英译汉时，只要句意清楚，不会引起误解，在很多情况下会省略代词。

（1）省略人称代词。根据汉语习惯，前句出现一个主语，后句如仍为同一主语，就不必重复出现。英语中通常每句都有主语，因此人称代词作主语往往多次出现，这种人称代词汉译时常常可以省略。例如：

He was thin and haggard and he looked miserable.

他消瘦而憔悴，看上去一副可怜相。

（2）省略物主代词

英语中的物主代词，汉译时往往可以省略。必须省略时不省，会使译文拖沓，不符合汉语习惯，如 Wash your hands before the meal. 译作饭前洗手，如果不省掉这个"your"而译成"饭前洗你的手"，就不符合汉语习惯了。例如：

He shrugged his shoulder, shook his head, cast up his eyes, but said nothing.

他耸耸肩，摇摇头，两眼看天，一句话不说。

（3）it 的省略。it 也是一种代词，在 it 不指代任何具体内容的情况下，即"非指代性 it"，通常可以起到三种作用：第一种是表示非人物的时间、距离、天气等意义，即"虚义"it；第二种是以 it 作"先行主语"或"先行宾语"的句子，即"先行"it；第三种是以 it 作引导词的强调句型，即"强调"it。英语中的代词 it 十分灵活，使用率很高。除上述三种之外，还普遍用作先行主语、先行宾语、强调句等。在翻译在这类句型结构时，it 往往略去不译。

例如：

He glanced at his watch; it was 7：15.

他一看表，7:15 了。（"虚义"it）

（二）省略连词

汉语中连词用得不多，其前后关系常常是暗含的，由先后次序来表示。而英语中连词用得则比较多。因此，汉译时，英语中表示原因、条件或时间的从属连词有时可以省略。

（1）省略并列连词，例如：

Mr.Bingley was good-looking and gentleman-like.

宾利先生风度翩翩，彬彬有礼。

（2）省略从属连词。与并列连词相比，从属连词数量要大得多，用法也繁杂得多。无论是时间状语从句、原因状语从句、条件状语从句，还是起各种语法作用的名词性从句，均需相应的连词引导。汉译时这些连词经常可酌情省略。例如：

After all, it did not matter much, because in 24 hours, they were going to be free.

反正关系不大，24 小时后他们就要自由了。

（三）省略冠词

英语中有冠词，而汉语中没有冠词。汉译时往往要斟酌，是否把冠词的意思译出来。一般说来，除了带有明显指示意义的定冠词和含有明显的表示 "一个" 或 "每一个" 意思的不定冠词需翻译出来之外，其他情况一般可以省略不译。例如：

AT & T will not put a dollar figure on how much it will end up investing.

美国电报电话公司不打算透露它最终要投资多少美元。

当然，有些习惯短语中的冠词翻译时不可随便省译，冠词的有无，其意义会大相径庭，切不可想当然，比如，out of question（没问题）与 out of the question（不可能）、take place（发生）与 take the place（代替）、in control（控制）与 in the control（被控制）等。

（四）省略介词

例如：

Hydrogen is the lightest element with an atomic weight of 1.008.

氢是最轻的元素，原子量为 1.008。（省略介词）

（五）省略名词

商务英语中常常出现充当主语和表语的名词相同以及充当其他句子成分的名词相同的情况，汉译时按照修辞上的要求，往往要省略重复的名词。此外，有些名词在英文中是必要的，若译成中文便成了画蛇添足，因此也不宜译出。

例如：

The company has now 35 representative offices and agencies within China and four representatives out.

我公司在国内设立了35个代表处和分销点，4个国外代表处。

又如：

Many companies turned up the heat on their sales incentive programs, which pushed agents to sell to more marginal customers and employ more margina lcustomers and employ more marginal sales tactics.

许多公司搞了一些促销活动，鼓励销售人员进行一些"打擦边球"式的营销手段。

（六）修辞性省略

英文中为强调目的重复使用的句子成分以及事理明显的表述成分，翻译时依据汉语的表述习惯可以省略不译，以取得译文简洁的修辞效果。修辞性省略属于不易掌握的一种翻译技巧。它是指从译文的修辞角度考虑，省略掉原文中某些不言而喻、不说自明的词，或省去原文中某些重复的词。如果说语法性（结构性）略译是比较消极的略译手法，那么修辞性略译则是积极的略译手法。前者一目了然，后者则不易把握。例如：

Shen Zhen Special Economic Zone（SEZ）has served the nation well as a showcase of opening-up a gateway of international exchange, and a power use of economic growth.

深圳经济特区发挥了很好的窗口作用和辐射作用。

（七）省略英语中的重复部分及一些可有可无的词

例如：

The Pacific alone covers an area larger than that of all the continents put together.

仅仅太平洋的面积就比所有的大陆面积的总和还要大。（省略重复部分）

Could you help me in any way?

你能帮帮我吗？（省略可有可无的词）

Reform and opening up are the requirements of the country's socialist modernization drive and represent the right choice.

实行改革开放是中国社会主义现代化建设的需要，是正确的选择。（省略可有可无的词）

（八）略去赘语以符合汉语表达习惯

有时候，英语表达某一概念时用词冗长，如果照字面直译过来，会使译文变得啰唆，有损于简洁，在这种情况下宜省去赘语不译。例如：

He asked the divisions to give their mutual cooperation to the project.

对于这个计划，他要求各部门给予合作。

句中，"mutual cooperation"如照直译作"相互合作"，译文比较啰唆。"合作"一词实际已包含了"相互"的意思。

（九）同义词或近义词并译

英语同汉语比较，前者表达某些概念时要比后者具体、细致。譬如"广告"，英语中有"advertisement"表示文字广告和"commercial"表示电视插播广告之分，而汉语则无此区别，因此遇到原文中有这类词语连用时，根据同义相并的原则可以考虑并译。例如：

On the other hand, advertisements and commercials do many important things for society: They convey business information, facilitate communication and help keep the business world moving.

另外，广告也为社会做了许多重要工作：传递商品信息，便于相互沟通并促进商界得以正常运作。

有一点需要注意，运用并译原则必须以忠实原文为前提，不能因为追求译文的简洁而损害原文含义。

例如：Such capital is accumulated by a deliberate policy of saving surpluses. This policy may be personal and individual or may be public and collective.

五、正反、反正表达法

由于英汉两种语言表达习惯不同，翻译时，为了适应句子结构、修辞习惯、上下文呼应和文化背景的需要，为了使译文忠实而又符合原文的表达内容，有时必须把原文中的肯定说法变成译文中的否定说法，或把原文中的否定说法变成译文中的肯定说法。英文使用否定性词语表达的手段十分丰富，常用的否定性词语有"never, no, not, none, nobody, nothing, neither, nor, little, rarely, nearly, hardly, barely, seldom, few, little"等。此外，英文否定性质的前缀及后缀也常用来构成否定的表达手段。汉语否定性的词语主要有"不、无、非、否、莫、别、甭、没、勿"等。英文反面表达往往有增强语势、加深印象的修辞效果。为了加强语气或加深印象，英文有时用两个含有否定意义的成分表达一个肯定的意思，这在修辞学中称为"understatement"。例如："It was not without reasons that the council decided to take such measures."（安理会采取此种措施不是没有理由的，即安理会完全有理由采取此种措施。）"He was not displeased with her honesty…it took a certain amount of experience in life, and courage, to want to do it quite that way."（他对于她的直率没有感到不快……那样做得有点生活经验和胆识才行。）有时英文反面表达是出于委婉或讽刺的目的以达到幽默的效果。例如："She is not so beautiful."（她长得不是那么漂亮，即长得丑。）"This is no small question."（这可不是小问题，即问题非常重大。）翻译时，要细细体味原文微妙的感情色彩，根据汉语的表达习惯可以将原文正面表达的意思在译文中从反面加以表达，或者将原文反面表达的意思，在译文中从正面加以表达。当然，译文也可以保持原有的表达方式，只要表达通顺、合乎习惯就行。

（一）正反译

正反译就是用变换语气的方法把原文的肯定式译成汉语的否定式。一般情况下，原文中若暗含否定含义或形式是肯定的，但意思是否定含义时，我们常用这种翻译方法。翻译时运用这一方法有时可以使译文更合乎汉语规范，更恰当的表达原文的意思。如 wonder 可以译成"不知道"；"difficult"可以译成"不容易"；"anything but"可以译成"绝对不，一点也不"；"Excuse me"可以译成"对不起"；"Exactly"可以译成"一点不错"；等等。这里我们可以看出，汉语的否定式就是使用了"不""非""无""没有""未"等词。

英语中有许多词，翻译时，从正面表达和从反面表达都行得通，应根据上下文选用一种能更确切地表达原文思想内容的说法。很多词类，短语及句子都可以用正反译这种方式来翻译。

例如：

The demand for our products exceeds the supply.

我们的产品供不应求。（将动词正反译）

We may safely say so.

我们这样说万无一失。（或：我们这样说错不了。）（将副词正反译）

The explanation is pretty thin.

这个解释是相当不充实的。（将形容词正反译）

His conduct has always been above suspicion.

他的行为一向无可怀疑。（将介词正反译）

I will not go unless I hear from him.

如果他不通知我，我就不去。（将连词正反译）

This failure was the making of him.

这次不成功是他成功的基础。（将名词正反译）

Ex-Governor Stark remained a private citizen.

前州长斯塔克自从卸任以来，一直没再做官。（将名词正反译）

We believe that the younger generation will prove worthy of our trust.

我们相信，年轻一代将不会辜负我们的信任。（将短语正反译）

The decision has to come.

决定还没有做出。（将句子正反译）

正反译的方法在翻译贸易信函中，尤其是英译汉时，用途较广。商贸书信一般要求尽量避免或少用否定形式，因此，译成汉语时应格外注意根据汉语的表达习惯正确地选择肯定或否定的形式。

（二）反正译

"反正译"指的是英语从反面表达，汉语从正面表达。翻译时恰当运用这一方法可以使译文自然流畅。从反面表达，主要指英语中用否定词语 no，not 或者带有 de-、dis-、im-、in-、un-、-less 等否定词缀的词。此外，英语中含有否定词语的结构及双重否定结构也常用这种方法来翻译。含有否定词语的结构有：not...until、no less than、no more than、nothing but、cannot...too 等。例如：

Don't stop working.

继续干活吧。

与正反译一样，很多词类、短语及句子也都可以以反正译这种方式来翻译。例如：

The doubt was still unsolved after his repeated explanations.

虽经他一再解释，疑团仍然存在。（将动词反正译）

He carelessly glanced through the note and got away.

他马马虎虎地看了看那张便条就走了。（将副词反正译）

Suddenly he heard a sound behind him, and realized he was not alone in the garage.

她忽然听到背后有声响，便立刻意识到车库里还有别人。（将形容词反正译）

He manifested a strong dislike for his father's business.

他对他的父亲的行业表示强烈的厌恶。（将名词反正译）

Metals do not melt until heated to a definite temperature.

金属要加热到一定温度才会熔化。（将短语反正译）

Quality never goes out of style.

质量与风格共存。（将句子反正译）

In a little town such things cannot be done without remark.

在小镇上，这类事情总会引起别人的注意。（双重否定）

六、分译、合译法

英译汉时，我们有时可以把原文的句子结构完整地保留下来，或者稍微加以改变。但是在很多情况下，我们需要对句子结构做出较大的调整。这就要求我们在翻译时针对句子的整体构成，而不仅仅是个别词或短语进行关注，并使用不同的技巧来翻译。

分译、合译法就是改变原文句子结构的重要方法。下面对这两种方法分别进行介绍。

（一）分译

分译法就是把原句中的某些成分分出来另做处理，译成独立的句子。对有些英文句子采用分译法可以使译文简洁、明确、层次分明，符合汉语的规范。分译可以分为单词分译、短语分译及整体分译。英语长句子比较多，汉语句子相对而言比较短。在翻译时可以改变原文结构，把原文的某个成分从原来的结构中分离出来，译成一个独立成分、从句或并列分句。

1. 把原文中的一个单词译成句子

翻译时，可以把原文中的一个单词译成句子，使原文的一个句子分译成两个或两个以上的句子，这包括副词、名词、形容词、动词等的分译。例如：

Reluctant, he agreed to help.

他答应帮忙，但却显得很勉强。（副词的分译）

At present people have a tendency to choose the safe of the middle-ground reply

现在，人们都倾向于采取不偏不倚的态度来回答问题，因为那样安全、不招风险。（名词的分译）

At daybreak Tom was awakened by a sound that made him know that he had new things to learn about fear.

黎明时刻，汤姆被一种声音惊醒了，这声音使他意识到自己面临着新的可怕的事情。（定语从句分译成独立句）

His announcement got a mixed reaction.

他的声明引起了反应，不过有好有坏。（形容词的分译）

Would Britain and Italy be willing to match those rates and see their own econormes plunge deeper into an already punishing recession? The answer turned out to be a resounding no.

英国和意大利是否也愿意相应地提高利率，而使自己已遭衰退沉重打击的本国经济跌入深渊呢？回答是"不愿意"，而且声音洪亮，理直气壮。（形容词的分译）。分析：原文中的"resounding"一词如不拆出来翻译，译文很难做到通顺、易懂，无论怎样措辞，都很难与汉语"声音洪亮的"搭配起来。而拆译后不仅避免了搭配不当的问题，而且将英、意反对提高利率的态度充分地表现了出来。

The town boastsa beautiful lake.

镇上有个美丽的湖，人人以此自豪（动词的分译）

2. 把原文中的一个短语译成句子

翻译时，可以把原文中的一个短语译成句子，使原文的一个句子分译成两个或两个以上的句子。例如：

Throughout his life.Benjamin Franklin continued his education.leaning from human contacts as well as from books.

富兰克林整个一生都在受教育，他不仅从书本中学习，而且也从与人交往中学习。

It was a hot summer.1 was on my vocation.The three of us…

一个炎热的暑假里，我们三人……

Technology intensive industries, such as microchip manufacturing and pharmaceuticals, should qualify for unilateral action on the part of the US in anticipation of multinational agreements later on.

技术密集型产业，如微电路芯片制造业和制药业，就应由美国单方面采取行动（予以补贴），然后再争取多国协议的承认。

Please submit full specifications of your equipment together with terms of payment and discount rate.

请提供贵公司所生产设备的各种详细规格说明，并告知付款条件和折扣率。

His delegation welcomed the fact that UNDP was prepared to respond to emergency needs as then arose, despite the basically long-term operations that characterized those programmes.

尽管联合国开发计划署的特点是开展基本上比较长期的业务活动，但是该机构也做了应急准备，对此，他的代表团表示欢迎。

3. 把原文中的个句子拆开译

翻译时，可以把原文的一个句子拆开，译成两个或两个以上的句子。例如：

These factors mean that importing and exporting are subject to a lot of formalities. such as customs entry and exchange control approval, from which the home retail and wholesale trades are free.

这些因素意味着进出口贸易受许多手续的牵制，诸如报关和外汇审批；国内的零售及批发业务则不受此限制。

In London they may place their business through Lolyd's.the center of marine insurance which started in a seventeenth-century coffee house.

在伦敦，他们通过劳埃茨保险公司进行业务活动，该公司为海运保险中心，早在17世纪就在一家咖啡馆内开始营业。

They have known that for a long time now in the industrial Midwest.where Japanese competition eviscerated the auto steel and machine-tool industries.

在工业化的中西部，人们知道这一点为时已久。在那里，日本的竞争挫伤了汽车、钢铁和机器制造诸行业的元气。

It will also have its own offices.associates or agents in the countries with which it trades, and a long experience of dealing with the many categories of people involved in import and export.

他们在那些与他们进行贸易的国家中部设有自己的办事处、联号或者代理，并能与从事进出口业务的各类人打交道，经验堪称丰富。

（二）合译

和分译法不同，合译法是将不同的句子成分组合在一起，使其更符合汉语的表达方法。把两个或两个以上的简单句或复合句译成一个汉语的单句或复合句。当英语中两个或两个以上的简单句或复句关系密切，意义贯通时，可不限于原文的表层结构，将它们合译成一个汉语单句或复句。合译有时可以使译文的句子意义完整并避免不必要的重复，使译文紧凑、简练、语气连贯、合乎汉语的表达习惯。合译时，可以将原文中的两个或两个以上的简单句译成一个句子，也可以把原文中的主从复合句或并列复合句译成一个句子。

例如：

He was vero clean. His mind was open.

他为人单纯而坦率。（将单句合译成一个句子）

When we praise the Chinese leadership and the people, we are not merely being polite.

我们对中国领导人和中国人民的赞扬不仅仅是出于礼貌。（将主从复合句合译成一个句子）

It was not until the nineteenth century that heat was considered a form of energy.

直到19世纪，热才被看作是一种能量。（英语强调句合译成简单句）

Last year I met Jane. and we became friends.

去年我与珍相遇并成了朋友。（将并列复合句合译成一个句子）

The door was unlocked.Jenny went inside and sat down. She was near collapse, barely able to move her swollen feet.

门没有上锁，詹妮走进去坐了下来，极度的衰弱几乎使她无力挪动她那红肿的双脚。（将并列复合句合译成一个句子）

The Post Office was helpful, and Marconi applied in June.1896, for the world's first radio patent.

在邮局的帮助下，马可尼于1896年6月获得了世界第一项无线电专利。（将并列复合句合译成一个句子）

第四节　商务英语翻译对译者素质的要求

翻译是由译者主导的在不同语言之间进行的一种语言交流活动。译者所起到的作用就好比在使用不同语言的人们之间架起了一座桥梁，把一种语言文字所表达的意义用另一种语言文字表达出来。这种语言转换的过程要求译者能够准确地表达译文所要表达的全部信息，即原文所含有的全部文字、思想、情感及形式等。好的翻译作品能把原文的内容、思想、观点、立场和所流露的感情等充分地在译文中体现出来。但要做到这一点并非易事，不是只要懂外语就能做翻译。要想真正地做好翻译工作，除了懂外语，还必须掌握一些翻译理论和翻译方法，不断提高语言文字水平以及文化、专业知识水平，并在实践中不断地磨炼。商务英语翻译是一种既涉及不同语言，又涉及商务专业领域的跨语言的转换活动。要娴熟地从事翻译活动，译者必须进行大量的翻译实践锻炼和长时间的翻译技巧训练，才有可能真正领悟翻译的真谛。可以说，商务英语翻译对译者有着非常严格的要求。

第一，要热爱翻译、要眷顾翻译。众所周知，真知源于热爱。对于任何事情，真心好之，从而学之，必有所得。若非好之，或以为"敲门砖"，或以为"垫脚石"，即有小得，终难深造。对于翻译尤其如此。凡以获取功利为目的而学习翻译的人，终究难以修成正果。

第二，要具备领悟翻译真谛的能力。在我们所接触的很多学习翻译的人当中，很多人缺乏悟性。所谓悟性，是指人对事物的分析和理解的能力。培养翻译人才通常要在课堂上进行，但课堂上所讲的内容和案例是非常有限的。作为翻译学习者，应该从课堂教学的有限例证和讲解中，悟出关于翻译的更多问题。很多时候我们甚至认为：其实翻译不是教出来的，而是悟出来的。

第三，应精通翻译所涉及的不同语言。翻译既是对语言的理解，又是对语言的表达。没有非常过硬的语言基本功，没有掌握翻译所涉及的不同语言的词汇语法，没有对翻译所涉及的不同语言的语感，要成功地从事翻译，是不可能的。因此，作为译者，要精通翻译所涉及的不同语言的方方面面。

第四，要充分掌握商务领域的专业知识。所谓充分掌握，是指译者要成为所涉专业领域的行家，做到在翻译时说的是"行话"，表达的是符合专业规范的语言。商务领域的专业知识是指涉及经济、贸易、金融、财政、投资、物流、管理、会计、流通、营销、人力资源、电子商务、信息技术、商务信函、商务合同与法律、商务广告、商务信用证、产品说明书等方面的专业知识，同时还包括这些领域内的文化知识和规范做法。

第五，扎实的语言功底，要想做好翻译工作，对译者最基本的要求就是对源语和目的语有良好的把握能力，因此要成为一名优秀的电力翻译工作者首先要有扎实的英语和汉语基础。例如，要具备较高的阅读能力，这样才能准确地理解原文、保证翻译质量；还要具备较高的语言表达能力，这样才能译出通顺流畅的译文，让读者或听众理解起来没有障碍。因此，译者要不断努力提高自己的英语和汉语水平，对英汉两种语言的词汇、习语、句型结构、修辞手法等有足够的认识和了解。

第六，要严谨求实，勤奋好学。翻译是一项要求译者有着一丝不苟精神的语言转换活动。要做到这一点，译者必须具有严谨的态度，在处理每一个翻译问题时，都要严密谨慎。同时还要求实，即讲求实际，对于具体的翻译问题必须做具体分析，确保依赖情景语境和社会文化语境来处理每一个翻译问题。另外，译者还必须勤奋好学，即要勤于翻译、勤于思考、勤于揣摩。只有这样，才有可能不断地获取经验，不断地往前进步。

第七，要善于从翻译大家的译作中寻找闪光点，并学会为我所用。初级阶段的为我所用，也许只是蹒跚学步的模仿，但渐渐地，我们一定会深有领悟，并最终使自己的译文绽放出光彩。

第八，要不断培养自己以不变应万变的能力。要对翻译有所领悟，的确需要大量的翻译实践做基础。但作为译者，应学会善于观察各种翻译实例，并对所遇到的翻译实例进行归纳和总结,将这些归纳和总结提升为翻译理念。这些翻译理念往往具有普遍的指导意义。有了这些具有普遍指导意义的翻译理念,我们就能够以不变应万变。作为译者,不断培养这种能力,是不可或缺的。

第五章　商务名片翻译

名片，英语中称为 business card、visiting card 或 calling card，是标注姓名及所属组织、机构及联系方式的卡片。名片体积虽小，但携带方便，功能性强，自古以来便是社会交际中不可或缺的交流工具。人们通过交换名片了解对方的姓名、职务、电话等基本信息，获得对彼此的初步认识，为以后的进一步交流打下基础。在全球化趋势的大潮下，我国与外籍人士的商务交流日渐频繁，一张中英文双语的名片将会为我们带来很多便利和好处。

第一节　商务名片的组成部分

一、商务名片的组成部分

名片一般向人们提供持有者的基本信息，双语名片则是在名片的正反面同时印上汉语和英语的持有人信息，以备涉外交流之需，也可将中英语信息同时印在名片正面以使名片接受者更加直观方便地获得信息。

（1）单位或组织、机构的标识，一般以标志性图标的形式出现。

（2）名片持有者的名字或名称。如名片持有者为个人则印上其姓名；若名片持有者为部门，则直接印上部门名称。

（3）名片持有者的职位或头衔。

（4）名片持有者所在单位、组织、机构或部门。

（5）名片持有者所在单位的地址和邮政编码、电话和传真号码、电子邮箱地址和网址。

（6）名片持有人所在单位的开户银行和账号。这一部分可以包含在名片上，也可以不包含。

（7）名片持有人所在单位的经营范围简介。名片持有人可根据其需求选择是否在名片中包含这一部分内容。

出于方便交流的需要,名片中的内容一般用短语来表达,且排版布局上也没有固定的格式和模板,对于各部分内容之间的顺序也没有固定的要求。而且,在国际市场竞争日渐激烈的环境下,为了能在第一时间给交流对象留下深刻印象,很多商务人士力求将名片设计得新颖独特、与众不同,并加上代表其所在单位或公司的图标或图案以彰显个性和企业形象。

二、商务名片的文体特征

商务名片是商务人士所使用的名片,它与其他行业人士,如艺术家、政界人士所使用的名片的区别在于商务名片的文体特征。在商务交往中,人们秉承"时间就是金钱"的原则,无论是口头交谈还是书面交流均要求简洁明了以节省时间,作为交流工具的名片当然也要遵循这一原则。商务名片的外观和格式与其他商务文本不同,一般采用词或词组而非句子来表达信息,且有其独特的版式编排。总体来看,商务名片具有以下特征。

(一)规范正式

名片作为商务人士首次会面时的交流工具,承载着会面双方的基本信息。双方一般在第一次见面时互相交换名片,有的国家还有大声朗读名片内容的习俗,因此名片的措辞表达必须正式而规范,用词准确得体,避免人为的改动,以显示诚意并给对方留下好印象。

(二)简洁明了

在商务交往中,人们一般追求快节奏、高效率的工作模式,时间对商务人士来说是宝贵的,对信息传递速度的要求也比较高。商务名片的措辞表达也应简明精练,避免使用生僻字眼,让对方一目了然,留下深刻印象,也便于记忆。

(三)突出重点

商务人士在首次会见时一般只能快速浏览一遍对方的名片,因此名片内容必须分清主次,突出重点。在所有名片显示的内容中一般突出名片持有人的名字、职位和所属公司名。此外,名片的排版要清晰简练,色彩要清爽舒适,避免花哨繁杂的版式,以节省对方的时间和精力。

(四)实事求是

有句话说得好,你永远没有第二次机会来改善你给人的第一印象。商务名片中所列信息必须客观真实，机构或公司名称、电话号码、电子邮件必须准确，名片持有人的头衔不可夸大其词，尽量不将所有头衔都列在名片上，以避免给对方留下名片主人重形式、轻实质的印象。

总之，商务名片必须简短精练，无论在表达还是排版上都必须使人抓住重点，观感舒适，给人留下最好的第一印象。

第二节　商务名片翻译技巧

商务名片是国际商务领域的从业者和外籍人士联系的第一座桥梁，小小一张纸片有时能起到至关重要的作用，即便是非常细微的错误都有可能造成很大的误解，从而给公司或企业带来意想不到的经济风险或损失。因此，翻译商务名片时，译者必须站在读者视角，以严肃的态度和认真负责的精神，考虑目标语国家和源语国家的文化和语言习俗之间的差异，仔细斟酌，以使译出的名片能符合目的语国家读者的语言习惯和国际惯例，作为今后商务交流的良好开端。在商务名片翻译过程中，译者可遵循以下策略和方法。

一、企业或机构的标识的翻译

企业或机构的标识一般是具有代表性的图标或商标图案，具有广泛的接受度和认同感，一般不翻译成目标语，而是保持原样。若标识是文字表达，则采用音译的方法，尽量保持源语特色。

二、姓名的翻译

汉语和英语中人名的表达习惯有所不同，汉语的顺序为姓在前名在后，而英语中则是名在前姓在后，在翻译时译者要考虑到源语和目标语表达习惯的差别，并根据具体情况进行操作。

（一）姓名汉译英的译法

如果名片正面同时印上中英文信息，一般采用汉语在前英语在后的顺序，翻译的时候可按汉语的表达习惯来做，如"王燕曦"这一人名可译成"Wang Yanxi"；如果名片的正面是汉语反面是英语，可将人名译成"Wang Yanxi"，也可译成"Yanxi Wang"以使外籍人士更容易接受和记忆。

汉语名字在译成英语时一般用汉语拼音来表示，而且有其特定的拼写规范。一般的写法是姓在前名在后，姓和名分开，首字母须大写，如"孔凡"译为"Kong Fan"；三字的姓名则是姓单独写，双名连写，如"龙永图"译为"Long Yongtu"。译者在翻译时须遵循这些基本的拼写规范。然而，在实际翻译中经常会碰到一些特殊的人名，译者须对这些特例做特殊处理。常见的特殊人名处理方式如下：

（1）汉语中的复姓译成英语须连写，如"慕容复"译为"Murong Fu"；复姓双名，如"司马东方"，则译为"Sima Dongfang"。

（2）少数民族同胞的名字译成英语往往有其独特的表达，我们应根据他们的民族惯例和社会习俗进行翻译。

（3）当"a, o, e"开头的音节连接在其他音节后面时，若音节的界线发生混乱，可能与前一音节的尾音相拼时，需用隔音符号"'"隔开，如"林惜安"可译为"Lin Xi'an"，"沈玉儿"可译为"Shen Yu'er"。若"a, o, e"开头的音节与"a, e, i"结尾的音节相连时，即使两者不能相拼，也应用隔音符号"'"隔开，如"周越恩"应译为"Zhou Yue'en"，"任海安"译为"Ren Hai'an"。

（二）姓名英译汉的译法

英文中人名的顺序一般按照英语的表达习惯翻译，如"William Wilson"一般译为"威廉·威尔逊"，"威廉"是名，放在前边，"威尔逊"是姓，放在后边，中间用点号隔开以区分名和姓。

在翻译人名时还要注意的是，很多汉语人名都带有性别色彩，如"丽""美""云""蕾"等字眼一般出现于女性人名之中，而"雷""健""尧""震"等字眼一般出现于男性人名之中，而英语中的很多人名都是中性的，男女皆可用。在将这样的人名译成汉语时，译者最好选用能表达性别特征的字眼，如"Terry"这个名字若是男性，可译成"特里"，若是女性则可译成"特丽"；又如，"Bcmic"若为男子名可译为"伯尼"，若为女子名则可译为"伯妮"；"Beverley"则可根据性别分别译为"贝弗利"或"贝弗莉"，另一个比较常见的名字"Louis"若是男子名通常译为"路易斯"，若为女子名则通常译为"露易丝"。

此外，有些外籍人士的名字由好几个部分组成，名字比较长，因此出于方便经常用缩写的形式来表达。译者在将其译为汉语时可保留缩写部分，只将完整的部分译成汉语，如"J.T.Martin"可译为"J.T.马丁"。

三、单位或组织、机构、部门名称的译法

准确地翻译单位或组织机构的名称是让交际双方深入了解对方的必要条件,但在翻译单位或组织机构名称时最常见的问题是:一方面在汉语和英语中有一些对等的组织机构名称,如银行(bank)、医院(hospital)、邮局(post office)、小学(primary school)等;另一方面也有很多组织或机构是在我国或他国特有的,如我国的"政治部""组织部""人民武装部""统战部",等等,译者无法在源语和目标语中找到对等的表达。另外,我国和西方国家由于历史文化和风俗习惯的差异,在理解同一词汇表达的时候也会有区别,极有可能造成不必要的误解或矛盾,妨碍国际商务交流的正常进行。在这种情况下,译者就要根据情况谨慎处理,以避免误解或矛盾。

(一)单位或组织、机构、部门名称汉译英的方法

根据上述情况,译者在将我国单位或组织、机构、部门的名称译成英语时,可采取如下策略。

1. 直译

在将国外没有的组织、机构或部门译成英语时,如果实在无法找到相对对等的表达方法,可采用直译的方法,将汉语表达逐字译为英语词汇。例如,"国台办",即"国务院台湾事务办公室",可直译为"Taiwan Affairs Office of the State Council","全国妇联"可译为"All-China Women's Federation","离退休工作办公室"可译为"Retired Personnel Affairs Office"。这样直截了当的翻译方式虽然比较生硬,但很容易为外籍人士理解和接受。

2. 意译

由于在汉、英两种语言之间进行互译往往无法找到对等的表达,直译又太过生硬,无法表达译者的意图,此时可采用意译的方式进行翻译。例如,江苏省常州市曾有一大型自行车生产企业"金狮集团",音译不能反映该企业的实力,一般译成"Golden Lion Group"以令读者感觉到其气势,且狮子的形象在西方文化中含有褒义,象征勇猛和力量,这种意译的方法也能给企业形象加分。

3. 根据约定俗成的惯例表达来译

如我国各部委的"部"字可译成"Department"或"Ministry",但长期以来根据习惯已有固定的译法,一般来说,中央直属各部译为"Department",而国务院下属各部则译为"Ministry"。如中央直属的"统战部"和"宣传部"可分别译为"United Front Work Department"和"Propaganda Department",而国

务院下属的"外交部"和"民政部"则译为"Ministry of Foreign Affairs"和"Ministry of Civil Affairs"。"部"这个字如果被用作企事业单位部门的名称，一般译为"Department"，如某家公司的"宣传部"可译为"Publicity Department"，以区别中央宣传部的英译"Propaganda Department"。"科"一般译为"Section"，如"教材科"可译为"Textbooks Section"，但医院的科室一般译为"Department"，如"骨科"译为"Orthopedics Department"。这些均已被广泛接受和认可的"定译"，一般不能随意更改和互换，以免造成误解。

4. 灵活处理企事业单位名称的翻译

典型的例子如"某某公司""某某厂"，英译中表示"公司"的词有"company""corporation""firm""business"等，在实际翻译操作时应根据情况灵活处理。如"贸易公司"可译成"trading company/corporation"，"运输公司"可译成"shipping company"，"广播公司"可译成"broadcasting company/corporation"，"电子公司"可译为"electronics firm"，"商行"则一般译为"trading firm"。"厂"的英文表达就更多了，有"factory""plant""mill""manufacturer""works"等，译者一般按厂的不同性质使用不同的词，如"自行车厂"可译为"bicycle factory"，"造纸厂"可译为"paper mill"，"水泥厂"可译为"cement plant"，"钢铁厂"可译为"steel works"。

5. 尊重沿用企业名称的特定英译

有些企业名称有其特定的英文表达，这些表达一般是经过企业深思熟虑后精心挑选的英文词汇，译者必须尊重和遵循这些特定的名称来翻译，不能随意更改和发挥，如"江苏通灵翠钻有限公司"这个企业名字中的"通灵翠钻"一词一般译为"Tesiro"，并已成为其品牌的代称；再以总部设在福建省厦门市的鸿星尔克集团为例，"鸿星尔克"固定的英文译法为"ERKE"。

6. 我国企事业单位内的部门名称大多能在其语中找到对等的表达

常用部门的英译表达，如表 5-1 所示。

表 5-1 常用部门名称汉译英举例

常用部门名称	英译
董事会	Board of Directors
总经理室	General ManagerOffice
行政管理办公室	Administration Office
财务部	Finance Department
人事部	Personnel Department
人力资源部	Human Resourees Department
采购部	Purchasing Department

续表

常用部门名称	英译
销售部	Sales Department
营销部	Marketing Department
生产部	Production Department
质量控制部	Quality Control Department
研发部	Research and Development Department
公关部	Publie Relations Department
广告部	Advertising Department
工程部	Engineering Department
物流部	Logistics Department
对外联络部	Liaising Department

（二）单位或组织、机构、部门名称英译汉的方法

国外的企业或组织、机构、部门在译成汉语时，一般有下列三种方法。

1. 音译

当国外企业以人名或姓氏作为其英文名称时，一般采用音译的方式，如"Shanghai Portman Ritz-Carlton Hotel"一般译为"上海波特曼丽嘉酒店"。总部设于美国马里兰州的"Ritz-Carlton"为世界一流的奢侈酒店及度假村品牌，在我国多个城市都设有该品牌酒店，一般译为"丽思卡尔顿"，但"Shanghai Portman Ritz-Carlton Hotel"这个名字中有两个英文单词，若仍旧译为"丽思卡尔顿"则显得过于冗长，因此采用简略的音译方式，译为"丽嘉"。

2. 意译

有些国外企业的名字自身有特定的含义，若音译则无法凸显其内涵，此时可采用意译的方式，我国译者在对国外企业进行英译汉操作时大多采用此方式。例如，世界知名的酒店集团 InterContinental Hot els Group 被译为"洲际酒店集团"。黑莓手机制造商、加拿大 RIM 公司，其英文全名为"Research in Motion Ltd"，中文译名为"移动研究公司"。另外，一些国外企业的英文名本身虽无特殊含义，译者也会对其进行意译以求为该企业的名字加入一些好的含义，给名片接受者留下好印象，如"Hongkong and Shanghai Banking Corporation Limited"译为"汇丰银行"，一般由于其英文名字过长而缩写为 HSBC Bank（China），"汇丰"二字即为意译，意思是"汇款丰裕"，与其英文名称毫无联系，但却因其简易上口和寓意吉祥而为顾客所接受。国外组织、机构、企业内部门的英文名字的翻译一般也采用意译的方式，如德国组织"Federation of Consumer Organizations"可译为"（德国）消费者联合会"，"Research and Development Department"意为"研

究发展部",译文比较长,通常按照我国语言中将四字词语缩写成二字词语的惯例译为"研发部"。

3. 音义结合的译法

有些组织或机构中含有地名,则可采用音义结合的翻译方法,如"Harvard University Law School"可译为"哈佛大学法学院"。

四、职位或头衔的翻译

一般名片持有人都会在名片上印上自己的职位、职务或头衔以表明自己的身份地位或工作范围、职责。汉语中很多职位或头衔在英语中都可以找到对等的表达,如"董事长"可译为"President/Chairman of the Board of Directors","总经理"可译为"General Manager/Managing Director","校长"可译为"Headmaster/Principal"。如表5-2所示。

表5-2 常用职位名称汉译英举例

常用职位名称	英译
首席执行官	Chief Executive Officer
首席运营官	Chief Operation Officer
财务总监	Chief Financial Officer
技术总监	Chief TechnologyOfficer
信息总监	Chief Information Officer
销售总监	Sales Director
公关部经理	Public Relations Manager
后勤部经理	Rear-Service Manager

有些职位或头衔是汉语中所特有的,需要根据名片持有人实际所处的单位而使用不同的词汇来表达,最典型的例子是汉语中的"主任"一词,在英语里是没有完全对等的表达的,在汉译英时一般采用习惯性表达,如表5-3所示。

表5-3 常用职位名称汉译英举例

常用职位名称	英译
国家发展改革委员会主任	the State Development and Reform Commission
总政治部主任	Director of the General Political Department
人大常委会主任	Chairman of the People's Congress
办公厅主任	Director of the General Office
办公室主任	Office Manager
车间主任	Workshop Manager
主任会计	Chief Accountant
系主任	Deanof the Department

续表

常用职位名称	英译
教研室主任	Head/Chief of the Teaching and Research Section
班主任	Teacher in Charge of the Class
居委会主任	Head of the Neighborhood Committee
外科主任	Chief of the Surgical Department

在名片所示的职位或头衔中有一些特殊的字眼，如"副""兼""代"又该如何翻译呢？"副"可译为"Vice-""Deputy""Assistant"或"Associate"，用法各有不同。"Vice-"一般不能独立成词，而是放在表示职位的单词前作为前缀；"Deputy"是独立的单词，一般放在行政职务前表示副职；"Assistant"和"Associate"则一般用于技术职务。"兼"的处理方法一般为在主职和兼职之间加上"and"或"and(currently)"，而"代"译为"Acting"，名誉职务则译为"Honorary"，如表5-4所示。

表5-4　常用职位名称汉译英举例

常用职位名称	英译
副院长	Vice-Principal
副主席	Vice-Chairman
副总经理	Vice-General Manager
副市长	Deputy Mayor
副书记	Deputy Secretary
副主管	Deputy Director
副教授	Assistant Professor
副司令员	Assistant Commanding Officer
董事长兼首席执行官	President and（currently）CEO
代厂长	Acting Factory Director
名誉博士	Honorary Doctor
名誉教授	Emeritus Professor

五、地名的翻译

汉语和英语中表达地名的方式有很大区别，汉语的表达方式是从大到小，先写国名，然后省、市、区（县）、街（路）、门牌号，如"中国江苏省南京市宁海路18号"，而英文的表达习惯则正好相反，是从小到大，如"18 Pioneer Avenue Sydney Australia"。在翻译名片上的地址时，可根据实际情况选用以下翻译方法。

（一）地名汉译英的方法

（1）城市或县区、街道、马路、里弄的名字一般用汉语拼写，二字地名连写，三字地名第一字单独写，第二、三字连写，首字母大写。当"a，o，e"开头的音节连接在其他音节后面时，若音节的界线发生混乱，能与前一音节的尾音相拼时，需用隔音符号"'"隔开，如"长安街"可译为"Chang'an Street"，"西安"可译为"Xi'an"。若"a，o，e"开头的音节与"a，e，i"结尾的音节相连时，即使两者不能相拼，也应用隔音符号"'"隔开，如"海安"译为"Hai'an"。

（2）"路"一般译为"Road"，我国很多城市道路分东、西或南、北两段，有时还要加个中段，如"北京东路/北京西路"和"怀德南路/怀德北路"译成英语时一般写成"East/West Beijing Road"和"South/North Huaide Road"，而"龙幡中路"则写成"Middle Longpan Road"。

（3）"街"和"道"分别译为"Street"和"Avenue"，"大街"和"大道/干道"则分别译为"Main Street"和"Main Avenue"，如"新安大街"可写成"Xin'an Main Street"，"湖滨大道"可写成"Lakeside Avenue"。

（4）汉语词汇丰富，同一事物可以有多种表达，如"里""巷""弄""胡同"在英语里则都可译为"Lane"，如"正素巷""崇贤里"和"洗米弄"可译为"Zhengsu Lane""Chongxian Lane"和"Ximi Lane"。"胡同"也可译为"Alley"。

（5）新村和小区一般译为"New Estate"，如"梅园新村"和"阳光新苑"可分别译为"Meiyuan New Estate"和"Yangguang New Estate"。

（6）更小的地名单位，如"楼/幢""单元""楼层"和"室"可分别译为"Building""Unit""Floor"和"Room"，如"3幢丙单元502室"可译为"Room 502 Unit Three Building Three"。

（7）我国有些少数民族地区或城市的英文表达有固定的写法，这些写法长期以来已经为各国人民所接受，因此在翻译时可直接沿用这些固定表达。

（二）地名英译汉的方法

外国地名一般采用音译，也有采用意译的情况，还有些地名采用音译加意译的译法，还有些外国地名可以有两个或两个以上的汉译名，如表5-5所示。

表5-5 常用地名英译汉举例

译法	英文地名	英译汉
音译	Paris	巴黎
	Melbourne	墨尔本
	Santiago	圣地亚哥

续表

意译	Oxford	牛津
	Port of Prince	太子港
	Salt Lake City	盐湖城
音译+意译	New Hampshire	新罕布什尔
	West Virginia	西弗吉尼亚
	Port Lincoln	林肯港
有两个或两个以上汉译名	San Francisco	旧金山；三潘市；圣佛朗西斯科
	Honolulu	檀香山；火奴鲁鲁
	Buffalo	水牛城；布法罗

（1）有些国外城镇的名字相同，翻译时须注明其所在省、州或国名。就以"Richmond"这个地名为例，据调查，这一地名是世界上重复率最高的英文地名，一般译成"里士满"，全球有60多座城市名为里士满，单在美国就有超过20个州有城镇叫作里士满，在英国、加拿大、澳大利亚、新西兰、牙买加等国均有同名城镇，因此译者务必找出其所属州名或国名，并加注以示区别，避免误解，如"Richmond Virginia America"和"Richmond BritishColumbia Canada"。

（2）有些外国城市英文名相同，译成中文写法却不同；相反，有些外国城市英文名不同，译成汉语却写法相同。如加拿大东部城市"Montreal"译为"蒙特利尔"，而同名法国城市却译为"蒙雷阿勒"，美国城市"Frankfort"和德国城市"Frankfurt"都被译为"法兰克福"。

此外，汉语中邮政编码的写法一般是另起一行单独写，而英语中则是直接写在地址的后面，译者在翻译时也要根据目标语的习惯来处理。例如，美国人的习惯按地址、州的简称、邮编的顺序来写，如"No.2 18th Street New York, NY 10036"，译成汉语为"纽约市第十八街2号，邮编10036"，NY为纽约的简称。

第六章　商标翻译

　　商标是产品形象和企业形象的代表，是企业文化的载体，属于知识产权的范畴。商标翻译的成功与否，直接影响产品在目标市场的销售以及占有的市场份额。如何将中国产品的中文商标译成国外消费者喜闻乐见的英文商标是对翻译工作者的挑战。拙劣的商标译名不仅不被国际市场接受，还影响商业机会，甚至影响产品形象和企业声誉。所以，产品的商标翻译成了当今商务英语翻译领域一个值得深入探讨的重要课题。同时，中国的对外开放也给予更多国外商家进入中国市场的机会，许多国际商品、商标不断涌入中国，为开拓中国市场、迎合中国文化，国外企业也不断探索产品商标的中文翻译，故商标翻译在现实生活中具有十分重要的意义。

　　成功的商标翻译不仅能推动产品的成功销售，更是文化与审美的双重体现。

第一节　商标的文体特点

　　"商标"（trademark）为外来语译名，意为商品的标志，用以区别市场上其他商品或服务的名称，是名称与标志的结合。商标是注册的、受法律保护的、具有独家使用权的商品名称和商品标志。商标名称之所以能区别于同类产品或服务，不仅在于它能使商品受到法律保护，还在于它使得产品或服务更易识别。商标不同于品牌（brand），它是经过注册的品牌。品牌是商业术语，用于区分同类产品；商标是法律术语，受到相关法律的保护。

　　美国可口可乐公司每年要花费巨额资金用于商标保护，其公司的一名管理人员曾这样说，即使可口可乐公司一夜之间化为灰烬，仅凭"可口可乐"这个商标，它就可以东山再起。美国苹果公司与唯冠公司就 iPad 商标的争夺战一度打得不可开交，引起了各方关注，许多公司因此加强了商标保护的意识。其中，美国 Facebook 社交网站截至 2011 年 4 月就已注册了 60 余项商标，涵盖社区网络、照片分享、软件、搜索引擎、电子杂志、游戏乃至男女服装等多种类别。可见，商标的保护和塑造对于企业的成功而言是何等重要。

商标是商品的标识，是企业品牌宣传和产品推销的利器。商标的译名应以销售为导向，提供商品信息，彰显商品特性，迎合消费心理，引起顾客关注，刺激购买行为。商标翻译的优劣直接关系到企业销售的盈亏。所以，商标翻译应尽量做到细致周详、面面俱到，充分考虑到地区文化、消费心理、审美情趣、思想观念等方面的差异和影响，重视发挥译语优势，灵活变通，不拘一格，以求最佳翻译效果。

在商品经济日益发达的今天，商标词随处可见，如产品说明、产品包装、宣传海报、电视广告、报纸杂志等，商标词有其自己的特点。

一、构成特点

商标词有中文也有英文，中文是汉字，英文是字母。商标词构成的来源有以下三种：普通词汇、专有名词和臆造词汇。

第一，普通词汇，汉语、英语中的常见词。如"Apple"（苹果）、"Jaguar"（美洲豹）、"Target"（塔吉特）、"吉利"（Geely）、"熊猫""凤凰""小天鹅""金丝猴"等。

第二，专有名词，人名、地名。譬如采用创始人的姓、名、姓名全称、人名所有格或人名缩写形式来命名商标："Disney"（迪士尼）、"LOUIS VUITTON"（路易·威登）、"Chanel"（香奈儿）、"Mc Donald's"（麦当劳）、"HP"（惠普）；或以产品创始人的姓名或姓氏对商标加以命名："李宁""张裕""周大福"；还有以地名命名的商标，如"Longines"（浪琴：瑞士圣依梅尔附近的村庄名）；"AVON"（雅芳：一条河流的名称）；"Vichy"（薇姿：法国一个千年小镇的名字）。

第三，臆造词汇，通过缩写、组合、倒拼、错拼等方式形成的新造词。如"FedEx"（联邦快递）、"Volvo"（沃尔沃）、"Excelle"（凯越）、"Lexus"（雷克萨斯）、"Maxima"（千里马）、"Midea"（美的）、"Lenovo"（联想）、"Vivo"（步步高）。这些臆造词作为商标词汇，不论是中文商标还是英文商标，都极具特色。

二、语音特点

商标词的发音与普通词汇一样，但很大程度上具有语音象征意味，常常使人心生愉悦。商标词无论是中文还是英文都服务于商业目的，所以，商标词在设计和读音上都别具一格。商标词通常发音悦耳、朗读顺口、传播便捷，易为大众所接受。

　　汉语是一种声调语言，有阴平、阳平、上声、去声四个声调，平仄相间则会产生一种抑扬顿挫、悦耳动听的音乐之美。许多企业利用汉语语音的这一特点为其商标命名。例如，2011年中国最具价值品牌100强榜单中的"美加净"（MAXAM）、"红塔山""五粮液"等。又如，奢侈品牌的商标名称"LOUIS VUITTON"音译为汉语"路易·威登"，音调平仄和谐。

　　英语不同于汉语，它不是声调语言。据美国瑞福金商标命名公司调查表明：以爆破音开头的商标名称更易于人们记忆。所以，英文商标名称常常利用爆破音来确保商标发音响亮，便于记忆。英文商标名称中较为常用的爆破音有：/b/，/k/，/g/，/d/，/p/，其中，以英语字母C、K、P开头的商标名称占了较大的比例，尤其是发音为/k/的字母（k、q、c、x）在商标名称中更是居多。例如，"Benz"（奔驰）、"Kodak"（柯达）、"Kitkat"（奇巧）、"Close-up"（皓清）、"Gucci"（古奇）、"Dove"（德芙）、"Prada"（普拉达）等。这些商标发音响亮，读起来朗朗上口，其中很多都是当今知名的国际商标。

　　商标名称最重要的语音特征就是简洁、响亮，才能在消费者的脑海中留下深刻印象。所以，中英文商标名称往往以一至三个音节较为常见，且这样的音节长度也较为理想。如果英文商标名称过长，可以采取缩减音节的方法使其达到更佳的语音效果。例如，"Mc Donald's"（麦当劳）、"Carlsberg"（嘉士伯）、"Budweiser"（百威）、"Kraft"（卡夫）、"Reebok"（锐步）、"Wal-mart"（沃尔玛）、"Ericsson"（爱立信）、"Gillette"（吉列）、"Accenture"（埃森哲）、"DuPont"（杜邦）、"Camel"（骆驼）、"Audi"（奥迪）、"Sharp"（夏普）、"Ford"（福特）、"Omega"（欧米茄）等。以上的英文商标名称均由两个或三个音节组成，而对应的中文商标名称却缩减成汉语中较为普遍和理想的双音节或三音节词汇，这样更利于商标的传播与推广。

　　现实生活中，消费者通常喜欢商品具有简洁、响亮的称呼。人们按照自己的语言习惯，在消费商品的过程中，自然而然地将较长的商标译名简化了。例如，"Adidas""Sony Ericsson""Mercedes-Benz""Coca-Cola"和"PepsiCola"这五个知名商标，其汉语译名分别被消费者从"阿迪达斯"简化为"阿迪"，从"索尼·爱立信"简化为"索爱"，从"梅赛德斯·奔驰"简化为"奔驰"，从"可口可乐"简化为"可乐"，从"百事可乐"简化为"百事"。由此可见，简短易记的商标名称更加受到消费者的青睐。

三、词形特点

商标若要吸引眼球，一定要新颖独特，才能深入人心。若要使词形既简洁又让人耳目一新，便于记忆，可以采用缩写、倒拼、错拼、组合的方式臆造出新词。

1. 缩写法

一般而言，首字母缩写能达到简化较长商标名称的目的。如"BP"这个商标，它是"British Petroleum"的首字母缩写；"IBM"是"International Business Machine"的首字母缩写；"BMW"则是"Bayerische Motoren Werke"的首字母缩写。采用这样的缩写形式作为商标名称比起长单词组成的商标名称显然更易于人们记忆。还有例如"Cisco"（思科），"Cisco"取自于"San Francisco"的后半部分，然后将首字母"C"大写。

2. 组合法

如果要将几个单词完整地表达出来并作为商标名称，显然过长。这样的商标名称可以通过保留不同单词的部分字母组合而成。如"Intel"是由"integrated"和"electronics"缩写组合而成；"Microsoft"是由"microcomputer"和"software"缩写组合而成，这种类型的商标名称都属于组合词。

3. 倒拼法

将人们熟悉的词汇倒拼会给人似曾相识的感觉，很亲切也很容易记住。如"Klim"（克利姆）倒拼了"milk"一词；"Reeb"（力波）倒拼了"beer"一词。

4. 错拼法

错拼法与倒拼法有异曲同工之妙，也是将人们常用的词汇故意拼错，由此来吸引人们的注意。如"Quik"（快克）故意错拼"quick"一词。

5. 臆造词

如"OMO"（奥妙）、"OPPO"（欧珀）和"MAXAM"（美加净）均属臆造词。这些商标都运用了类似手段，利用对称图形带来强烈的视觉冲击，令人过目不忘。

四、联想特点

商标名称具有一定的联想性。联想在商标名称的构思与设计中是不可或缺的，具有联想性的商标名称有助于产品的推广与销售。商标名称不仅是一个商品名称，还应具有深远的内涵，表现产品的优良品质，令人产生遐想，勾起人们美好的想象，激发客户的购买欲望。优质的商标名称应超越词汇本身固有的含义，蕴含着更丰富的外延。

如"Rejoice"（飘柔）洗发水，英文名"Rejoice"意为"欣喜、庆祝、欢乐"，外国消费者看到这样的商标名称会立即联想到使用这款洗发水会使自己感到快乐；而对华人市场而言，商标的中文名称"飘柔"极致地体现了女性秀发的特质，女性消费者会联想到使用该洗发水会让自己拥有一头飘逸柔顺的长发。"Rejoice"（飘柔）洗发水的中文商标名称和英文商标名称均恰到好处地强调了一种美好的感受，激发人们购买欲望。与"飘柔"具有异曲同工之妙的洗发水商标还有"清扬"，且"清扬"一词适用人群更为广泛，包括男性。

又如，"清风"（Breeze）作为纸巾的商标名称也极具感染力。"清风"经常用于诗歌中的意象，极具美感。"清风"一词给人一种清风拂面、轻柔舒适之感，似乎还伴着阵阵花香……

第二节　商标翻译技巧

商标名称译名的优劣，直接关系到企业的国际形象，以及商品能否在国际市场一炮打响。优质的译名不但能对消费者心理产生巨大影响，而且能使产品促销达到意想不到的效果。商标翻译与其他翻译不同，必须符合商标命名的规律，且翻译出来要具有商标的特点，不能只是机械的字面翻译。商标翻译往往涉及众多学科，如市场营销学、广告学、消费心理学、美学等。商标翻译应灵活变通，翻译时应充分了解并考虑到人们对商品的认知角度、审美情趣、地域文化以及消费心理方面可能存在的各种差异，文字表达和词汇运用不犯忌讳、善用隐喻、措辞准确。

通常，商标翻译应在遵循"以产品为中心，以目标受众为导向"、考虑商标词汇形态以及文化因素影响的基础上，根据不同情形，采取灵活多变的翻译策略，切忌刻板硬译。商标翻译方法一般有音译法、意译法、音意结合法以及调整法。译者应着眼于原文的意义和精神，而不拘泥于原文的语言结构，灵活、创新，译出既能表达商品内涵、传递商品神韵，同时又能兼顾文化背景的商标名称。

一、音译

音译就是根据原文发音和译文发音的相似性，运用谐音字词对商标进行翻译，是一种简单实用的翻译方法。例如，一些商标所用字词本身没有实际意义，只是简单的字母组合；商标词是专有名词（人名、地名等）或臆造词，翻译时很难找到与其对应的译语表达，诸如此类的情况就不得不采用音译法。简而言之，采用音译法翻译商标名称，要做到语音符合译入语的发音习惯、词汇准确传达商品信息、译名带来美好感受。音译可分为直接音译和谐音音译。

（一）直接音译

直接音译在中文商标的英文译名中较为常见，一般采用中文商标对应的汉语拼音作为译名翻译，例如，李宁（Lining）、长虹（Changhong）、红豆（Hong Dou）、盼盼（Pan Pan）、鸭鸭（Ya Ya）、张小泉（Zhang Xiao Quan）、南孚（Nan Fu）等。直接音译完全按照原商标的汉语拼音来翻译，虽然简单易行，但商标译名既无实际意义又无法体现商品特征。有些译名只是易读，如鸭鸭（YaYa）；有些译名既难读又冗长，无实际意义；有些译名虽在英文词汇中存在，但其对应的英文含义却往往与原产品形象不符。如"长虹"牌彩电和"美菱"牌冰箱虽然在中国深受欢迎，但是，外国人普遍反映"Changhong"和"Meiling"的商标名称过长且难以记忆。类似的商标还有"五粮液"（Wuliangye）等。

采用汉语拼音直接音译的方式并不完全符合英语语言的读写习惯，要想找到完全对等的汉语拼音进行直接音译，往往不尽如人意，且对于使用译入语的消费者而言，要读出汉语拼音也是一件极其困难的事，即便勉强读出，也不知其意，提不起任何消费兴趣。所以，这样的商标译名很难发挥推广产品的作用，也达不到预期的市场效果，甚至还会损坏产品形象，影响产品销售。采用直接音译法翻译商标名称，其成功率较低，只有在少数情况下才会出现意想不到的良好效果。

例 6-1：娃哈哈

译文：Wahaha

分析："娃哈哈"这一商标，中文含义显而易见，"哈哈"那种开怀的笑声无疑给人带来一种极大的愉悦感，所以，其产品在中国的销售相当成功，深受中国消费者的欢迎。在国外市场，"娃哈哈"这一商标的译名采用了直接音译，译为"Wahaha"，符合英语国家发音习惯，读起来朗朗上口，尤其是"haha"这一拟声词在汉语和英语中都是通用的，发音简单、响亮，都表示开心的笑声，此商标译名带给人们的愉悦之感不言而喻，更易被消费者接受而留下深刻印象。

例 6-2：海尔

译文：Haier

分析："海尔"是中国电器的知名商标，其商标名称在汉语中没有具体含义。其商标译名采用了直接音译，译为"Haier"，且读音与原商标"海尔"的读音相似，对于译语国家的消费者而言，"Haier"很容易让他们联想到"higher"一词，联想到海尔产品质量上乘，更联想到海尔锐意进取的企业精神，易于消费者记忆和接受，利于海外市场的开拓。

（二）谐音音译

汉语和英语分属不同的语系，汉语拼音和英文字母无论在拼写上，还是发音上都有着很大的差异。翻译商标较为理想的音译方法是在译入语中找到与原商标相近或相似的词，并根据译入语的发音和拼写习惯创造出一个新词，进行谐音音译，例如，"Philips"（飞利浦）、"Volvo"（沃尔沃）、"Rolls-Royce"（劳斯莱斯）、"Ferrari"（法拉利）、"Lamborghini"（兰博基尼）、"Cadillac"（凯迪拉克）、"Adidas"（阿迪达斯）、"Nokia"（诺基亚）、"Dove"（德芙）、"Haagen-Dazs"（哈根达斯）、"Burberry"（巴宝莉）、"Robust"（乐百氏）、"康佳"（Konka）、"万利达"（Malata）、"都乐"（Dole）、"露露"（LoLo）、"培罗蒙"（Baromon）、"立白"（Liby）、"格兰仕"（Glanz）、"海信"（Hisense）、"澳柯玛"（Aucma）、"达芙妮"（Daphne）等。

这些商标都采用了谐音音译，谐音音译的商标译名能较好地融入译语文化，符合译语国家的语言习惯，引起译文读者的共鸣，不仅再现了原商标词的音韵特色，还体现了产品的异域风情，产生了独特的效果，有助于产品的形象塑造。

例 6-3：雅戈尔

译文：Youngor

分析：中国服装类驰名商标"雅戈尔"商标的译法属谐音音译，译为"Youngor"，巧妙地更改了英文"Younger"中的"er"后缀，读音与原商标相近，译名发音又与英文单词"young"的比较级"younger"相似，给人一种极具年轻活力的暗示，符合消费者的心理预期，也符合成功男士的消费需求。

例 6-4：美的

译文：Midea

分析：中国电器知名商标"美的"让人联想到该电器可以美化生活，其商标译名采用了谐音音译，译为"Midea"，不但符合原商标的发音，其商标词形也给人似曾相识之感，商标译名中出现了一个常用的英文单词"idea"，很好地融入了译语文化，令外国消费者联想到"My idea"，意为"我的主张"，张扬了个性，符合了审美需求，易于让国外消费者认可和接受。

二、直译

直译是指在译语中选取与原语商标名称语义对应、文化意义相符的词汇进行对等翻译，是一种比较简单、常见的翻译方法。

（1）如果原语商标名称通过直译能在译语中产生积极寓意，不妨采用直译。例如，"白猫"（White Cat）、"新东方"（New Oriental）、"扇牌"（Fan）、"红旗"（Red Hag）、"Beatles"（甲壳虫）、"Blackberry"（黑莓）、"Playboy"（花花公子）、"Burger King"（汉堡王）、"Microsoft"（微软）、"Concorde"（协和）等，这些商标名称均采用了直译法，译名美好自然，既传达了原商标的信息，体现了原商标的寓意，也达到了产品宣传的效果。

（2）由普通词汇构成的商标名称可以考虑直译，这些词汇一般具有特定的象征意义，富有美感，符合人们的心理期许。例如，汽车商标"Crown"（皇冠）给人尊贵之感，彰显贵族气质；"远景"（Vision）激发了人们对美好未来的憧憬和期待；"Golf"（高尔夫）一词来自运动项目，让人感觉动感十足。

（3）若商标名称通过意译显得冗长，则不如考虑采用直接音译。例如，"黄鹤楼"意译为"Yellow Crane Tower"，虽然意义明确，但商标名称显然过长，不简洁也不易记，这种情况下，不如直接音译为"Huanghelou"更为合理。

例6-5：Apple

译文：苹果

分析：美国著名商标名称"Apple"直译为"苹果"，一种人们熟知的水果名，"苹果"一向就是"营养、健康"的代名词，从形象到颜色无不惹人喜爱，商标译名与商标标志完美结合，铸就了一流的品牌形象。

例6-6：Facebook

译文：脸谱

分析："Facebook"从社交网络发展至今已拥有许多注册商标，受到全世界年轻一代的追捧。"Facebook"直译为"脸谱"，不论是英文商标还是中文商标都恰到好处地体现了这一网络服务平台的特征，生动简洁，过目难忘。

例6-7：小天鹅

译文：Little Swan

分析：众所周知，"天鹅"无论在东方还是西方，都代表纯洁和高雅。西方人会联想到柴可夫斯基的《天鹅湖》或是芭蕾舞剧，东方人也会想到天鹅洁白无瑕的美丽倩影。洗衣机的商标名称"小天鹅"直译为"Little Swan"，能激发不同地域消费者的共鸣，令人联想到若使用了该商标的洗衣机，洗出的衣物定会像白天鹅般洁净无瑕。

例 6-8：红牛

译文：Red Bull

分析："牛"在汉语和英语文化中都代表强壮、有活力、生命力旺盛，"红牛"直译为"Red Bull"，无论是中文还是英文都暗示饮用该饮料能给消费者带来无限的活力和旺盛的精力。西方人或许还会因此联想到"bull market"（牛市：股票行情见长），而中国人也会联想到"牛气冲天"等有着积极意义的词汇。试想，拥有这样的商标名称，怎能不受各国消费者的青睐呢？

三、转译

商标翻译若忽视文化差异，踩踏文化"地雷"，译名将产生消极影响。通常，商标翻译应避之所忌，亦即所谓的"文化避让"，千万不能采用直译，应在充分了解原语与译语之间文化差异的前提下，对商标译名做适当的文化转换，有效避免文化冲突，使商标译名忠实原义、准确精辟、传情达意，做到"文字翻译"与"文化翻译"的完美结合，"语义翻译"和"语际翻译"的有效统一，这种翻译方法称为转译。

由于语言、文化、价值、审美各方面的差异，原语商标中的惯用词对译入语消费者来说并不一定能引起对等的心理反应，即不能使译语读者产生与原语读者一样的共鸣。这样的情况下，若把原商标简单按字面意思直译，往往会使译文模糊不清，甚至产生负面联想，非但不能传达原义，还会歪曲原义。如汉语文化中讲究"吉利"，什么事都喜欢讨个"吉利"，人们有着根深蒂固的追求美好寓意和象征意义的心理和情结，如大富大贵、如意吉祥、喜气洋洋……然而，英语文化却没有那么多讲究。喜鹊，在中国文化中是吉祥的象征，自古有"喜鹊叫，喜事到"的说法。但在英文里，"magpie"常用来比喻喋喋不休、令人讨厌的人。在苏格兰，"magpie"甚至还意味着死亡。所以，翻译中必须特别注意语言所承载的文化外延意义。

例 6-9：Seven-Up

译义：七喜

分析：对于饮料商标"Seven-Up"的翻译有些棘手。"up"这个词符合美国人的喜好，象征一种蓬勃向上的朝气，但对中国人而言却无任何意义。故不可按照字面意思直译为"七上"，这样的译名不仅平淡无奇，还容易使中国人联想到"七上八下"，意义显然与原商标不符。所以，可以采用转译法，将"Seven-Up"译为"七喜"，既避免了"七上八下"的尴尬，又迎合了中国人偏好"好彩头"，凡事讨吉利的消费心理。

例6-10：松鹤

译文：Longlife

分析："松鹤"按其商标名称可以直译为"Pineand Crane"，在中国是长寿的象征。然而，外国消费者却无法理解该商标译名蕴涵的文化含义。甚至"鹤"在印度被喻为"伪君子"。所以，根据"松鹤"的寓意以及商标词汇的特点，可将商标译名转译为"Longlife"。

例6-11：五羊

译文：Five Sheep

分析：手套的商标"五羊"若直译为"Five Goats"，则忽略了国外市场的文化背景，因为"goat"一词在英语中喻指"不正经的男子、色鬼"。可想而知，"goat"必定不会受到欢迎，既影响了产品形象，又影响了产品销路。若将"goat"改成"ram"，似乎也不妥，因为"ram"一词容易让人联想到"撞击"。所以，可以将"Five Goats"转译为"Five Sheep"，这样将有利于产品销售。

例4.12：飞鸽

译文：Flying Dove

分析：中国的"飞鸽"自行车，其商标名称直译为"Flying Pigeon"。从汉语的角度看"飞鸿"是一个相当成功的商标名称，"飞"表现了产品性能，"鸽"是和平的象征，这样的中文商标名称对产品的诠释无懈可击。然而，该商标的英文译名却不能准确表达原商标的内在含义。在英语文化中，"鸽子"有两个词："pigeon"和"dove"。在英国人眼里，"pigeon"只是一种弱小的鸟，只有"dove"才是和平的象征。可见，由于欠缺对目标语文化的了解，导致了商标译名无法准确传达原商标的含义，故应转译为"Flying Dove"。

四、音意结合

音意结合，顾名思义，就是将音译与意译巧妙结合进行翻译的方法，也是一种以音代义的方式。该译法从原商标的发音和意义上进行双重考虑，既保留原商标的大致发音，又反映原商标的基本含义，可谓音意兼备，常能发挥译语优势，突出产品特性，符合消费者的审美。

商标名称中有许多采用音意结合法翻译成功的译例，如"Tide"（汰渍）、"双汇"（Shineway）、"四通"（Stone）、"Dettol"（滴露）、"Samsung"（三星）、"Pentium"（奔腾）、"乐凯"（Lucky）、"BestBuy"（百思买）、"Pizzahut"（必胜客）、"Starbucks"（星巴克）、"纳爱斯"（Nice）、"Budweiser"（百

威）、"Contac"（康泰克）、"Onecide"（稳杀得）、"Dalmane"（带尔眠）、"Goodyear"（固特异）等。以上商标名称的翻译都采用了音意结合的方法，音意俱佳，符合目的语文化背景下消费者的心理预期。

以汽车行业为例，许多汽车商标在翻译时都采用音意结合法，创造性地迎合消费者的审美需求。"Teana"（天籁）取"天籁之音"之意，营造了一种宁静、清雅的意境，暗示产品的优良特性；"Mini"（迷你）反映出汽车小巧玲珑的独特外形；"Accent"（雅绅特）暗指该汽车符合优雅绅士的气质；"Range Rover"（揽胜）体现了成语"寻幽揽胜"的意境，即寻找幽静的地方去饱览胜景，强调了驾驶乐趣；"Gonow"（吉奥）体现了产品迅捷的特点，译名相当大众化、口语化，简单、易懂、易记；"Transit"（全顺）迎合了消费者驾驶途中祈求平安、顺达的心理；"Bora"（宝来）、"吉利"（Geely）充分考虑到中国人追求吉利、祈求富贵的心理；而"Hummer"（悍马）、"Mazda"（马自达）、"Citroen"（雪铁龙）迎合了中国消费者对"马"和"龙"的喜爱，使消费者联想起"龙马精神"。

再看日用品行业，此行业商品种类繁多，采用音意结合法翻译的各类商标译名真可谓令人大开眼界。香皂商标"Safeguard"（舒肤佳）的商标译名令人联想到用了该香皂之后肌肤的舒适感受；婴儿用品"Johnson & Johnson"（强生）的商标名称虽是平淡无奇的人名，但商标译名却无比出彩，译成"强生"，暗含促进婴儿健康成长，拥有强健体魄的寓意；"Gillette"（吉列）其原商标虽是普通人名，但商标译名用了颇具"好彩头"的字眼"吉"，汉字"列"与"利"发音相近，且暗示了剃须刀的锋利；"Colgate"（高露洁）其译名充分体现出牙膏高度清洁牙齿的功效。

例 6-13：OMO

译文：奥妙

"OMO"（奥妙）作为洗衣液的商标，其译名令人遐想无限，商标译名强调了该洗涤用品高效的去污性能，还略带魔法的意味，激起了人们的好奇心，让人一看就想要买来试一试，一探究竟，看看该产品的"奥妙"所在。

例 6-14：Pampers

译文：帮宝适

分析：美国婴儿尿布商标"Pampers"，原商标意为"宠爱、娇养、迁就、满足"，体现了父母对孩子无条件的爱。其商标译名并没有采用直译的方法，而是采用音意结合法译为"帮宝适"，意为"帮助宝宝过得舒适"，译名既保留了原商标的发音，又体现了产品的功效，说明该产品能带给宝宝无微不至的关怀，迎合了中国父母的心理。

当然，除了以上提及的两大行业，还有许多其他行业的商品也恰到好处地运用了音意结合的方法，翻译出极好的商标译名，包括运动行业、时尚行业、食品行业、电子电器行业等。以下是一些相关范例：

例6-15：Puma、Reebok、Nike

译文：彪马、锐步、耐克

分析："Puma"（彪马）、"Reebok"（锐步）、"Nike"（耐克）的商标均采用了音意结合法进行翻译，其商标译名均为两个汉字，短小精悍、字字传神。商标译名也充分体现了运动产品的特征。

"Puma"译为"彪马"，即壮硕的马。自古以来"马"就与运动有关，总令人想起矫健的身姿。该运动品牌将运动特点通过"马"的形象表现出来，运用得恰到好处。

"Reebok"译作"锐步"，仅凭字面意思，就让人感觉动感十足，眼前顿时展现出一幅运动员英姿飒爽、健步如飞的图景，相当成功地塑造了运动品牌的形象。

"Nike"原本源自一位希腊胜利女神的名字，是美丽与胜利的象征，令人联想到穿上该品牌的运动产品既能拥有美丽的形象又能使人胜利在握。然而，中国人对古希腊神话知之甚少，很难产生与外国人同样的共鸣。在充分考虑东西方文化差异的基础上，该商标的翻译运用了本地化策略，并以音意结合的方式译成了"耐克"，体现出该运动品牌的产品结实、耐用的特点，让中国消费者感觉该品牌的产品耐磨耐穿，并能助人攻坚克难，符合中国人的消费心理以及对运动产品的心理期望。"耐克"这一商标译名更易使人们将其与体育精神联系在一起，也更符合运动品牌的特点。

例6-16：Maybeline

译文：美宝莲

分析："Maybeline"是一个合成词，由品牌创始人T.L.Williams妹妹的名字"Maybd"以及产品中所含化学成分"Vaseline"（凡士林）的后半部分组合而成。

"Maybeline"采用了音意结合法，译成"美宝莲"，令人一看便顿生美好之感，仿佛眼前站着一位亭亭玉立的妙龄少女，浑身散发着迷人的芬芳，花容月貌，美丽端庄。"美宝莲"其发音平仄协调，富于音律，商标译名中的每一个汉字都透出浓浓的女人味，美丽、高雅、妩媚，极富女性特质的词汇立刻使女性朋友产生好感，再加上广告语"美来自纽约，美来自美宝莲"的宣传，更是吸引女性消费者，令她们联想到妆后的俏丽靓影。

例6-17：Subway

译文：赛百味

分析：国际知名快餐行业的商标名称"Subway"，并没有采用直译法译成"地铁"，虽然原商标的含义中有这样一层含义，喻指其制作汉堡包的操作平台和工序流程。但为了让中国消费者更易接受其品牌，"Subway"采用音意结合法译成"赛百味"，"百味"极言其多，"赛百味"即赛过天下所有的美味，有些夸张，但却将食品的美味特征译到极致。光是见到这样的商标译名，仅凭这个商标的字面意思，就足以吸引热爱美食的中国消费者。

例 6-18：豆师傅

译文：Do-self

分析：北京"豆师傅"豆制品的商标名称采用音意结合法译为"Do-self"，即"自己动手制作"之意，商标译名的发音与原商标名称的发音极其相似，商标意义体现出该品牌豆制品绿色环保的特征，隐含了其豆制品是自家制作的纯天然食品的含义。

例 6-19：格力

译文：Gree

分析：中国空调驰名商标"格力"采用音意结合法译为"Gree"，译名发音与原商标发音相似。"Gree"在英文释义中有"优越""杰出"的含义，简洁到位、音义俱佳，体现了该品牌电器的质量优、性能好的特点，符合大众审美，增强了消费者信心。

例 6-20：联想

译文：Lenovo

分析：联想集团最初在拓展海外市场时，准备使用英文单词"Legend"（传奇）作为其商标英文名，未料"Legend"在很多国家已被其他商家注册，故联想集团只得另辟蹊径，采用音意结合法将商标名译为"Lenovo"。"Le"取自于"Legend"，与"联"谐音，"novo"源于拉丁语系，代表"新意、创新"。该商标译名与原商标名"联想"不谋而合，承载了其中文商标"联想"的含义。

五、调整法

为了达到商标名称推动产品销售、开拓市场的商业目的，译者在翻译时可以充分发挥想象力和创造力。因此，当音译法、直译法和音意结合法都无法较好地实现商标名称的恰当翻译，也无法较好地树立企业和产品形象，且在某种文化背景下容易产生歧义或负面联想时，译者可以采用调整法，以实现商标名称的预期功能。具体而言，调整法包括改写法、不译法和创译法。

（一）改写法

改写法是指译者在目的语中选择既不表示原文读音，也不代表原文意思的字词来对商标名称进行翻译。如果商标名称的发音和意思都不能较好地传达原产品的形象，激发消费者的正面联想，译者可以采用改写法对商标名称进行翻译，以达到更好效果，推动市场销售。一般而言，国外产品进入中国市场时采用改写法对商标名称进行翻译居多，尤其是翻译由人名和新造词组成的英语商标名称时，这种译法更为多见。

日常生活中有许多采用改写法翻译并取得较好效果的商标名称，如"Bugles"（妙脆）、"Skittles"（彩虹糖）、"Sugus"（瑞士糖）、"Pfizer"（辉瑞）、"Duracell"（金霸王）、"Dutch Lady"（子母奶）、"Kleenex"（舒洁）等。除以上列举的商标以外，还有一些商标在翻译时也采用了改写法。

例6-21：Sprite

译文：雪碧

分析：美国可口可乐公司旗下的一种汽水商标名称为"Sprite"，意为"鬼怪、妖精"，在美国很畅销，商标含义符合西方人喜欢新奇刺激的心理。然而，在中国若将"Sprite"直译为"妖怪"，那么其后果可想而知，因为在中国人看来，"妖怪"善于变化、面目狰狞，是邪恶的象征，更别提会购买饮用了。所以，"Sprite"采用改写法，译成了"雪碧"，给人清清凉凉的感受，受到中国消费者的喜爱。

例6-22：Wrigley's

译文：箭牌

分析："Wrigley's"采用改写法译为"箭牌"。"Wrigley's"取自公司创始人的姓氏，商标译名"箭牌"虽未对原商标的发音和含义有半点体现，却与公司一贯的箭形标志保持了一致。相应地，该公司旗下的系列产品"Doublemint" "Juicy Fruit" "Wrigley's Spearmint"也分别根据产品包装的颜色，采用改写法译为"绿箭" "黄箭"和"白箭"。商标译名善于创造、富有新意，有利于公司的品牌形象和产品的整体营销。

例6-23：半球

译文：Peskoe

分析：中国电器商标名称"半球"最初直译为"Half Globe"，令许多西方人感到费解，产品销路很不理想。为了打开局面，商家采用了改写法进行翻译，即使用了臆造词"Peskoe"，"Peskoe"作为商标名称既新奇，又富创意，最终赢得了顾客。

例6-24：黑人

译文：Darlie

分析："黑人"牙膏不宜直译为"Blackie"或者"Black People"。基于肤色的对比，中国消费者常常认为黑人的牙齿格外洁白，所以"黑人"牙膏能给中国消费者带来正面的联想。由于东西方文化的差异，西方消费者却认为该商标有种族歧视之嫌。这样的情况下，改写法不失为一种翻译的好方法，可以将"黑人"用改写法译为"Darlie"，意为"可爱的"，这样的译名既有益于产品的宣传和销售，又树立了健康、讨人喜爱的产品形象。

（二）不译法

不译法就其本质而言，不能算作一种译法，但却在某些场合得以应用。一些跨国公司往往倾向于以统一的公司和产品形象在全球进行传播。一般而言，这类国际大公司的商标已经在国际市场上具有较高的认可度和知名度，或已经是全球知名品牌，且其商标名称通俗易懂、简单易记。只有拥有这些特点的商标才有在其他地区、其他国家沿用其原商标名称而不进行翻译的可能性，这样的商标策略有利于全球市场的品牌推广，并保持品牌形象的一致性。采用不译法的产品商标有："MSN"（Microsoft Service Network）、"IBM"（International Business Machine）、"LG"（Lucky Goldstar）、"M & M"、"VISA""UPS""TNT""SK-Ⅱ""CD"（Christian Dior）、"555""999"等。就目前而言，主要是进入中国市场的一些国外商品的商标名称采用不译法，如服装、化妆品类的商标，这种做法令追求时尚的中国消费者感觉很洋气，迎合了中国市场上部分消费者追求西方名牌产品的消费心理。

例 6-25：iPad、iPhone、iPod

分析：苹果公司近年来备受关注，其出品的各类电子产品也畅销世界，如 iPad、iPhone、iPod 等，这些产品的商标名称均采取了不译的做法，以统一的商标名称在世界各国销售，且从未针对目标市场的语言进行过任何商标翻译，即便如此，其商品依旧有着迅猛占领全球市场之势。

究其原因，这与苹果公司强劲的核心竞争力息息相关。苹果公司在研发能力方面力求走在时代的最前沿，用全新的理念和最尖端的技术完成最具时代感的设计，发明最新颖的产品。苹果公司这样的管理、创新理念可以一言概之：总是被模仿，从未被超越。苹果公司的高端电子产品广受全世界追求时尚的年轻消费者的欢迎和追捧，在苹果公司的系列电子产品尚未引入中国市场之前，中国消费者就已经熟知其产品的商标名称和产品特性，故苹果公司在面对这样一个开放的全球市场，完全没有必要将其产品改姓更名，而是沿用原商标名称直接将产品推入市场。

不译的做法不仅利用了其固有的品牌知名度，也保持了公司旗下商标名称在世界各地的统一性和稳定性。就中国市场而言，苹果公司这样的营销策略还迎合了部分中国消费者追求与西方消费者同等产品体验的消费心理。

然而，中文商标采用不译法进入国外市场的情况极少。首先，中国产品的品牌在全球的知名度不高；其次，国外市场对大多数中国产品的商标认可度不高；最后，汉字在英语国家的识别度不高。综合以上原因，中国产品远销海外的商标较少采取不译法，只有一些由数字组成的汉语商标才会采取这种做法，如"999胃泰"。但在西方，人们更喜欢"7"这个数字，所以，有一家全球连锁超市的商号是以阿拉伯数字"7-11"（Seven-Eleven）来命名的。

例6-26：I Do

分析："I Do"是中国珠宝首饰业中的婚戒商标，其商标名称"I Do"意为"我愿意"。该商标名称引用了西方婚礼上牧师与新人的经典问答，是一句结婚誓言，代表了男人对责任的承诺和女人对婚姻的信赖，唯有这一句誓言深深表达出爱侣之间对婚姻坚定执着的信念。在婚礼日趋国际化的今天，使用这句婚誓"I Do"作为商标名称无须任何翻译便可以让年轻人轻松接受，"I Do"极好地诠释了婚戒的寓意，激发了未婚男女对婚姻的美好憧憬，树立了美好的产品形象。

（三）创译法

创译法是指译文跳出原文的局限，结合目标语语言习惯，把握产品要素，或从与原文不同的观察角度，创造性地译出产品的卖点。

例6-27：Walkman

译文：随身听

分析："Walkman"是日本索尼公司（Sony）生产的一种个人随身音乐播放器的通称，深受年轻人的欢迎。"Walkman"其英文是指随身携带该产品的消费者可以边走边听，名称焦点在于"man"，中文创译为"随身听"，商标名称关注点在产品的功能，生动形象地体现出产品的特色——融时尚、娱乐、休闲为一体，牢牢抓住消费者眼球。随着"Walkman"的普及，如今"Walkman"已不仅是一个商标名称，而且也成为一种文化现象。

例6-28：狗不理

译文：Go Believe

分析：中国的一些地方特色小吃，其商标译名也很有特点。"狗不理"包子的商标名称采用了谐音音译和创译相结合的方式，译为"Go Believe"（相信），发音上与"狗不理"相契合，符合英语语言习惯，找准了中西方文化的切入点，让西方人产生信赖、可靠之感，充分体现出"狗不理"包子质优物美的特点。

总而言之，在进行商标名称翻译时，应以产品为中心，以目标受众为导向，在此基础上采取灵活的翻译策略，使商标名称的译名达到最佳的效果。

第七章　商业广告翻译

　　全球一体化促使世界成为一个"村落",各国的产品都参与到国际竞争中,铺天盖地的产品和广告也不断涌入我们的生活,占据我们的视野。作为商家,要在国际竞争中争得一席之地,赢得消费者的青睐,就必须意识到产品营销策略的重要性。广告可谓营销策略中相当关键的一环,既是产品宣传的手段,又是企业形象的窗口。广告的成功意味着市场的前景,广告的失败意味着市场的下滑。所以,成功的广告无疑是商业竞争中最有利的武器之一。随着经济文化浪潮的袭来,无论是中国企业还是外国企业,都不得不面对广告国际化的现实问题,这要求在制作广告时充分考虑目标市场的具体情况以及产品的目标消费群体。因此,商务广告翻译必须忠实于原文的信息传达,不仅要考虑到国际市场广告语言的转换,还要充分意识到各国间文化的差异。同时,妥善运用翻译方法能使语言更具感召力、更易体现产品特色、凸显企业形象。

第一节　商务广告文体特征

一、商务广告概述

　　"广告"(advertisement)一词源于"advertere"这一拉丁语,是指唤起众人对某事物的注意,并在一定方向上产生诱导而采用的一种手段。现指为了某种特定的目的,通过一定形式的媒体,消耗一定数额的费用,公开且广泛地向公众传递信息的宣传手段。广告的英文原意为"注意、诱导"。为有效达到"广泛告知"的目的,广告应当具备"推销能力"和"记忆价值"。

　　商务广告是指商家为了推销产品或提供服务,通过报纸、广播、电视等媒体进行宣传,从而激发消费者兴趣和购买动机的信息传播活动。美国广告界名流E.S.Lewis 根据广告的交际目的提出了 AIDA 四项原则——Attention(注意)、

Interest（兴趣）、Desire（欲望）、Action（行动），即通过引起消费者关注，激发他们的兴趣和购买欲望，最终促成消费者的购买行为，达到商家成功销售产品或提供服务的目的。由此可见，商务广告是具有很高商业价值的实用文体。

二、商务广告的语言特点

商务广告是一种特殊的文体，这种特殊性体现在对语言文字和修辞手法的灵活运用上，其语言简洁凝练、通俗易懂、生动诙谐、独树一帜；文字浅显但意义深刻，幽默中见智慧，平淡中显新奇；语言富于感染力且极具时代感，既超乎想象之外，却又在情理之中。从词汇、句法到修辞，无不反映出商务广告的语言魅力，是语言与商务的完美结合。其语言的大众化、口语化既贴近消费者，又能打动消费者。精练独到的词汇、标新立异的句法，无不吸引着人们的眼球，激发人们的好奇与联想。商务广告用最简练生动的语言，传递最丰富多彩的信息，使消费者对商品或服务一目了然、印象深刻。总体而言，商务广告的语言特点主要表现在词汇、句法和修辞三个方面。

（一）商务广告的词汇特点

商务广告为了适应不同地区、年龄、层次的消费者，通常采用通俗、易懂、易记的语言，旨在让消费者一看到广告语就留下深刻的印象，并产生购买的欲望。一般而言，在广告中应注重运用使用频率较高、大众化的口语词汇。G.N.Leech英国语言学家所著的《大不列颠广告语言研究》一书中曾提到过日常生活中最常用的 20 个动词：make, get, give, have, see, buy, come, go, know, keep, look, need, love, use, feel, like, choose, take, start, taste。这些也是人们最熟悉、最喜爱使用的日常词汇，所以，我们应抓住这一特点，在商务广告语中多使用此类词语，避免使用晦涩难懂、有歧义的词汇，也只有这样，才更易于被人们接受和喜爱。

商务广告用词简洁、形象、生动，以常见词汇和口语化词汇为主。广告商总是挖空心思通过对词汇的误拼、复合，加前后缀，借用外来词等以创新词汇，吸引读者关注，突出产品特性，渲染广告主题，满足消费者追求潮流、标榜个性的心理，从而更好地促销产品。然而，与英语广告用词相比，汉语广告用词比较讲究，以四字、六字结构居多。广告中的套语大都选用四字结构，或是成语，或是随意组合，都具有节奏感强、朗朗上口的特点，且通过并列、排比、重叠等手法将这些短语连接起来，用以加强语势、增强感染力。

1. 大量使用形容词，包括形容词的比较级和最高级

英语广告中，使用频率较高的形容词有：new, free, great, favorite, big, good, better, best, more, easy, superior, ideal, rich, safe, fresh, comfortable, top, powerful, ultimate, amazing, leading, satisfying, modern, extra, fresh, special, pure, fashionable, latest

例 7-1：Making life a little sweeter.

译文：让生活变得更甜美！

分析：这是 M&M 巧克力的广告，用了"sweet"的比较级"sweeter"来形容，激起人们对美好未来的期待。

例 7-2：Things go better with Coca-cola.

译文：饮可口可乐，让万事更顺。

分析：可口可乐的广告语用了比较级"better"，抓住了中国人图吉利的心理，增加了产品的卖点。

例 7-3：And along the way, you will enjoy the warmest, most personal service in the sky.

译文：飞行途中，您将感受到最温暖、最贴心的服务。

分析：该广告语使用了形容词的最高级，起到了强调产品或服务优质的作用。

2. 创新拼写，独具匠心

商务广告语中常常创新词汇，如故意错拼、加前后缀、创造新词等，借此突出产品内在和外在的特点——新、奇、特，从而达到吸引消费者注意力的目的。

（1）错拼

例 7-4：4ord costs 5ive% le $ $.（Ford）

译文：福特为您省 5%（福特汽车）。

分析：这则广告的错拼鲜明醒目、趣味盎然，数字、字母、符号的有机组合着实吸引眼球，或许连最漫不经心的读者也会过目不忘。

例 7-5：Easier dusting by a stre-e-etch！

译文：拉拉会长，除尘力强。

分析：这则广告里的"stretch"一词使用了别出心裁的拼写方法，用文字形象地表现出"拉长"的形状，给人直观的视觉感受，感受到"伸长"之意，并将其引申为除尘布的牌子，达到了不同凡响的效果。

（2）加上前缀、后缀

英语广告中，"super-""extra-""ultra-"等前缀以及"-ex"等后缀常常被使用，以显示产品性能的优异。这样构词的商标、品牌有："Super-cut"（循环锯）、

"Super-cast"（建筑材料）、"Ultra-care"（化妆品）、"Ultra-Brite"（牙膏）、"Rolex"（劳力士表）、"Kleenex"（餐巾纸）等。广告语中使用前、后缀往往是为了使广告更具吸引力，这类前后缀有着提升语义、增强语势的功效，运用在商务广告语中可以突出强调产品或服务的品质。

例 7-6：Give a Timex to all, to all a good Time.

译文：拥有一块天美时表，拥有一段美好时光。

分析：这是天美时表的广告语，其中 Timex 是新造词，是由"Time"和"Excellent"合成的，"Timex"类似在"Time"一词加上了"-ex"后缀，且消费者从新造词"Timex"的音、形、意上也可推断出该词的词义，巧妙地凸显了该表计时准确的特点，让消费者对该表的性能一目了然。富有感情色彩的语言也打动着消费者，唤起他们心灵上的共鸣。

3. 灵活使用复合词

复合词无论是常见的还是臆造的，都具有组词方法灵活、不受过多语法限制的特点，节省篇幅，轻松活泼，在广告语中有着广泛的应用。常见的复合词有：top-quality, durable-service, flavor-pure, brand-new, fresh-tasting, best-selling, easy-to-dress, carefully-selected 等。

例 7-7：Homemade bread and pastry.

译文：家庭自制的面包和糕点。

分析：复合词替代从句使句子更加简洁明了，易于消费者接受，"homemade"一词给人绿色环保、安心惬意之感。

例 7-8：Hi-fi, Hi-fun, Hi-fashion, only for Sony.

译文：高度保真，高级趣味，高档名流，仅来自索尼。

分析：该广告使用了三个复合生造词，无论是读音和词形，都耐人寻味，且发音有着如行云流水般的音律美。

4. 选词生动有趣、诙谐幽默

例 7-9：Pity the Pick pockets!

译文：扒手可怜!

分析：这是一则防盗外衣的广告，其中"pickpocket"相当于汉语中的"三只手"或"扒手"之意，这样的用词诙谐幽默，凸显了衣服的防盗功能以及衣袋设计的别出心裁。假如将"pickpocket"用"thief"（贼）来替换，其效果明显不如"pickpocket"那么生动有趣。可见，新颖独特的广告语闪耀着设计的创意和敏锐的智慧之光。

由此可见，在进行广告翻译时，应尽量采用独特的字、词、句，以及多样的表达方式，并适当运用修辞手法，切忌抄袭硬套。

5. 使用委婉语

翻译中委婉语的表达即在不便直接表述的情况下，译文和原文采用各自不同的比喻来创造同一种形象，传达同一种信息。

例7-10：To prevent the inside storyl eaking out.

译文：防止内幕泄露。

分析：这是一条纸尿布的广告，采用了委婉语 "the inside story" 进行表述。倘若用 "piss"（小便、尿液）代替 "the inside story"，定会令人感觉不雅，进而影响消费者对该产品的认可与接受。用了委婉语之后，不但避免了不雅词汇给人带来的不适，还让人感觉这样的表述既生动又有趣。可见，对于一些特殊话题，若直接表达会引起听者的抵触或反感，则不利于意思的传达和思想的沟通，在这样的情况下，应采用委婉词、委婉语进行表述。

6. 借用外来词

"外来词"往往有如"舶来品"，带着点儿洋气和异域风情，迎合了部分消费者"崇洋"的心理。当然，在广告语中使用"外来词"有时也是为了吸引消费者的注意力，巧妙地借用外来语截然不同的形式，体现出产品截然迥异的风格和韵味。

例7-11：Fine Champagne Cognac—Only Remy.The world's favorite VSOP.

译文：只有 Remy 是最好的科尼亚克白兰地香槟酒，也是世界上最受欢迎的高级白兰地。

分析："Remy"源自法语，人们一看就一目了然。此酒来自法国，且懂酒的人都知道：科尼亚克白兰地是法国西部产的精美白兰地酒。

7. 汉语四字短语

汉语中的四字短语工整对仗，意美形美，朗朗上口，过目难忘。

在此，仅列出部分四字短语以供参考：图案新颖（novel design）、色调雅致（elegant color）、美丽大方（beautiful look）、富丽堂皇（magnificent air）、结构简单（simple in structure）、安全可靠（dependabl ein operation）、制造简易（easy in manufacture）、维修方便（convenient in maintenance）、品种齐全（in complete range ofarticles）、久负盛名（with a long standing reputation）等。

（二）商务广告的句法特点

商务英语广告的句法特点是结构简单明了，句式灵活多变；字斟句酌，简短精练，独具一格，引人入胜；富于想象力、表现力、逻辑和意蕴，促人思索，令人玩味。广告语常见形式有：叙述式、描写式、问答式、诗歌式等。为了节省篇幅和节约成本，广告通常会限定长度，以最简明诱人的方式向消费者传达尽可能多的信息。通常，英文广告频繁使用简单句、祈使句、主动句、疑问句、省略句、条件句以及并列句。广告用语切忌复杂冗长，语态多用一般现在时。然而，汉语广告则以陈述句为主，长句、复杂句较多，但也不乏省略句、祈使句、疑问句等。

1. 简单句

最最优秀的广告往往有着最精练的用语，占据最狭小的版面，传递最丰富的信息，达到最广泛的收效。商务广告面向不同地域、多样文化、多种层次，所以应具备直截了当、通俗易懂、简明易记等特点，结构上多用简单句，避免和少用复杂句。

例7-12：Good morning, World.

译文：早安，世界。

分析：这则越南航空公司的广告语，极为口语化，"Good morning"是我们日常生活中的礼貌用语，给人无比的亲切感，一读难忘。

例7-13：Oh, I see!

译文：噢，我看见了！

分析：这是美国一家眼镜公司"OIC"眼镜的广告。这句广告语非常口语化，日常生活中意为"噢，我明白了。"但在广告语中却采用其本意进行诠释，意为："噢，我看见了！"恰如其分地凸显了眼镜的特征。

2. 祈使句

祈使句有请求、号召的意味，短小精悍、鼓动性强。祈使句的功能恰巧符合了广告所要达到的目的：说服人们相信某种观点，敦促人们采取某种行动。因而，广告英语中经常采用祈使句，增强感召力和诱惑力，行文简练还节约成本，一举两得。

例7-14：Just do it! （Nike）

译文：放手去做！（耐克）

分析：俄勒冈州的运动服装制造商耐克（Nike）于1988年推出了这则广告，自那以后，"Just do it!"就成了所有体育运动员心中的口号，成为最具影响力的广告语之一。这则广告语非常独到，几乎人人皆晓，简单的三个单词却表达出意味深长的寓意。这条广告语的译文目前有三个版本，除"放手去做！"以外，还有"只管去做！"和"不如行动！"诱导人们去尝试和体验。

例7-15：让世界遍布康佳电器

译文：Makea Global Hit-Konka Electric Appliances.

分析：这是康佳电器的广告，广告使用了祈使句，通过诚恳的提议，暗含引导，目标明确，简单明了。

3. 省略句

省略句结构简单、语言凝练、果断有力，通常省略主语、谓语、连词、系动词、动词、冠词等，甚至以词代句，如使用名词短语、分词短语和介词短语等，给人简洁明快的感觉，用最少的篇幅达到最大的效用，这样的做法也适应了"寸纸寸金"广告版面的现实要求。

例 7-16：Bom to run.（Benz）

译文：天生奔驰。（奔驰）

分析：奔驰车广告，简短有力，特征尽现。

例 7-17：与你同行。

译文：Always with you.

分析：这则中国电信广告语无论是汉语版还是英语版都是那么简洁明了，一见难忘。同时，广告所表达的含义又亲切又自然，平实的话语顿时拉近了公司与客户之间的距离。

4. 疑问句

翻译讲究文体对等，保持文体神韵。商务广告采用问答形式，针对性强，形象逼真，容易激发人们的好奇心。疑问句对读者有着心理暗示的作用，其回答则可以引出广告主题，既引发读者思考，又产生深刻印象。

例 7-18：What are luxury cars should be?

译文：豪华汽车应该是怎样的?

分析：这是林肯汽车的广告语，抛出问题，发人深省，进而起到激发人们好奇心和购买欲的目的。

例 7-19：Have you ever noticed what are markable effect Godiva Chocolate has on people?

The mere glimpse of that scintillating gold box foretells of many luscious moments to come.

译文：你可曾想到 Godiva 巧克力对人们的影响有多大吗?

只要瞥一眼那金光闪闪的盒子，立刻就会感到香味诱人。

分析：这是 Godiva 巧克力的广告，采用了设问，一问一答，问题引起消费者的兴趣，答案引出广告的主题。

5. 条件句

广告语中的条件句有着强调的作用，借以突出产品的优势和重要性。

例 7-20：Childhood isn't childhood without it.

译文：没有它就没有童年。

分析：这是一则蜡笔广告，采用了条件句，强调了绚丽多姿的童年是每一个孩子的渴望，广告语中对于"Childhood"的重复也具有一定的诱惑力，促使消费者购买行为的发生。

例 7-21：不到三亚，枉来海南。

译文：A visit to Hainan would not be completed without visiting Sanya.

分析：这句广告语用条件句来译出，不仅引人注意，而且极具诱惑，旅行者看到这样的广告语一定备受鼓动。

（三）商务广告的修辞特点

在广告铺天盖地的今天，广告没点特色定会被淹没在广告的海洋里。所以，广告人绞尽脑汁，千方百计要使广告妙语连珠、独树一帜、精美绝伦、脱颖而出。要达到这样的效果，一种有效的途径就是运用修辞手法来增强广告的感染力和艺术性。当然，这也是商务广告语言的又一特点。修辞得当的广告可谓是智慧的结晶、凝练的诗行。

1. **押韵**

押韵（Rhyme）是指在广告中使用由相同或相近的重读或非重读音节组成的韵脚，或由行末相同的重读元音构成节奏，使人读后有一种韵律感和节奏感。英语中的押韵通常有尾韵（End Rhyme）和头韵（Alliteration）两种：头韵指相同的词首辅音在一组词、一句话或一行诗中重复出现；尾韵指相同的词尾辅音在一组词、一句话或一行诗中重复出现。比起头韵，尾韵出现的频率更高。

例 7-22：What can be delisher than fisher？

译文：有什么比钓鱼更有趣呢？

分析：这是一则钓鱼广告，"delisher"是谐"delicious"之音而杜撰的新造词，广告中"delisher"和"fisher"押尾韵，读起来极富节奏感，和谐悦耳，强调了钓鱼的乐趣。

例 7-23：My Goodness！ My Guinness！

分析：这是吉尼斯黑啤的广告语，既押头韵又压尾韵，且"Goodness"与"Guinness"的头韵、尾韵相同，音律悦耳，颇具节奏感，读过记忆深刻，生动刻画出人们饮用啤酒时的陶醉与赞不绝口，有效激发了消费者的购买欲望。

2. **比喻**

比喻（Figure of Speech）是商务广告中常见的修辞手法。比喻即打比方，包括明喻（Simile）、暗喻（Metaphor）和借喻（Metonymy）。广告运用比喻的修辞法，能使广告更加生动形象、深刻有趣、富有美感；营造想象空间，加强宣传力度。

（1）明喻

例 7-24：Fly smooth as silk.

译文：飞行如同丝绸般柔和平滑。

分析：这是一则航空公司广告，使用明喻手法，把飞行比喻成丝绸一般柔和平滑，给人安全、平稳、舒适之感。强调了该公司的优质服务，给人留下了深刻印象。

例 7-25：Like a good neighbor, State Farm is there.

分析：这是 State Farm Insurance 保险公司的广告语，广告中将"State Farm Insurance"比作一个好邻居，给人一种亲切感，并使西方人联想起圣经中的一句话："Love thy neighbor as thyself."以此引起消费者的共鸣以及对公司的好感。

（2）暗喻

例 7-26：Here comes the Sun.（Benz）

译文：金色太阳，金色奔驰。（奔驰）

分析：这是一则奔驰车的广告语，将奔驰车隐喻为太阳，形象阳光又积极，令人产生无限遐想，引发人们对奔驰车的无限向往。

例 7-27：All of New York is a stage.

译文：整个纽约是个大舞台。

分析：这则旅游广告中并没有直接出现 as 或 like，而是用暗喻的手法将纽约比作大舞台，通过如此形象的描绘鼓动人们到纽约一游。

3. 双关

双关（Pun）是有意识地利用语言中同音异义或一词多义现象使一句话产生两层意思，或是一句话涉及两件事情，一明一暗，引发联想，达到言有尽而意无穷的艺术效果。

例 5.28：You'll go nuts for the nuts you get in Nux.

译文：纳克斯坚果让你爱不释口。

分析：从该广告字面意思来看，"go nuts"明指"去买坚果"，暗指"疯狂"，此广告运用了双关语，形象地表明了人们对纳克斯牌坚果的吸引力难以抗拒。

例 7-29：There's never been a better Time.

译文：从未有过的好时代。

分析：这是一则《时代周刊》的广告，"Time"一词在广告语中一语双关，既表示"时代"，又暗指《时代周刊》。

4. 重复

重复（Repetition）是指反复使用同一个词语或句子，以强调某种意思，突出某种情感，加深读者印象，起到加强语气、渲染气氛、整齐美观、传神达意的作用。

例 7-30：Travel light, travel right.

译文：轻装上路，一路轻松。

分析：行李包广告，采用重复与押韵，表现出产品的特点，形象生动，富有韵律，令人难忘。

例 7-31：First always, finest all ways.

译文：永远第一，永远最好。

分析：鞋类广告，该广告巧用"always"与"all ways"相似的发音，采用重复手法加深人们的印象，引发购买的欲望。

5. 夸张

夸张（Hyperbole）是指在客观现实的基础上有目的地放大或缩小事物的形象特征，以增强表达效果的一种修辞手法，能起到渲染气氛、引发联想的作用。

例 7-32：A million and one use.

译文：一百万零一种用途。

分析：万能牌水泥胶广告语，显而易见的夸张手法，彰显了该产品多功能的用途。

例 7-33：Famous-brand perfume spreads fragrance for as long as acentury.

译文：名牌香水，香飘百年。

分析：这则香水广告采用了夸张的手法，用以形容香水香味的浓郁，"香飘百年"虽是夸张，却凸显了香水香味的持久性。

6. 拟人

拟人（Personification）是商务广告中常用的一种修辞手法，指把没有生命的东西或生物人格化，赋予各种"物"以人的思想、情感和言行，使消费者产生亲切感。

例 7-34：Flowers by Interflora speak from the heart.

译文：英特芙劳拉的鲜花倾诉衷肠。

分析：这则鲜花广告采用拟人的手法将人的言行赋予了鲜花，"speak"一词不禁令人联想到"花语"，引起顾客对这种鲜花的兴趣，想要一探究竟，体验一番。

例 7-35：Apple Thinks Different.

译文：苹果电脑，不同凡响。

分析：这是一则苹果电脑的广告，采用了拟人的方式，"Think"一词将人脑的思维赋予了电脑，"Thinks Different"则表明该电脑还有着与众不同的"想法"，言简意赅地描述了产品的特性。汉语译文还巧译了"不同凡响"一词，用谐音臆造词"不同凡想"加以替代，符合语境，融形会神。

7. 对比

对比（Contrast）是指把具有明显差异、矛盾或对立的双方安排在一起，进行对照比较的表现手法。广告中的对比旨在达到鲜明的对照，起到较好的宣传效果。

例 7-36：Bitter pursuit, sweet taste.

译文：苦苦的追求，甜甜的享受。

分析：这是一则咖啡广告，广告语中的"bitter"和"sweet"形成强烈对比，既客观描述了产品特性，又勾起了人们对产品味道的无限遐想。

例 7-37：Big thrills.Small bills.

译文：花钱不多，帝王享受。

分析：这是一则出租车广告，广告语中的"thrills"和"bills"押了尾韵，体现了广告语言的音韵美；"big"和"small"形成鲜明对比，体现了出租车提供的一流服务，令消费者心驰神往。

8. 对偶

对偶（Antithesis）就是把结构相同、意义相关、语气一致的两组词语或句子并列使用。这一修辞方法可以强调内容、增强语势。

例 7-38：Once tasted, always loved.

译文：一旦品尝，爱之终生。

分析：这则食品广告采用了对偶手法，看起来工工整整，读起来朗朗上口。

例 7-39：Take time.Any time.

译文：无论何时，享受生活。

分析：这是一则宾馆广告，采用了重复和对偶的修辞方法，读来朗朗上口，令人记忆深刻。

9. 排比

排比（Parallelism）是指利用意义相关或相近，结构相同或相似的词组或句子并排达到一种加强语势的效果。

例 7-40：Designed with a computer.Silenced by a laser.Built by a robot.

译文：电脑设计，激光消音，机器人制造。

分析：这句广告语采用了排比的修辞手法，有一定的音律美和节奏感，让人一见难忘。

例 7-41：We'll tell you the odds before they are out.

We'll publish what other publications dare not.

We'll give you inside information you won't find elsewhere.

译文：我们要向您预示未来的结果。

我们要发表别人不敢发表的东西。

我们要给您在别的地方找不到的内幕新闻。

分析：这是一则杂志广告，用排比的修辞方法增强了广告的震撼力和感染力，递进的含义更是激发人们想要买来一睹为快的兴趣。

10. **仿拟**

仿拟（Parody）是指广告设计者利用人们熟知的成语、典故、诗句、俗语和格言等，改动其中部分词汇，进而创造新的语句，表达新的思想，以此使广告唤起共鸣，打动人心。

例 7-42：All is well that ends well.

译文：越抽到后头越有味。

分析：这是一则香烟广告，语出莎士比亚的喜剧《皆大欢喜》，意为：结局好就一切都好。模仿名句的效果往往令人倍感亲切、记忆深刻。

例 7-43：He laughs best who runs longest.

译文：谁跑得最长，谁笑得最好。

分析：这是一款轮胎广告，广告语套用了英语谚语"He laughs best who laughs last."意思是：谁笑到最后，谁笑得最好。从而彰显了该产品久经考验、性能优异的特点。

第二节　商务广告翻译技巧

商务广告翻译不仅涉及语义、文体和文化问题，更重在突出广告功能的再创造。脍炙人口的广告译文，音美悦于耳，形美愉于眼，意美舒于心，既可以准确完整地表达产品要传递的信息，又可以直接触及顾客的消费心理。商务广告翻译应符合译文习惯，做到自然、准确、简洁，且易为读者接受。同时，还要注意基本的翻译方法，做到达意、传神和表形，收到意似、神似和形似的效果。商务广告常用的翻译方法有以下六种。

一、直译

直译是指按照字面翻译，不做太多的引申和注释，并将原文所要表达的表层意思和深层意思直接翻译成目标语，即对原文的语言成分和语义内涵进行忠实再现。但直译绝非逐字逐句死译，而是在不违背译文语言规范、不引起歧义和错误的前提下，既保留原文内容又保留原文形式（包括原文的句式和修辞手法）的译法，以最大限度地获得与原文同等的广告效果。作为直译，应该保留原语言的文化内涵，否则就会失去作品的原有意味，使翻译显得寡味。当然，在必要时也可以对原文语言稍做调整，以便目的语读者理解和接受。对于一些原文意义较明确，语句结构较简单，按字面意思直接翻译能同时表达句子的表层含义和深层含义的广告语，想要保留原文内容和原文形式，特别是保留原文的修辞手法和文化特色等，可采用直译法。

例7-44：Good teeth, Good health.（Colgate）

译文：牙齿好，身体就好。（高露洁）

分析：这是一则直译的高露洁牙膏的广告语，该译文无论是内容还是形式都保留了原文简洁、押韵、对仗工整的特点，清楚呈现出原广告语的含义。

例7-45：To me, the past is black and white, but the future is always color.

译文：对我而言，过去平淡无奇；而未来，却绚烂缤纷。

分析：这是轩尼诗酒的广告，采用直译法翻译，无须任何修饰，已经达到很好的效果。

例7-46：The taste is great.

译文：味道好极了！

分析：这则是雀巢咖啡的广告语，使用了简单句，并采用直译法翻译，保留了原广告的语言风格，句式简洁，为大众喜闻乐见，易于模仿，便于记忆。

例7-47：A copy at hand, viewing the whole world.

译文：一册在手，纵览全球。

分析：这是《环球》杂志的广告语，用直译法进行翻译，简洁明了，特点突出。

例7-48：Winning the hearts of the world.

译文：赢得天下心。

分析：这是法国航空公司的广告，采用了直译法，强调了其高质量的服务。

例7-49：Challenge the limits.

译文：挑战极限。

分析：这是三星电子的广告，采用直译法，表现出公司追求高品质的决心。

例 7-50：Standard of the world.

译文：世界的标准。

分析：这是直译的凯迪拉克汽车（Cadillac）的广告语，旨在表明该汽车生产流程的高标准，具有世界一流水平。

例 7-51：Eat fresh.

译文：吃得新鲜。

分析：这是一则快餐店的广告语，采用直译法，译文简洁扼要、通俗易懂，一语道出快餐店的特色。

例 7-52：Communication unlimited.（Motorola）

译文：沟通无极限。

分析：这是摩托罗拉手机的广告，用直译法鲜明体现了电子通信行业的特色，强调摩托罗拉手机的信号畅通无阻。

例 7-53：Take Toshiba, take the world.

译文：拥有东芝，拥有世界。

分析：这是东芝电子的广告，因原广告语非常凝练，符合中文表达习惯，故可以直译。同时，这则广告还采用了夸张的修辞手法，有气势、效果佳，充分展现了东芝的品牌形象和产品的领先水平。若考虑到汉语译文的音韵美，则可以采用四字格的词汇加以表述，可译成"东芝在手，世界在握"。

例 7-54：The Ultimate Driving Machine.

译文：终极座驾。

分析：这是由灵狮广告公司（Ammirati & Puris）于1971年为宝马公司（BMW）创作的，可谓是德国汽车制造商最具辨识度的广告语。广告语的翻译采用了直译法，保留了原广告语中高端汽车市场定位的语意以及简洁明了的形式，显示了宝马汽车的高端定位。

例 7-55：Tide's In, Dirt's Out.

译文：汰渍放进去，污垢洗出来！

分析：这是汰渍洗衣粉的广告语，这则广告针对性极强，还富有对称性，抓住了洗衣粉的最大特点，迎合了顾客的消费心理，语言形象生动，简洁明了，效果极佳。该广告语还被译为："汰渍入，污渍出。"或"汰渍到，污垢逃。"

例 7-56：质量第一、用户第一、信誉第一。

译文：Quality first, Customers first and Prestige first.

分析：这是一则英译广告，译文省略了动词，句子虽不完整，意思却很清楚，简明扼要，一语中的。

例 7-57：利郎男装，简约而不简单。

译文：Simple Yet Sophisticated.

分析：这是利郎男装广告语的译文，简单明了，突出了该品牌服饰时尚简约、古典俊雅、不求外显而求内涵的特点，强调了该品牌男装是时尚与传统的完美结合。

二、意译

"意译"是相对于"直译"而言的概念，基于英汉两种语言的巨大差异，通常可以采取自由灵活的方式对原文进行翻译，保留原文的基本信息，不拘泥于原文的形式，容许译者有一定的创造性，但不是随心所欲，而是考虑两种语言间的可比性以及因文化而产生的阅读和理解上的差异性，使译文地道，可读性强，易于译文目标读者接受。一般而言，意译对原文的忠实程度比起直译会略逊一筹。

例 7-58：Get the feeling.

译文：身临其境。

分析：这是《运动画报》的广告语，非常口语化，简洁生动，采用意译法翻译，强调感受，激发联想，引人入胜。

例 7-59：It's finger-licking good.

译文：吮指回味，其乐无穷。

分析：这是肯德基（KFC）的广告，采用意译法，用"吮指"这一举动，强调该食品的美味诱人。

例 7-60：Good to the last drop.

译文：滴滴香浓，意犹未尽。

分析：这是麦斯威尔咖啡的广告，采用了意译法，通过形象的描述，即"连最后一滴也不肯放过"，来反衬咖啡的好喝，虽没有直白地说出咖啡美味，但却留给读者无穷的回味。立意之巧，妙不可言。

例 7-61：We care to provide service above and beyond call of duty.

译文：殷勤有加，风雨不改。

分析：这是 UPS 快递的广告语，采用了意译法，翻译虽没有与原文一一对应，但只要仔细琢磨，原广告词的精髓和深意仍在译文中得以体现。如果用直译法进行翻译，则可译为"我们愿意提供高于或超出责任感的服务"。这样的翻译虽在语义、词义和句式上对等，但翻译略显呆板。采用意译法译成"殷勤有加，风雨不改"，既忠实于原文，又给人遐想与回味。

例 7-62：On time，every time.

译文：准时的典范。

分析：这是另一则 UPS 快递的广告，也采用了意译法进行翻译，从语义上看，其意为：每次准时。既然是"每次准时"，那岂不是"准时的典范"吗？该译文经高度提炼，虽没有在译文中体现重复这一修辞技巧，但译文的可读性能等同甚至超越原文。

例 7-63：Can't Beat The Real Thing.

译文：挡不住的诱惑！

分析：这是一则美国可口可乐的广告，若采用直译，那么其译文则为"无法打败真正的东西"，这样的译文大概没有几个中国消费者会理解，且完全不符合中国人说话的习惯。基于汉语和英语在词义、结构、文化等多方面的差异，广告语有时往往无法直译，故采用意译法进行翻译则更为合理，更能传神达意。

例 7-64：Impossible is Nothing.

译文：一切皆有可能。

分析：这是阿迪达斯（Adidas）的广告语，意为：一切皆有可能。显然，该翻译采用了意译法，如果用直译，就解释不通了，且令人费解。

例 5.65：What a good time for a good taste of kent！

译文：其味无穷，其乐无穷。

分析：这是健牌香烟的广告，没有采用直译将广告语译成感叹句，而是采用了意译法，突出了该香烟诱人的特点，激发消费者购买的欲望。

例 7-66：A diamond lasts forever.（De Beers）

译文：钻石恒久远，一颗永留传。

分析：这则钻石广告是 1948 年由弗朗西斯·格雷蒂（Frances Gerety）为南非约翰内斯堡的德比尔斯钻石公司（De Beers）创作的，英文广告语虽为简单句，却一语双关，寓意深远，有很强的呼唤功能和表情功能。通常，汉语广告需要将语形美和语意美相结合，才能实现呼唤功能和表情功能，进而达到宣传产品特点和优势的效果。如果采用直译，则很难实现上述的功能，用直译法该广告语被译为"一颗钻石可以保持很久"，读来丝毫不具有任何美感与吸引力，也无法表达该广告的寓意，即德比尔斯钻石（De Bierres）质量上乘，会给佩戴者带来永久的幸福。只有运用意译法和委婉语来表述才能准确自然地传达原广告的丰富内涵，不仅阐明了钻石的真正价值，还把钻石与爱情联系在一起，给人以美的感受。

例 7-67：Warehouse Clearance.Their Loss，Your Gain！

译文：甩卖清仓，顾客利涨，老板利降。

分析：这是一则清仓特卖广告，结构对称，意义对照，采用意译法体现了汉语广告的四字格特点，既符合中国人的语言习惯，又具有很强的鼓动性。

例 7-68：Make yourself heard.（Ericsson）

译文：理解就是沟通。（爱立信）

分析：这是爱立信手机的广告语，没有采用直译将原文译成"使你自己被听到"，而是采用了意译，体现了独特的人情味，还充分表现出手机的特点——沟通。

例 7-69：It Takes a Lickin，But Keeps on Tickin.

译文：风吹浪打，永不停息。

分析：这是由天美时手表生产商（Timex）于 1952 年推出的一则广告，强调了该手表经久耐用的优点。

例 7-70：Be Good to Yourself，Fly Emirates.

译文：纵爱自己，纵横万里。

分析：这是阿联酋航空公司的广告语，此广告语并没有直译为"对自己好一点，选择阿联酋航空"，而是采用意译法，运用了汉语的四字格，译文押韵工整，富有音律，便于记忆，暗示了该航空公司卓越的服务。

例 7-71：Focus on Life.

译文：人生难忘片段，永留印记。

分析：这是 Olympus 相机的广告，该广告语没有直译为"聚焦生活"，而是采用了意译，极富情感的表述引起大家的共鸣，勾起购买的欲望。

例 7-72：In search of excellence.

译文：志在千里！

分析：这是一则别克轿车的广告，如果采用直译，将这则广告语按其字面意思译成"寻找优秀"或"探寻卓越"，那么，其表述的效果是无法与意译的语言相比拟的。"志在千里"这样的译文能给予消费者一种无穷的力量，体现了别克汽车积极阳光的形象、远大的追求和博大的雄心，更给予消费者无比的信任感。

例 7-73：Feast your eyes.（POND'S）

译文：赏心悦目。

分析：这是一则旁氏化妆品的广告语，直译与意译双管齐下，充分展示了翻译技巧的灵活性；巧用四字结构，体现了化妆品的核心理念，符合中国审美和消费者的心理需求。

例 7-74：Sense and Simplicity.

译文：精于心，简于形。

分析：这是飞利浦电动剃须刀的广告语，仅用了两个形容词进行表述，词语精练，结构简单，易于上口，采用意译法，并巧妙运用语言的形式美，押头韵和尾韵，突出了产品精益求精、小巧玲珑、简单便携等特点。

例 7-75：Where the magic never ends.

译文：魅力无限。

分析：这是一则旅游广告，"magic"一词相当吸引眼球，采用意译法译成"魅力无限"，令人浮想联翩，顿时激发旅行者想要体验一把的欲望。

例 7-76：Levi's：quality never goes out of style.

译文：质量与风格共存。

分析：这是世界上知名牛仔品牌李维斯牛仔服饰的广告语，采用意译法，反说正译，巧妙到位，自然流畅。凸显了服装的高档品质和时尚个性，以求新求变的时尚设计保持品牌新鲜持久的魅力，迎合了年轻人求"酷"、求"变"的心理。

例 7-77：Intel Pentium：Intel Inside.

译文：给电脑一颗奔腾的芯。

分析：这是英特尔公司的广告，该公司为凸显微处理器，自586之后，其运行速度就以"奔腾"来界定了。译文采用谐音法把"Pentium"译为"奔腾"，突出了产品运行高速的特点。若采用直译，则会出现文化缺省和语义缺失的现象，故可采用意译。"Pentium"一语双关，明指微处理器，暗指奔腾微处理器的运行功能强大。

例 7-78：币种多样，期限灵活，投资随心。

译文：Seizing dual return on your selected currency with Premium Account.

分析：这则汉语版金融广告连用了三个四字短语，对仗工整，朗朗上口。英语版采用意译法进行翻译，将"seizing dual return"这个动词短语放在句首，起到了强调作用，并运用形象动词"seize"（紧紧抓住），使得卖点十分抢眼，表明选择 Premium Account 的最大优点就是可以获得双倍的回报，以此突出该金融产品的高回报率。

三、套译

套译就是套用一种语言在另一种语言中已经沉积下来的固有模式，复制仿效成功的广告样例、英汉诗文、成语谚语等，即借用译入语中家喻户晓、译入语读者喜闻乐见的某些惯用结构进行翻译的方法。套译往往使广告译文更亲切，更能为译入语读者所理解和接受，也极易引起译文读者的强烈共鸣，既传神达意，又尊重文化，对推动产品的市场销售起着不可估量的积极作用。

例 7-79：Performance speaks louder than price tags.

译文：事实胜于雄辩，性能高于价格。

分析：这是一款加热器广告，广告语在直译的基础上套用了汉语中的一句俗语，"事实胜于雄辩"，以此彰显了该产品的优越性能，且易于译入语读者所接受。

例 7-80：Go well.Go Shell.（Shell）

译文：行万里路，用壳牌。（壳牌）

分析：马科·森默于 1833 年成立了一家专卖"seashell"的进口公司，于是后来有了"The Shell Transport and Trading Company"，并开始经营煤油、汽油等。"Go well.Go Shell"这句广告语的初衷是"Keep Going Well.Keep Going Shell"即"壳牌伴君一路顺风""壳牌伴君万里行"之意，虽更显温馨，但比起"行万里路，用壳牌"这句采用了套译法的翻译却仍显逊色，"行万里路，用壳牌"不仅使中国消费者联想到汉语的一句俗语——"读万卷书，行万里路"，而且在语势上也更有力，对突出强调"壳牌"也更有效，令人记忆深刻。

例 7-81：Copying makes you believing.

译文：百闻不如一印。

分析：这是佳能复印机的广告，英文广告语仿拟英文中的"Seeing is believing."意为：百闻不如一见。广告的中文翻译采用了套译法，套用了中国谚语"百闻不如一见"，译为"百闻不如一印"。无论英文版还是中文版广告语，都让消费者感觉无比亲切，印象深刻。

例 7-82：Where there is a way, there is a Toyota.

译文：车到山前必有路，有路必有丰田车。

分析：这是日本丰田汽车的英文广告语，仿拟了英语谚语"Where there is a will, there is a way."的句式，巧妙地把"丰田汽车"融入其中，使该汽车迅速被英语国家消费者所接受。广告语的中文译文为"车到山前必有路，有路就有丰田车"，采用了套译法进行翻译，在借用中文谚语"车到山前必有路"的基础上，巧妙地加上后半句译文"有路必有丰田车"，进而与前句形成对仗，利用文化的认同感有效地宣传了丰田汽车，效果非常理想，也因而成为广告语中的成功典范。

例 7-83：中原之行哪里去？郑州亚细亚。

译文：While in Zhengzhou, do as the Zhengzhouness do—Go shopping in the Asian Supermarket.

分析：这是一则旅游广告，是将语言文化融入广告的成功典范，值得借鉴。该广告语套用了西方谚语"While in Rome, do as the Romans do."意思是：入乡随俗。运用套译法不仅使译入语读者看到广告语后产生亲切感，还避免了误解，尊重了译入语国家的语言表达方式，意思清晰明了，赢得人心，记忆深刻，易达到口口相传的广告效果。

例 7-84：虽然不是药，功效比药妙。

译文：To choose it or not? This is the time to decide—for Billi toilet water.

分析：这是碧丽牌花露水的广告，采用了套译法，套用了莎士比亚的著作《哈姆雷特》中的名句："To be or not to be, that is a question." 意为：是生存还是死亡，这是个问题。这样的名句是西方人再熟悉不过的，一看便顿生亲切之感；且这样的广告语提出选择性的疑问，激发顾客的好奇心，使顾客想要一试为快。

例 7-85：今日的风采，昨日的绿世界。

译文：Give me Green World, or give me yesterday.

分析：这是绿世界牌系列晚霜的广告语，采用了套译法，模仿了美国独立战争时期著名的爱国诗人 Patric Henry 诗歌中的一句话："Give me liberty, or give me death." 这样的广告语令译入语读者听来自然亲切、印象深刻，一下便记住了这个牌子的产品。

四、转译

因语言、文化上的差异，英汉两种语言表达习惯相异。翻译广告时，不能按原文一一对应进行直译，应按照译语的习惯，根据上下文，进行相应的转换，对英汉两种语言表层和深层结构的差异进行必要的变通处理，这样的翻译方法称为转译。

英文广告汉译时，为符合汉语表达习惯，可多使用四字格语。由成语衍生出来的四字格语生动形象、言简意赅、平仄相间、音律和谐、意蕴深远、耐人寻味，可增强译语广告词的表现力。

例 7-86：Sweet, Smart & Sassy.

译文：味道甜美，外形可爱，香气浓烈。

分析：这是美国 Sunkist 柑橘广告，四字格语的表述恰如其分地从视觉、嗅觉和味觉反映出柑橘的诱人特点。

例 7-87：Emotion of motion.

译文：动感飘逸，热情四溢。

分析：这是三洋 XactiC4 款摄像机广告，采用了转译，尊重了汉语文化，短短八个字的四字格语，充分显现出该摄像机记录的生动每一刻。

例 7-88：世界首例，中国一绝，天然椰子汁。

译　文：Natural Coconut Juice: a world special with an enjoyment beyond all your words.

分析：这是一则海南椰树牌椰汁的广告，曾被译为："The pioneer of the world.The most delicious in China.Natural Coconut Juice." 英译一一对应，字字相扣，忠实原文。但这样的翻译虽表达了原广告语中"世界首例，中国一绝"的原意，但在西方人看来，却无法产生共鸣。从西方文化视角来看，广告语应注重强调顾客的感官感受，把顾客视为上帝，这样的译文才能打动人心。所以，广告译语之后的版本采用了转译，强调了顾客饮用这种天然椰子汁将会获得无与伦比的享受，把顾客推到至高无上的位置，易于被崇尚自我的西方人广泛接受。

例 7-89：衣食住行，有龙则灵。

译文：Your everyday life is very busy; Our Long Card can make it easy.

分析：这是中国建设银行的广告语，译文中的"Long Card"，其中文名为"龙卡"。"龙"是中国人心目中喜气吉祥的代表，但在西方人眼中"Dragon"即"龙"，是邪恶凶残的代名词，这主要源于"龙"在被引入基督教文化为主流的西方世界时，被错误翻译成了在《圣经》中代表魔鬼、撒旦的"Dragon"一词，导致对于"龙"的翻译进入了两难的境地。为了避免文化冲突和不良效果，"龙"的形象在该广告语中被模糊化了，"Dragon"一词被转译为汉语拼音"Long"，但却缺失了一些深远的中国文化意蕴。

五、创译

创译是指已经基本脱离翻译范畴的再创型翻译，是重新创造、再创造的过程。

例 7-90：Connecting people.

译文：科技以人为本。

分析：这是诺基亚手机（Nokia）的广告，广告的中文译文里，几乎已经无法找到原文的蛛丝马迹了，也没有"灵活对等"的足够信息，即便是让译者将"科技以人为本"译成英文，也绝不会出现"Connecting people"这样的译文。由此可见，上述译文已基本脱离了翻译的框架，属于重新创造，译文的可读性和精辟程度都不比原广告语逊色，且意境更为意蕴悠长。

例 5.91：原来生活可以更美的。

译文：Midea: It's your idea.

分析：这是我国著名的小家电品牌"美的"的广告语，其汉语广告词与英译广告词的含义几乎是风马牛不相及。汉语广告词不仅融入了"美的"商标，还暗示"美的"家电可以美化生活，迎合了人们追求美好生活的心理。然而，英译广告词却没有忠于原文，而是抓住了西方文化中崇尚个人主义、尊重个人观点的特征进行了重新创作，把"美的"的英文商标名称"Midea"分解成"My idea"，做出了完全不同的诠释，从而表明"美的"的宗旨就是把顾客的想法变成现实，反映出顾客至上的经营理念，迎合了西方消费者的消费心理和消费需求。

六、增译、减译、不译

(一)增译

增译是指对原文某些关键词的词义进行挖掘、引申或扩充,将原文深层次的含义加以发挥或使其隐含意思凸显。某些商务广告直译后虽然没有文化冲突,却往往造成误解,使译语读者无法理解其含义。这种情况下,翻译时可以先直译其字面意思,再增译出其隐含意义,使译文形象生动,体现出原文的风格和韵味。在增译过程中,增添的词语要恰到好处,并以忠实原文为原则。

例7-92:Start ahead.

译文:成功之路,从头开始。

分析:这是飘柔洗发水(Rejoice)的广告语,如果采用直译,则意为:从头开始。但是,该翻译没有采用直译,而是采用了增译的方式,加上了"成功之路",使原广告的含义更为丰满,更能迎合消费者的心理需求。

例7-93:不同的肤色,共同的选择。

译文:People's skin colors are different—far and near, but their choice can be the same—for Qingdao Beer.

分析:这是青岛啤酒的广告语,若一字一句地硬译,则广告译文为:"The same choice for different colors." 显然,这样的译文其含义和原文相去甚远,且无法体现原语中"不同"与"共同"的对照。该广告采用了增译法,将某些没有表达出来的信息陈述出来,这样,不仅突出了"different"和"same"之间的对比,还使得目标受众更易理解和接受。

(二)减译

由于地域不同、历史不同、文化不同、审美不同,汉语广告中充斥着一些在英语广告中很少出现的套话或一些不符合英语习惯的表述,对目的语读者而言,晦涩难懂、繁复冗长,故翻译时可以把翻译后达不到广告目的或失去原有功能的语句、修辞手法等删去,以达到更佳的效果。

例7-94:它们是最舒适的服装?上海丝绸内衣与您共享完美。

译文:The most comfortable garments? Shanghai silk underwear perfects you.

分析:这是上海丝绸内衣的广告,原文使用了拟人和疑问的手法以突出产品特色,让人感觉很贴心。这样的广告语如果一字一句死板地译成:"Are they the most comfortable garments? Shanghai silk underwear enjoys perfection with you." 定会削减原广告语应有的效果。若将问句删减成简略式,后句也作适当删改,则会使译文更加简洁，更加贴切，更符合英语读者的习惯，效果也将更好。

（三）不译

不译不可算作翻译，但却是广告翻译中的一种特有现象，已成为当前广告翻译实践中的一种新尝试和新策略。不译现象往往出现于广告语特别短小精悍且一时找不出同样惟妙惟肖对应的用语的情况，这时，可将部分英文广告词原封不动地放入译入语，这种方法称为不译。不译从广告的视觉效果而言会更引人注目，产生出奇制胜的效果。

例7-95：Volvos have always forced other cars to be safer.（Volvo）

译文：Volvo 安全可靠，早已闻名天下。

分析：这是一则沃尔沃汽车的广告，Volvo 作为汽车的商标，译者采取了不译和意译的方式，保留了原汁原味的英文商标名称，这样虽有些不伦不类，却略显异国风情，总体更加引人注目。且广告译语中出现了"早已闻名天下"的翻译，也暗指"Volvo"这个品牌世界闻名，已被广泛认可与接受，所以，"不译"也成为当然。

第八章 企业外宣资料翻译

第一节 企业外宣资料文体特征

企业外宣资料指针对国外受众的宣传企业及其产品、服务的资料，是一种宣传企业形象、推广产品或服务的应用文体。企业外宣资料常包括企业名称、发展历史、企业规模、主营业务、特色产品或服务、产品研发、服务范畴、联系方式等。

企业外宣资料的文本功能在于吸引读者、引发读者兴趣并最终让读者成为公司客户，通过传媒宣传、介绍，达到引起潜在客户的业务兴趣、刺激消费者购买欲望或吸引投资者合作意愿的目的。

根据彼得·纽马克的文本类型分类，企业外宣资料属于信息型文本和召唤型文本，即"信息+鼓动类"语篇。其中以信息功能为主，即介绍企业产品及服务；呼唤功能为辅，即促进企业招商引资、促成合作、招聘员工等。根据不同的宣传媒介，大致可分为三类：纸质资料、视听资料和网站资料。

企业外宣资料的目的在于推广、介绍企业及产品或服务，树立良好的企业形象，提升企业的国际竞争力。企业外宣资料必须提供企业产品或服务的准确信息，改善企业公共关系，吸引潜在顾客或投资者。因此，企业外宣资料既具备信息功能，又兼具呼唤功能。

一、企业中文外宣资料文体特征

（一）语篇松散，主题相关度低

中文企业外宣资料语篇结构松散，主题相关度低。汉语语篇常把思维先发散出去，再收拢回来，喜欢从空泛的信息入手，由远及近，先分提，后总提，常在语篇结尾时点题。

例 8-1：①国家电网公司成立于 2002 年 12 月 29 日，是经国务院同意进行国家授权投资的机构和国家控股公司的试点单位。②以建设和运营电网为核心业务，承担着保障更安全、更经济、更清洁、可持续的电力供应的基本使命，③经营区域覆盖全国 26 个省（自治区、直辖市），覆盖国土面积的 88%，供电人口超过 11 亿人。④公司用工总量超过 186 万人。⑤公司在菲律宾、巴西、葡萄牙、澳大利亚等国家和地区开展业务。⑥ 2012 年，公司名列《财富》世界企业 500 强第 7 位，是全球最大的公用事业企业。

例 8-1 是非常典型的中文企业外宣语篇，语篇逻辑散乱，语句前后联系不紧密。例子中，①句介绍公司历史及单位性质，②句说明公司业务和使命，③句说明国内的经营规模，④句介绍员工人数，⑤句介绍国际业务关系，⑥句说明企业的影响力。从语篇重点信息来看，②句应为潜在读者最关注的信息，而其他信息如①句、⑥句可以合并介绍，说明企业的历史和现在地位，③句、⑤句可以合并为企业的国际、国内业务介绍。而④句涉及员工人数，间接体现公司规模，与介绍公司业务的主题相关度不大，属次要信息。

（二）内容繁复，主题不突出

中文企业外宣资料往往包含繁杂内容，力求面面俱到，如企业的发展历史、历届领导简介、领导致辞或寄语、企业或员工荣誉、经营性质、注册资金、地理位置、占地面积、主营业务、产品介绍、生产规模、研发能力、财务状况、员工人数、企业文化、售后服务、交流合作、目标愿景和联系方式等。某些内容过于详细，致使文本篇幅冗长；信息空洞虚泛，多为高调套话。

例如，中国石油天然气集团的公司简介中就包含"集团简介""董事长致辞""集团高层""上级关怀""组织机构""主营业务""投资者关系""企业文化""品牌形象""大事记""荣誉与业绩"共计 11 项内容。

总之，中文企业外宣资料信息杂陈，主题不够凸显，主次信息模糊，层次不分明。文本关注点更多的是企业过去和现在的状况，而对潜在客户或合作者有实际意义的内容（如主要业务、产品和服务等）并没有着力宣传，主题相关度偏低。

（三）语言华美，重修饰比喻

由于中文语篇审美的偏好，中文企业外宣资料表达手法华丽夸张，语言层叠堆砌，善用四字短语，有时引用古典诗词、对仗句等，以壮辞渲染气氛、增添美感，给西方消费者的感觉是主观性强，冗余信息多，主旨不突出。

壮辞即夸张的言辞。在汉语言中壮辞的使用比比皆是，是美文的主要表现手段之一。壮辞在以信息型、实用性为目的的中文企业外宣资料中，也常出现。中文企业外宣资料多用壮辞，常含有夸张、比喻等华丽的修辞，从而出现冗余成分。

例 8-2：诞生于 20 世纪末的虎豹集团，信守孜孜以求、永不言退的发展理念，在市场经济的大潮中，任凭浊浪排空，惊涛拍岸，独有胜似闲庭信步的自信，处变不惊，运筹帷幄。尽握无限商机于掌间，渐显王者之气于天地。

例 8-2 中画线部分多为壮辞，与介绍虎豹集团的硬信息相关度偏低。

（四）多用第一人称立足点

中文企业外宣资料的人称立足点常以"我"为中心（I-centered），突出企业至上，常竭力塑造企业强大的形象，宣传企业是成功者，以博取消费者信赖，给消费者的感觉是企业至上，居高临下，常用第三人称表述。

例 8-3：上海汽车集团股份有限公司（简称"上汽集团"，股票代码为 600104）是国内 A 股市场最大的汽车上市公司，截至 2012 年年底，上汽集团总股本达到 110 亿股。目前，上汽集团主要业务涵盖整车、零部件的研发、生产、销售、物流、车载信息、二手车等汽车服务贸易业务，以及汽车金融业务。

例 8-3 中画线部分是文本四次以第三人称来介绍企业概况，人称立足点都是介绍"我"的情况，给消费者或合作者造出一种疏离感，或暗示消费者"仰视"企业。

（五）常包含较多政治相关语汇

受汉语语言环境和思维方式的影响，中文企业外宣资料常包含一些政治意识形态的相关语汇，这在国企或大型企业的外宣资料中尤其突出。

例 8-4：中国移动秉承"正德厚生，臻于至善"的企业核心价值观，以科学发展观为指导，努力实现企业经营与社会责任的高度统一，致力于实现企业在经济、社会与环境方面的全面、协调、可持续发展，为相关方不断创造丰富价值，实现和谐发展。

例 8-4 中画线部分为政治相关语汇，与外国消费者关联不大。由于文化差异，过多的政治意识形态语汇，在对外宣传中有时甚至起负面作用，在文本中属于次要甚至冗余信息。

（六）句式单一，常用流水句

中文企业外宣资料常按汉语的行文逻辑写成，语篇重意合，意群模糊，不易把握主要信息。常用流水句，句式松弛，富于弹性，逻辑松散。

例 8-5：中国人寿保险股份有限公司（"中国人寿"或"本公司"）是中国最大的寿险公司，总部位于北京。作为《财富》世界 500 强和世界品牌 500 强企业——中国人寿保险（集团）公司的核心成员，本公司以悠久的历史、雄厚的实力、专业领先的竞争优势及世界知名的品牌赢得了社会最广泛客户的信赖,始终占据中国寿险市场的主导地位。

例 8-5 中的句子呈线性流动,信息量不受语法形式上的限制,各个小句自成一体,开合自如,意义上的起承转合都主要靠语汇实现,很少用到连接词,是"竹形结构"。

二、企业英文外宣资料文体特征

(一)语篇紧凑,主题明确

英文企业外宣资料语篇结构紧凑,逻辑严密,主题明确。

例 8-6: ① Dow's business in Greater China dated back to 1930s, when it supplied China with its products through trading agents. ② Dow opened its Hong Kong office in 1957 and Taiwan office in 1968. ③ In 1979, Dow formally established a branch office in Guangzhou in response to China's open door policy. ④ Today, Dow maintains a total of 5 business centers across Greater China in Beijing, Shanghai, Guangzhou, Taipei and Hong Kong. ⑤ Dow established Dow Chemical (China) Investment Co., Ltd.in 1998 as the holding company to manage future Dow investments in China. ⑥ In August 2004, Shanghai became Dow Greater China's headquarters.

例 8-6 中介绍了 Dow's 公司在中国的发展历史,以时间先后顺序回顾了企业在中国发展的重大事件,全文逻辑严密,语篇结构完整紧凑,主题突出。此外,措辞上也换用了不同动词(画线部分)来体现重大发展进程的区别。

(二)内容简要具体,主题突出

英文企业外宣资料的内容简短扼要,与主题相关度高,常包括企业性质、成立时间、员工数量、主营产品或服务、合作者或已完成项目清单、目标愿景等,语言表述简略,重点突出。所发布信息注重对读者或客户的有效性和实用性。宣传的关注点放在未来,以寻求更多合作机会。

例 8-7: Verizon is a global leader in delivering broad band, video and other wireless and wire line communications services to mass market, business, government and wholesale customers.Verizon Wireless operates America's largest and most reliable wireless voice and 3G network.Verizon also provides communications, information and entertainment services over America's most advanced fiber-optic network, and delivers innovative, seamless business solutions to customers around the world.We believe strongly that our role inconnecting people，ideas and opportunities isvital to meeting the challenges of the future.

例 8-7 以 85 个词的简短篇幅扼要地介绍了 Verizon 的企业性质、服务对象、业务范围及企业宗旨,这都是读者最为关注的重点信息。全文语言简明,主题突出。

（三）语言平实精练,重客观内容

英文企业外宣资料往往用词简明具体、朴实直白、通俗易懂,语言表述务实精练,简洁易懂,不重修饰,重客观事实。

例 8-8：ST Microelectronics was established in 1987 by the merger of SGS Microelettronica of Italy and Thomson Semiconducteurs of France.Since its formation，ST has grown faster than the semi-conductor industry as a whole and it has been one of the world's Top Ten semiconductor suppliers since 1999.

例 8-8 中 establish，formation，grow 等词平实简明,不带任何主观感情的渲染修饰,给消费者一种务实可信的感受。

（四）第二人称立足点

英文企业外宣资料的人称立足点以"你"为中心（you-centered），突出顾客至上,与客户平等交流,体现服务顾客、客户至上的理念,常用第一人称表述,给读者一种亲切平等的感觉。如例 8-9 荷兰皇家壳牌石油公司的简介：

例 8-9：We are a global group of energy and petrochemicals companies with around 93000 employees in more than 90 countries and territories.

（五）句式灵活多变,逻辑性强

英文企业外宣资料的句式灵活多变,逻辑性和可读性强。如例 8-6 中主要介绍企业历史,需多次提及年份信息,但由于句式多变,读来并不常枯燥乏味。因为：①句是主从复合句,主语为 business；②句为单句,年份信息在句末；③句为简短的单句,年份信息在句首,但长度较长；④句改具体年份为模糊时间词 today,重点突出在五个商业区布点；⑤句说明设置新化学投资公司的目的,年份信息处于句中；⑥句为单句,年份信息居于句首,主语是总部所在地 Shanghai,有展望未来之意。

由例 8-6 可知,精心安排句式结构、句子长度及修饰成分,使各句内部的重点突出,而整个篇章句式灵活多变,一气呵成,逻辑性和可读性极强。

有时英文企业外宣资料常交替使用陈述句、省略句、祈使句和反问句等等。语篇重形合,句子结构清晰,常以非谓语动词结构、名词结构、介词结构和从句来扩展和连接句子,类似"树形结构"。

有的英文企业外宣文本还灵活运用多种句式，突出个性，强调创新，使读者印象深刻。如例8-10，Kraft Foods公司简介用了"主语+谓语动词"的排比句式，个性十足，充满创意。

例8-10：To make today delicious, we begin with our consumers.We listen, we watch and we learn.We understand their joys and their challenges because we're consumers too.

（六）擅用数字说明事实，客观性强

英文企业外宣资料擅长运用数字来介绍企业，客观性强，可信度高。如例8-11Walmart的企业简介：

例8-11：Walmart operates more than 11000 retail units under 69 bannersin 27 countries and e-commerce websites in 10 countries.We employ 2.2 million associates around the world—1.3 million in the U.S.alone.

例8-11以具体的数据（画线部分）介绍了企业在全球的经营规模，客观地说明了企业实力，让消费者、投资者或合作者信服。

（七）分项列举具体信息

英文企业外宣资料对于同一主题下的诸多细节，常用"项目符号+短语"形式一一列出，避免了语言累赘，使潜在消费者或合作伙伴能一目了然地把握具体信息。如例8-12荷兰皇家壳牌公司以数字说明2010年的经营状况：

例8-12：Shell by numbers（figures for 2010）：

48% of our production is natural gas；

16.8 million tons of LNG sold（2010）；

3.3 million barrels of gas and oil we produce every day；

145 billion litres of fuel sold（2010）。

除了以上七项文体特征，英文企业外宣资料的语篇结构常以一两句总述开篇，介绍企业的主营产品或业务。

例8-13：Bausch & Lomb is the eye health company, dedicated to perfecting vision and enhancing life for consumers around the world.Its core businesses include soft and rigid gas permeable contact lenses and lens care products, and ophthalmic surgical and pharmaceutical products.The Bausch & Lomb name is one of the best known and most respected healthcare brands in the world.

总的来说，英文企业外宣资料的主体部分是对企业现状的介绍，如企业规模、主要产品、业务范围、成就和企业文化等。在结束部分，英文企业外宣资料还常

以一两句来展望企业未来发展方向或预期前景等。

汉语企业外宣资料给读者一种逻辑松散、主观性强、表达华丽的印象，更侧重文本的呼唤或诱导功能；而英文企业外宣资料表述直白清晰、通俗易懂，更注重文本的信息功能。

第二节　企业外宣资料翻译技巧

企业外宣资料的翻译目的是让受众（目的语读者）准确无误地获得企业的相关信息。由于汉语和英语反映了不同的思维方式、审美标准以及潜在读者不同的预期视野，因此企业外宣资料在汉英互译时，特别是将汉语企业外宣资料译成英语时，在语篇逻辑结构、语言审美修辞、句式结构、信息量大小，甚至格式排版等方面都有必要进行编译重组，以适应目的语读者对重点信息的需求，贴近其对企业外宣文本的阅读期待，满足其对文本的审美要求。

一、中文企业外宣资料翻译策略

外宣工作强调"三贴近"原则，即"贴近中国发展的实际，贴近国外受众对中国信息的需求，贴近国外受众的思维和语言习惯"。"三贴近"原则揭示了外宣翻译的本质，它跳出了语言的藩篱，考虑更多的是尊重目的语读者的文化，以目的语语言习惯和目的语文化为归依，以目的语读者可理解和可接受的语言来诠释中文文本，从而达到企业外宣翻译的目的。

根据中文和英文企业外宣资料的文体差异，中文企业外宣资料英译的具体策略有语篇重组、调整句序、增译、删减、变通（具体化或模糊化处理）、解释等。

（一）语篇重组

由于中文语篇的思维方式是螺旋式向中心靠近的，而英文语篇的思维方式是直线式的，开宗明义，直入主题，所以中文企业外宣资料译为英语时，就不可避免地要对语篇进行重组。

例8-14：①惠州宾馆坐落于市中心繁华的环城西二路。②是一家三星级园林式宾馆。③宾馆有碧云楼、西新楼、望湖楼及位于宾馆西部小岛的四幢别墅。④共有客房187间，⑤格调高雅，设备齐全。⑥惠州宾馆作为惠州市重要的接待基地，曾接待江泽民、杨尚昆、李鹏、万里、宋平等党和国家领导人，为惠州政治经济的迅速发展发挥了积极作用。

总经理：黄小妮地址：惠州市环城西二路电话：2232333。

例8-14中，句①涉及宾馆的地理位置；句②说明宾馆的级别和特点，是目的语读者选择宾馆时最重视的因素；句③说明宾馆的特色别墅，是重要信息；句④说明客房数量，也是实质信息；句⑤介绍宾馆的格调和设施，属于概况介绍；句⑥说明宾馆接待过国家级领导人以及为地方经济发挥的作用。

由于英语企业外宣资料反映的是英语的思维方式，即先总述，再分述，因此，此例在译为英语时，需要按英语篇章的思维方式重组信息，即把概括性的总述信息放在篇首，具体的细节性实质信息放在文中，这样处理才更符合目的语读者的阅读期待。

另外，"市中心繁华的"这类修饰词不太符合目的语读者的价值观。一般西方读者觉得宾馆的环境应以宁静幽雅取胜。"市中心繁华的"这个短语译犹不译。因此，此修饰词略去不译。又如，地址（环城西二路）中已说明具体信息，在篇章中不宜再重复。"为……发挥了积极作用"属于主观评论，且非实质信息，如译出会让目的语读者产生反感，也略去。

（二）调整句序

由于中文企业外宣资料语篇重意合，语句间的联系靠语义实现，因此语篇整体重点内容不突出，在译为英文时要确定中心思想和主要信息，常需要调整句序。

例8-15：中华恐龙园位于江苏省常州新区的现代旅游休闲区内。占地面积600余亩，自2000年9月正式开园以来，中华恐龙园在主题公园经营上，创造性地提出了主题公园"5+2"发展模式，最终形成了中华恐龙园在汹涌的主题公园浪潮中傲然屹立的核心竞争力：科普性极强的旅游目的地和游乐性极强的科普教育基地。中华恐龙园陆续获得了"国家5A级景区""全国科普教育基地""中国文化产业示范基地"等多项"国"字号殊荣，成为常州对外交流的一张名片。

例8-15中的内容涵盖较多，涉及企业地理位置、占地面积、成立时间、发展模式、核心竞争力、已获荣誉等。虽然全文有201个汉字，但重点信息不突出，且罗列奖项和荣誉，主要信息"'5+2'发展模式"也没有具体说明。另外，"在汹涌的主题公园浪潮中傲然屹立"属于主观描述的壮辞。

通观例8-15全文，对目的语读者或潜在游客有意义的实质信息是：科普性极强的旅游目的地和游乐性极强的科普教育基地。这应作为全文的重点信息来处理。而英美读者一般不太看重企业荣誉，更注重企业能提供的服务等。即便是世界500强企业也很少罗列荣誉或奖项，这也说明中西方消费者价值观的不同。中国企业往往罗列荣誉，以证明自身实力和价值；英美企业极少提及荣誉，更注重企业为顾客提供高质量的产品和服务，或回馈社会的公益慈善等活动。

如果一家企业不能用一两句话清楚地介绍自己，说明企业定位描述是模糊的。对比同是主题公园的香港迪士尼乐园，仅用两句话（85个字）就交代清楚了自己的主业。

例8-16：香港迪士尼乐园度假区致力为不同年龄的宾客带来世界级娱乐体验。香港是全球第五个拥有迪士尼乐园的城市，其优美景致、活力及多元文化启发幻想工程师创造出多个香港迪士尼乐园独有的游乐设施。

因此，中华恐龙园的企业外宣资料译为英文时，除了根据英文企业外宣资料的语篇构成来调整句序，还需删减对目的语读者来说不必要的信息。

译文：Located in the modern tourist area in the new district of Changzhou with an area of 600 acres, China Dinosaur Land has established its own core competitiveness, namely, a tourist destination of both entertainment and scientific education since its foundation in September 2000.（43 words）

（三）增译

由于中文企业外宣资料中常出现无主句，翻译成英文时需要补出主语。

例8-17：广东惠州音像出版社是经国家广播电影电视部批准成立的音像出版单位。具有采、编、录、出版、加工、发行多种业务功能，现有固定资产1600多万元。

译文：Huizhou Audio and Video Publishing House of Guangdong Province is an audio and video publishing unit whose establishment was approved of by the Ministry of Broadcast, Movies and TV Programs. It handles news gathering, editing, recording, publishing, processing and distributing, etc. At present, its fixed assets amount to more than 16 million yuan.

译文中画线部分"it""its"均为增补主语译出，以符合英文句子的形合特点。

（四）删减

中文企业外宣资料在英译时，常常要删繁就简，紧缩翻译（condensed translation），才符合译语质朴的文风，传达出原文中的硬信息（hard information），实现企业外宣资料的根本目的。

1. 冗余信息

例8-18：为了进一步扩大出口，公司将继续发挥工贸结合的群体优势，利用各种机会让业务人员和客商接触，以了解国际市场的变化趋势，以提高工厂对国际市场的灵敏度和清晰度，并尽量保证出口产品有充沛的货源。

例 8-18 中充斥着与介绍企业无关的冗余信息（如"发挥""利用""了解""提高"等短语），其中心思想不过是想说明公司为顺利进入国际市场所做的种种努力。对目的语读者来说，这并不是关注重点。企业外宣资料的目的是推荐企业及产品，至于产品是怎样进入国际市场的，对一般消费者来说不是关注焦点，译犹不译。相反，产品品质、售后服务等才是目的语消费者关注的重点信息。若按原文硬译出，反显多余，因大部分信息与推介企业或产品关系不密切，因此采用删减法，只译出大意。

译　文：We will further explore the potential offered by an industry-trade integration, securing more access to the world markets.

译文行文简洁，删减了冗余信息，凸显了与文本中的信息直接相关的内容。

2. 壮辞

由于汉语的审美偏好，语篇中常会出现四字短语、比喻修辞、对偶句、排比句等溢美之词，有时原文语言十分夸张，充满了过度渲染的形容词（chargedadjectives），这对于中国读者来说是习以为常的事情。但是，如果照直译成英语，西方人就难以接受。某些成语、俗语、古诗词名句已完成了习语化、语法化的过程，早已成为汉语大众话语的有机成分。因此，这类在原文中已"浅化"或"淡化"的语汇在译文之中很难做"等化"处理，更不用说"深化"处理了，尤其是在毫无实质信息的情况下可以采取删减法。

例 8-19：展望未来，任重道远。××集团将以更加稳健的步伐，向国际知名品牌战略目标迈进。

原文中的四字短语"展望未来，任重道远"和空泛的套话"以更加稳健的步伐""向……目标迈进"表达的实际意义欠缺，在英译时不应按原文死译、硬译，而是要根据目的语读者对外宣文本的审美期待和阅读习惯，删去其华丽空泛的壮辞，译文应注重传达其实用信息。

译　文：We know that we still have along way to go in the future.And we will make more efforts to shape an internationally famous brand.

3. 空话、套话

中文企业外宣资料中常充斥着大量空洞、无实际意义的套话。

例 8-20：创新是××公司发展力量的源泉，为可持续发展插上了翅膀。

原文中"是……的源泉""为……插上了翅膀"等比喻并无实际意义，是冗余信息，英译时应删除，以求信息简洁明了。

译文：Innovation gives power for the development of our company, promoting the sustainable development.

4. 政治意识形态语汇

中文企业外宣资料中常会出现政治意识形态的语汇，与企业介绍相关度低，译为英文时也须删去。

例 8-21：本集团在党的十七大精神指引下，继续积极实践"三个代表"重要思想，与时俱进，做大做强，创造新业绩，走向全世界，努力为中华民族的伟大复兴而多做贡献。

例 8-21 中画线部分为政治意识形态语汇，与把握企业的具体信息相关度极小，对目的语读者来说实际意义不大，因此英译时也可以删减，而译出原文的主要信息，即"创造新业绩，走向全世界"。

译文：Our group strives to achieve new goals and to enter into the global market.

（五）变通改写

由于企业外宣资料要突出重点有效的企业相关信息，常需对原文进行变通改写。如：

例 8-22：国家新开辟的旅游胜地楠溪江风景区。乘舟从源头迤逦而行，饱览江畔：崎林茂山水碧，景色秀丽别致。在此浙南风景秀丽的楠溪江畔，坐落着闻名国内外教具生产的龙头企业浙江永嘉教仪。

例 8-22 中的旅游信息（画线部分）原意是为企业宣传增加吸引力，说明企业所在地的优美景色。但若原封不动地译成英文，旅游信息势必会喧宾夺主，让目的语读者感到疑惑不解。英文企业宣传资料往往更注重语言平实、客观介绍、传达有效信息。译文应摆脱原文羁绊，采取变通方式，强调企业实质信息，而削弱附带的旅游信息，使译文简洁明了，有效传递企业信息。

译文：Situated by the side of the picturesque Nanxi river in south Zhejiang is Yongjia Teaching Instrument Factory—a leading manufacturer of teaching facilities well-known both at home and abroad.

（六）解释

在中文企业外宣资料英译中，往往含有一些汉语文化特色的词语、比喻、俗语等表达方式。英译时，可以根据特定语境的需要，用解释法对原文做适当的释义处理，使目的语读者更好地理解原文信息，适当增加信息量，将原文中隐含的信息显性化，以实现有效的跨文化交际。

例 8-23：北京同仁堂是中药行业著名的老字号，创建于清康熙八年（1669年），自雍正元年（1723年）正式供奉清皇宫御药房用药，历经八代皇帝，长达188年。

例 8-23 中"清康熙八年""雍正元年""御药房"等均为汉语文化中特有

的表述。对目的语读者而言,其中包含的信息量大大超过了其认知范畴。因此,为了让目的语读者清楚了解同仁堂的行业领导地位,英译时必须对原文隐形信息加以阐释、显化,从而达到最佳企业宣传效果。

译文:Beijing Tong Ren Tang(TRT)is a renowned time-honored brand in Traditional Chinese Medicine industry.It was founded in the eighth year(1669 A.D.)of Kangxi's reign in Qing Dynasty(Kangxi was the third emperors of Qing Dynasty).Since the first year (1723 A.D.)of the reign of Emperor Yongzheng!(Yongzheng, the successor to Kangxi, was the fourth emperor of the Qing Dynasty), TRT had been designated to provide medicines for the royal pharmacy of the imperial palace of the Qing Dynasty for a duration of eight generations of Qing emperor, a total of 188 years.

(七)人称调整

由于中英文企业外宣资料中惯用的人称立足点不同,翻译时需要进行调整。

例8-24:知人善任,唯才是用——集团始终坚持人才为公司之本的观念,努力健全员工招聘、培训、使用、激励和淘汰机制,注重尊重人才、重用人才、用好人才的良好风气。公司荟萃了一批具有高知识水准和良好行业素质的专业人才,他们已成为公司最宝贵的财富,为公司在国际国内激烈的竞争中保持卓越的业绩打下了坚实的基础。

例8-24中,企业以"集团"或"公司"等第三人称自称,如按原文"忠实"译出,会给读者一种距离感,产生误解或疏离,易造成心理反感,应按英文企业外宣资料的人称表达习惯,改为"we",显得亲切,注重与客户平等交流。

另外,例8-24中重点信息是企业重视人才,唯才是用,原文中"尊重人才,重用人才,用好人才"的意思都是"唯才是用",故在英译时将该中心主题表达清楚即可,无须逐字逐句地译出。因为实用性文体的翻译应尽量突出信息的有效传递,而不是字句的对应。

译文:

All Talents Are Welcome Here.

We insist on the idea that talents are the core of the Group.We respect real talents, assigning important posts to them.We strive to perfect the work of recruiting, training, employing, encouragement and screening.Thus, a team of technicians with expertise and professional morality has become our wealth, whose outstanding work enables us to maintain a stable status in the fierce competition at home and abroad.

由以上具体的翻译策略讨论可见,在中文企业外宣资料翻译中,常常要综合运用几种翻译策略,以整个语篇为单位编辑、整合企业外宣资料中的实质信息,梳理语篇逻辑，然后才动笔译出，最后审核校对。在每个翻译步骤中，更是要时刻牢记目的语读者的语言思维习惯、阅读期待和审美价值。

二、英文企业外宣资料翻译策略

英文企业外宣资料常常措辞简明、描述客观、主题突出、数据准确、可信度高、逻辑严密，读者印象深刻。因此，在英汉翻译中，不太需要对原文信息进行重组编辑，或对冗余信息进行删减，只需忠实、通顺地译出原文信息即可。一般运用翻译方法如直译、意译、调整语序、词类转换等。

例 8-25：Bausch & Lomb is the eye health company, dedicated to perfecting vision and enhancing life for consumers around the world.Its core businesses include soft and rigid gas permeable contact lenses and lens care products, and ophthalmic surgical and pharmaceutical products.The Bausch & Lomb name is one of the best known and most respected healthcare brands in the world.

译文：博士伦是一家眼部健康护理公司，致力于完善您的视野，提升全球消费者的生活质量。我们的核心产品是软式或硬式透气性隐形眼镜及镜片护理产品、眼科手术产品和药物。"博士伦"是世界最知名和最有信誉的健康护理品牌之一。

此例基本是直译法。

例 8-26：Bayer is a research-based, growth-oriented global enterprise with core competencies in the fields of health care, nutrition and innovative materials.

The headquarters of the Bayer Group is in Leverkusen, Germany.The town is located on the east bank of the River Rhine between the cities of Cologne and Dusseldorf.From Leverkusen, Bayer administers and coordinates its activities throughout the world.

译文：

拜耳是一家在医疗保健、作物营养和新型材料等领域具有核心竞争力的研究型、增长型的全球性企业。

拜耳集团的总部位于德国莱茵河东岸、科隆和杜塞尔多夫之间的勒沃库森镇。从这个小镇起步，拜耳目前在全世界范围内管理和协调其经营活动。

例 8-26 中的翻译运用了调整句序法，以使译文更符合目的语读者的表达习惯。

企业外宣资料的翻译不仅仅是一个语言间的转换过程，而且是源语与目的语的文化审美观、思维方式和价值观的转换过程。外宣资料翻译应充分考虑文化差异，努力跨越文化鸿沟。翻译过程中应根据译语读者需要，进行译前编辑，即理顺语篇逻辑，确定重点信息；翻译过程中确保信息等值，确保企业外宣资料中重要信息和数据准确无误，树立企业良好形象，促进企业合作交流；译文译出后，译者与企业方代表共同校对、审核译文，保证译文规范流畅，保证目的语读者能理解传达的信息。

外宣译者的素质应包括扎实的语言功底和娴熟的翻译技巧、严格的治学态度和良好的职业道德，以及时刻牢记不要用汉语习惯翻译外国语言。

企业外宣资料译者要注意翻译过程中的文化异同，努力消除文化、思维习惯和语言用法习惯上的差异带来的消极影响，从而达到准确、恰当地宣传企业。译者应突破传统翻译方法，从目的语读者的角度来看待翻译过程，将原文当作开放的信息源，既考虑文本内在语言特征、文本外在制约因素，又考虑目的语读者的认知能力和文化心理，从而采取恰当的翻译策略，把企业外宣资料中有效的实质信息传递出来。

第九章　商业产品说明书翻译

第一节　商业产品说明书文体特征

产品说明书是企业、生产者向消费者、购买者介绍产品的说明性材料，是一种实用的教范文体，即具有语言指示功能的文本。产品说明书又称商品说明书、产品描述、操作指南、用户手册或说明书，英文又称"instruction""book of instruction""operating instruction""operating manual""user's manual""direction""description"等。根据文本类型理论的分类，产品说明书兼具信息功能和召唤功能，既描述、介绍产品，又指示读者如何使用操作保养该产品。

按文本目的来划分，产品说明书大致可分为三类，即推销说明书、使用说明书和维修说明书。根据不同产品类别来划分，产品说明书可分为消费品产品说明书和工业产品说明书。前者可细分为饮料、食品、烟酒、服装、化妆品、文具、家具、书籍、医药、日用品说明书等；后者按具体工业产业类别，可细分为家用电器、机械、通信、数码电脑、灯具、建筑建材、采矿、印刷、电子工业、塑胶、橡胶、化工、汽车、水电气供应、资源回收产品说明书等。根据呈现形式，产品说明书有卡片式、散页式、标签式、外包装式和手册式。根据使用的媒介，产品说明书可以分为书面产品说明书和多媒体产品说明书。本书主要讨论书面的使用类说明书。

产品说明书向普通消费者介绍产品的基本特征，使其了解产品的相关知识，普及产品的相关知识，因此信息功能是产品说明书最首要的功能。产品说明书的祈使功能旨在引导消费者正确使用产品，以避免不必要的损害、危险或浪费，从而正确指导消费。而在同时具备了信息功能和祈使功能的基础上，有的产品说明书还兼具呼唤功能。产品说明书作为产品的宣传资料和促销手段，以征服潜在购买者，促进销售，树立企业或产品形象为目的，甚至还兼具及时向生产者反馈消费者信息的功能。

简言之，产品说明书的信息功能是介绍产品，祈使功能是指导消费，呼唤功能是促进销售。因此，企业产品说明书注重内容的科学性、权威性、准确性和实用性，信息完整、重点突出，以向使用者传递产品基本信息或知识为主；语篇形式注重视觉效果的清晰有序，语句逻辑连贯自然。总的来说，企业产品说明书的语言特征是清晰简洁，措辞精练，准确无误，通俗易懂；语用功能是信息功能为主，祈使功能和呼唤功能为辅。

产品说明书的内容通俗易懂、实事求是；语言简明扼要，描述客观清晰。产品说明书常由标题、正文、署名和附录组成。

一、产品说明书的词汇特征

产品说明书的交际目的主要是对产品进行详细明确的介绍说明，从而指导消费者正确购买和使用，激发潜在购买者的购买欲望。

（一）大量使用术语或行业用语

产品说明书为保证传递信息的准确性、科学性和权威性，常频繁使用专业术语或行业用语，尤其以医药产品说明书和工业产品说明书最为突出。

例 9-1：This product is a medicine for curing cough.Ventilating the lung，resolvingphlegmandrelievingcoughandheavypant.（蒋磊，2007：221）（注：选取自 Mango Antitussive Tablet 说明书。）

例 9-1 中画线部分为医学术语"通肺""痰"和"喘"。

中文产品说明书中也多用术语或行业语。

例 9-2：同时服用酮康唑、大环内酯类抗生素、西咪替丁、茶碱等药物，会提高氯雷他定在血液中的浓度，应慎用。（注：选取自"氯雷他定糖浆说明书"。）

例 9-2 中画线部分均为医药专业术语，确保了说明书的科学性和准确性。

但应注意的是，在产品说明书中，过度使用专业术语和行业用语会成为消费者了解产品的障碍或瓶颈，反而不利于消费者正确把握产品特点和使用方法。

例 9-3：茶叶籽油是唯一天然富含茶多酚的食用油，其抗氧化能力是维生素 E 的 18 倍，茶叶籽油中的茶多酚含量高达 3000～10000 ppm，一勺油等于 7 杯绿茶的茶多酚含量。（注：选取自"青分枫茶叶籽油说明书"。）

例 9-3 中的专业术语"茶多酚""维生素 E"早已深入消费者的日常生活，成为半专业术语，对消费者来说不难理解。但画线部分"ppm"是什么含义？消费者一般只能根据上下文推断出是茶多酚的单位，但具体是什么含义，说明书上并没有给出更准确、更通俗易懂的中文注解。这种情况属于专业术语的过度使用，对消费者正确理解产品信息造成了障碍。

值得一提的是，某些普通用词在产品说明书中也具有专业意义，如 current（电流）、loop（回路）、crane（起重机）、mission（变速箱）、panel（仪表板）、scale（水垢）、seal（封口机）、series（串联）、spirit（酒精）、yam（纱线）、bus（总线）、bit（位）、access（存取）solution（"医学"溶液）、loose（"服装"萝卜裤型）、jack（升降机）等，在翻译时应注意区分辨别。

（二）缩略语的表达形式

企业产品说明书语言简明扼要，措辞精练，常使用约定俗成的缩略语或省略表达形式，让消费者能在最短时间内把握使用要点。

例 9-4：Dosage：6g，twice a day（注：g 是 gram 的缩略形式）。

例 9-5：Net Wt：81g（注：Wt 是 weight 的缩略形式）。

例 9-6：rpm（注：rpm 是 revolutions per minute "每分钟转速" 的缩略形式）。

例 9-7：皮馅比：面皮 70%，馅心 30%（注：选取自"扬州富字三丁包"说明书，皮馅比即"面皮与馅料的比例"）。

例 9-8：幼纹（注：幼纹即"幼小细纹"缩略语）。

（三）常使用名词或名词化短语

在向使用者客观描述或介绍产品时，产品说明书不可避免地要运用大量的名词或名词化短语，来向消费者客观地描述和介绍产品的工作原理、技术规格、结构、安装、维护保养等事项。因为名词或名词化短语使名词的修饰成分提前，句子结构更紧凑，所以在表达复杂内容时，语势更连贯自然。

例 9-9：Install the processor retention mechanism following the motherboard manufacturer's installation instruction.Open the socket handle.Install the processor by carefully aligning the pins to the socket .Close the socket handle.（莫再树，2006：314）（注：选取自 Intel Pentium 4 CPU 说明书。）

例 9-9 中，全文共 30 个词，其中名词共 14 个，约占全文的 50%，且多以名词前置充当形容词来用，如 "Processor retention mechanism"（处理器保留机制）和 "motherboard manufacturer's installation instruction"（主板制造商的安装说明）。名词化结构使行文利落紧凑，精练流畅。

例 9-10：To clean the shaver，press down the blade frame，release button to disassemble the blade frame.Clean the inner and outer side.（注：选取自 Flyco Shaver 说明书。）

例 9-10 具体解释了清理剃须刀的步骤，运用了名词短语来指代不同的零部件，如"shaver"指剃须刀、"blade frame"指刀片框架、"button"指按钮、"inner and outer side"指刀片框架的内外部分。名词短语保证零部件的准确性，使信息清晰明确。

例 9-11：本品采用天然沙棘油精华及滋润保湿剂，能有效保持肌肤水分，对防止皮肤皴裂及冻疮有良好的辅助作用。（注：选取自"欣纯脚部龟裂膏"说明书）

例 9-11 运用 5 个名词短语或名词化结构，主要说明龟裂膏的主要成分和功效，让使用者和购买者对产品的主要信息一目了然，从而确定购买意向。

（四）频繁使用提示词和情态动词

1. 提示词

产品说明书中常用提示词如"慎""以免""请"等来警示使用者注意事项。

例 9-12：To avoid any damage to your body, do not use the shaver if the net guard or inner shaving damaged.（蒋磊，2007：220）

例 9-12 中用"avoid"一词来提示消费者，使用剃须刀过程中应避免不当使用对自己造成伤害，而且句子将"toavoid"提示短语放在句首，更有利于引起消费者的重视。

例 9-13：本产品易燃，鱼远离高温环境，以免引起危险及影响该量器的精确度。（注：选取自"智恒三角尺说明书"。）

例 9-13 用"请""以免"这样的字眼提醒消费者保存产品时应避免高温环境，从而保证三角尺的测量精确度。

2. 情态动词

产品说明书中常出现提醒消费者的注意事项或警告，需要用到不同语气程度的情态动词。英文说明书中常用"should""must""mustn't""can""can't"等，中文说明书常用"请，严禁，禁止，注意，可能，应该，忌，切忌，勿，不要，避免"等。

例 9-14：Precautions：

（1）Patients with pulmonary should take under the guidance of a doctor.

（2）Children's administration must be under guardianship of adults.（蒋磊，2007：221）

例 9-14 中用情态动词"should"和"must"毫不含糊地说明了药物的使用禁忌和针对儿童的注意事项，让使用者清晰把握药品的正确使用方法。

例 9-15：涂布部位如有明显灼热感或瘙痒、局部红肿等情况，应停止用药，洗净，必要时向医师咨询。（注：选取自"斧标驱风油说明书"。）

例 9-16：忌烟酒、辛辣、鱼腥食物。（注：选取自"板蓝根颗粒说明书"。）

• 例 9-15 和例 9-16 中的"应""忌"都是药物说明书中出现的情态动词。这说明药物的使用不同于其他产品,一切以使用者的安全、健康为重,所以药物说明书中也特别强调使用禁忌的说明,相对于其他产品说明书更频繁地使用情态动词,以具体解释正确的使用方法和应避免的情况等。

二、产品说明书的句法特征

(一)大量使用简短句、不完整句或省略句

产品说明书应言简意赅,避免繁杂冗长的句子。短句的使用让产品说明书的语言简洁明晰,措辞精练。产品说明书常常是一句一要求(one sentence, one requirement)。意义上关联不紧密的分句不会放在一个句中,以避免意义上的含混不清或产生歧义。

例 9-17:This cap is not suitable for children under 36 months.(注:选取自"罗宾逊水果混合饮料说明书"。)

例 9-17 简洁明了、朴实无华,警示了此款饮料瓶盖不适合三岁以下儿童接触,以保证消费者的人身安全。

例 9-18:The AD598 is a complete monolithic Linear Variable Differential Transformer signal conditioning subsystem.

例 9-18 以一个简单句全面地概括了 AD598 线性可调差压变压器的主要特征,即其信号调节子系统是全单片式的,让消费者能快速地把握产品特性,从而正确地使用产品。

例 9-19:For external use only.

例 9-19 为省略句,弱化了动作实施者,突出强调了某化妆品的正确使用方法。

例 9-20:阴凉干燥处、冷藏最佳、切勿冷冻。

例 9-20 分别以一个名词短语和两个简短句分别说明了产品的储存环境、最佳储存模式和禁忌要点。语言简单明了,信息准确清晰。

(二)常使用祈使句

产品说明书的指示说明部分常使用祈使句,用来表示强调、命令、警告等,在给予指示时直截了当,简洁有力。

例 9-21:For 2 Quarts:
—Pour 8 cups boiling water over 2 tea bags.
—Brew 3 ~ 5 minutes.
—Remove tea bags.

——Chill or add ice.

例 9-21 选自立顿冰茶的使用说明书。文中连续用了四个简短的祈使句，来分项说明茶品的冲泡方法，不仅简洁明了地解释了泡茶的四个连续步骤，而且让消费者能清晰、有效地获取正确信息。

中文产品说明书中也常使用指令句式。

例 9-22：要防火，避免碰撞，谨防雨淋或受潮。

例 9-22 以三个简短祈使句说明了产品保存环境的具体要求，行文简洁清晰，一目了然。

（三）被动语态的使用

英文产品说明书常运用被动语态来说明产品的特点、性能和功用等信息，以呈现描述的客观性和科学性。

例 9-23：By a special system the chemical substance is not used in the manufacturing process, the fresh fruits are processed into dried products in maintaining their nutritive, natural colors and flavors.

译文：在加工鲜果成为干制品的过程中，不添加任何化工原料，并以特殊加工方法完全保留果实的品质和天然风味。

中文产品说明书常用主动语态来介绍产品的相关信息，且句子常省略主语。

例 9-24：独特的滋润系统，能使水分充分渗透肌肤，有效美白滋润成分，令肌肤恢复滋润光泽、水嫩透明的最佳状态。（注：选取自"泉润补水面膜说明书"。）

例 9-24 中主语为"滋润系统"，谓语是"使……渗透""美白滋润"和"令……恢复"，运用主动语态，是汉语里典型的一主多干结构，详细介绍了产品的美容功效。

（四）常使用条件句

产品说明书中的条件句常用于提醒、警示消费者如使用中遇到问题、故障、意外或产生不适，应如何处理或操作。此类信息在产品说明书中非常重要，既可以延长产品使用寿命，又可以保证消费者的安全和健康。

例 9-25：If the product is transformed, please do not continue to use it.（选取自"Anya Peeler 说明书"。）

例 9-26：When the package is swelled or leaked, please exchange it with the retailer or the manufacturer.（注：选取自"可可西里手撕牦牛肉说明书"。）

上例中以"if""when"引导条件从句，来举例说明具体产品使用的突发状况或不当情况下，消费者应如何应对。

例 9-27：如果遇到织物本身纤维起球，需用"呵伶电动剃毛机"予以清除。（选取自"呵伶衣刷说明书"。）

中文说明书里也同样频繁用"如果""如""若"等条件句，来详细说明如何处理使用中出现的意外或危险状况，以保证消费者的安全。

三、产品说明书的语篇特征

产品说明书是正式文体，行文规范严谨，有其固定的格式和要求。逻辑性强，重要信息突出。语言客观，毫无夸大，技术普及性强，行文常用条款式，使读者一目了然。

（一）解释程序或使用步骤

产品说明书中常有介绍产品使用步骤的语句。

例 9-28：Massage Vitalis briskly into scalp for 50 seconds. Comb 10 seconds. Your hair will look healthier, handsomer, stay neatly inplace all day.

译文：把发特利丝放在头皮上用力揉搓 50 秒左右，再用梳子梳 10 秒左右，就会发现你的头发比以前更有生气，整日不乱，清洁整齐。

（二）语气正式客观

产品说明书的语言客观准确，语体正式。

例 9-29：This machine is equipped with a gear transmission mechanism, and its multi-dies are arranged in line. It can draw steel, aluminum, brass and other kinds of metal wire.

译文：本机采用齿轮变速传动机构，串联组成多模连续拉丝机，可拉拔钢、铝或黄铜等金属线材。

（三）语篇结构相对固定

产品说明书的结构常包括标题、正文、署名三部分。

标题可以是"产品简介""说明""使用说明书"等，常用英文标题是"Instruction""Manual"等。有时标题也可直接写出产品的具体名称，如"格顿陶瓷电热水壶""阿明鱼夹牛肉"等。

正文一般分别列出产品性质、规格、成分、结构、用途、使用和保存方法、适用人群或适用情况、预期效果、保养维护、注意或警告事项、故障排除、质量保证、使用期限、销售范围、售后服务和免责声明等内容。

署名部分一般有制造商、生产商或经销商的地址、电话、邮编、网址等信息。

不同类别的产品列出的具体事项也不尽相同，但产品的特征、功能和使用方法是产品说明书的重点。另外，有的产品说明书还会详细地与同类产品对比，说明自身的优势。有的产品说明书还有致谢、环保声明和相关信息链接方式等。

第二节　产品说明书翻译技巧

产品说明书是说明文文体。说明文的风格可概括为PEA（plain语言直白，efficient信息充分，accurate表达确切）。说明文的作者通常都将读者假设为对说明文所叙述的事物一无所知，力求用最短的篇幅、最明白的语言、最直观的手段将信息准确地传达给读者（石定乐，2006：107）。因此，翻译产品说明书时，应注重知识性和科学性，翻译的目标是让目的语消费者准确、详细地了解产品，译者应尽量以客观、准确的语言描述介绍产品的特征、功效及主要事项等内容，语言要通俗易懂，行文通畅，符合逻辑。

一份完美的产品说明书不仅要让目的语消费者读懂产品的介绍性内容，符合目的语消费者的语言规范，实现产品说明书的信息功能，而且也要满足目的语消费者对产品说明书的审美期待（特别是化妆品类说明书），以激发目的语消费者购买产品的欲望，从而达到某些产品说明书特定的呼唤功能。因此，翻译企业产品说明书的原则是：（1）客观真实地传达原文信息；（2）保证译文言简意赅、通俗易懂；（3）把握术语的规范性。

中英文产品说明书的文体特点既有其共同点，也有其各自的特征。在对产品说明书进行英汉互译时，要做到"求同存异"。换言之，英汉互译时，首先要使译文满足产品说明书的共同特点，即信息准确无误、语言简洁清晰、表达通俗易懂、措辞紧凑符合逻辑；然后考虑到英汉产品说明书的不同特点，在翻译时运用合适的方式传达出来，如英文产品说明书中的被动语态就常需要转换为中文产品说明书中的主动语态或无主句。

一、英文产品说明书的汉译

（一）专业术语或行业用语

产品说明书中的专业术语或行业用语在翻译时，直译不失为一种理想的翻译策略，既可确保译文的准确性、科学性和权威性，又可直观地引介新观念。另外，若同一术语在产品说明书中多次出现，应保证译名前后一致，以免造成混乱，影响消费者对产品说明书的正确理解。如遇到对说明书中涉及的专业术语、技术指标单位和规格等不确定，译者应查阅相关工具书、文献资料或请教专业人士，本着对译文客观、负责的态度进行翻译，而不是胡编乱造、望文生义。请看例9-30某产品说明书的节选部分：

例 9-30：Capabilities of Signal Conditioners

·mA，mV，V，A，frequency, strain gauge and potentiometer inputs for signal conditioners

·Analog and digital communication capabilities

·2-wire（loop-powered），4-wire（line-powered），and universal powered models of signal conditioners

·PC-programmable，field-configurable and fixed range models of signal conditioners

译文：

信号调节器的性能：

·信号调节器的 mA，mV，V，A，应变计和电位计输入

·模拟和数字通信功能

·信号调节器的两线制（回路供电）、四线制（线路供电）和通用供电模式

·信号调节器可电脑编程、现场配置和固定距离模式

例 9-30 中画线部分均涉及专业语汇，如译者不熟悉该专业，只是根据自己主观臆断来翻译的话，难免会造成译文失误。因此遇到超出译者知识范畴的专业语汇，最好多查阅专业资料、请教专业人士，以确保译文传递信息的准确性。

例 9-31：Ingredients：Zeolite（a natural mineral），Vitamin B-12（as Cyanocobalamin），Calcium（as calcium carbonate），Gelatin，Magnesium Stearats，Silicon Dioxide.（注：选取自"Zeo Capsule 说明书"。）

由于 Zeo 解酒胶囊比较强调其成分的天然性，以突出产品的健康性。所以在其各项成分名称后有进一步解释，译者应该在确保专业语汇准确的前提下，把每个成分的解说内容也同样在译文中注明。

译文：成分：沸石（天热矿物质）、维生素 B-12（如氰钴维生素）、钙（如碳酸钙）、明胶、硬脂酸镁、二氧化硅。

（二）缩略语

英文产品说明书中的缩略语翻译成中文时，在保证信息准确无误的前提下，

语言应尽量保留其简略特点。如："Single and dual channel I/O"可译为"单频和双频输入/输出"。

对于专业人士、普通消费者非常熟悉了解的，或已进入汉语的英语缩略语，则可保留其英文的缩略形式。

例 9-32：Signal conditioners have up to 1500 Vrms signal isolation and RFI/EMI protection.

上例中的"Vrms"为专业人士熟悉的单位缩略语，"RFI/EMI"也是专业人员了解的常用缩略语，所以在汉译时可保留其原有的缩略形式。

译文：信号调节器用于高达 1500 Vrms 的信号隔离器和 RFI/EMI 保护。

例 9-33：In order to run the software, put the support CD-ROM in the CD-ROM drive.（彭萍，2008：78）

由于"CD-ROM"这一专业术语已深入普通消费者的生活，已完全让汉语吸收借用，因此汉译时可以保留其原有的缩略形式，使描述准确，语言精练。

译文：为运行该软件，请在 CD-ROM 光驱中放入支持软件的 CD-ROM。

（三）多词或名词化短语

英文产品说明书中的名词或名词化结构可直译为中文里的名词短语。

例 9-34：This unit adopts MPEG2 coding format and brings the horizontal resolution over 500 lines.（项廷礼，2009：141）

上例的画线部分为名词短语，直译时也要考虑术语的准确性。

译文：采用 MPEG2 编码格式，使水平清晰度达到 500 线以上。

有时英文产品说明书中的名词短语需根据中文表达习惯转换为动词或动词短语。

例 9-35：For consideration of saving battery power, it is strongly recommended to operate an optical mouse on a bright surface with fine texture to obtain lower power consumption.Dark surface will cause higher power consumption.（注：选取自"造府 2.4G 无线鼠标说明书"。）

译文：出于省电的考虑，建议你在光亮且纹理结构较好的介质上使用光电鼠标以节省电池消耗，深色的介质表面可能会更加费电。

译文中，第一个和第二个名词短语仍处理为目的语中的名词结构，而第三个名词短语"higher power consumption"则转换为动词短语"更加费电"，这样的词性转换更符合目的语消费者的阅读习惯。

（四）提示词和情态动词

英文说明书中的提示词和情态动词在译为中文时，主要应考虑语气恰当自然。

例 9-36：It can be served with your favorite curry or with your daily dishes.You may also serve with spaghetti sauce or salads.（注：选取自"思念牌印度飞饼说明书"。）

例 9-36 中，情态动词"can"和"may"是表建议的，提示消费者可供参考的飞饼食用方法，因此翻译时要保证语气与原文吻合。

译文：可搭配您最喜欢的咖喱或日常菜肴享用。您也可配以通心面酱或色拉食用。

（五）简短句、不完整句或省略句

英文说明书中的简短句、不完整句或省略句在译为中文时，同样要保留其简洁的语言特征和清晰无误的信息，使目的语消费者一目了然，因此，一般采取直译法。

例 9-37：Cool and dry.Avoid sunshine.（注：选取自"威百利白巧克力涂层饼干棒"。）

译文：阴凉干燥处，避光保存。

例 9-38：

· Protects and softens chapped lips.

· Contains the antioxidants of Vitamin C & E.Helps delay aging and maintain healthy lips.

· Gives natural and lovely colors with a glossy shine.

· Apply directly on lips or use with other color lipbalm.（彭萍，2008：85）

译文：

· 保护和滋润干裂的双唇

· 富含维生素 C 和维生素 E 抗氧化成分，延缓双唇衰老，保持双唇健康

· 使双唇富含光泽，自然亮丽

· 可单独使用，也可与其他颜色的口红搭配使用

由例 9-37 和例 9-38 可知，英文产品说明书中常用省略句或不完整句来说明产品的性能和使用方法，在译为中文时直译既可保留有效信息，又可与原文简略扼要的文体风格一致，使目的语消费者快速有效地把握产品特性。

（六）祈使句

英文产品说明书中常运用祈使句来指导消费者如何使用产品，多用主动语态，且常有建议、劝告、指示、要求、请求等语气。在译为中文时，不仅要注意使用

信息是否传递准确，还应注意语气是否恰当，一般采用直译法。

例9-39：

Warning：

Do not cover the toaster with any article or food when it is inuse.

Don not contact the interior of bread trough with metal such as the knife and fork etc.

Cautions：

Do not clean or maintain the appliance before it is cooled down.

Do not operate the appliance near flames or wet areas.

Keep away from direct sunshine and oil splash.

Please make sure that the product is not in use before cutting the power source.

Maintenance directions：

Do not use cleaning powder, petrol, bananaoil, alcohol and paraffin containing organic solvent etc.for maintenance.

Wipe off dirt with cloth and neutral detergent for kitchen use.（注：选取自"三洋多士炉说明书"。）

译文：

警告：

使用时，切勿将物品或食品覆盖在多士炉上面。

通电时，请勿用刀、叉等金属物接触面包槽内部。

注意：

待产品冷却后，方可清洗、保养。

不可在接近水、火的地方使用。

不要放置在阳光直射、油飞溅的地方。

请确认产品在未使用状态时，再切断电源。

保养方法：

保养时，一定不要使用去污粉、汽油、香蕉水、酒精、含有有机溶剂的石蜡等。

污渍严重时，可用布沾上厨房用中性洗涤剂擦拭。

由例9-39可知，选择不同的中文措辞来恰当地译出原文的建议、劝告、指示、要求、请求等语气是十分必要的。该例基本使用了直译法，运用了如"切勿""请勿""方可""不可""不要""请""一定不要"和"可用"等词，十分妥帖地再现了原文的各种语气和使用程度。

（七）语态

英文产品说明书中常用被动语态，在译为中文时，常要按中文表达习惯转换为主动语态。

例 9-40：If serious pain can not be alleviated, 1 ~ 2 minutes later, reapply it.（注：选取自"云南白药气雾剂说明书"。）

译文：若剧烈疼痛仍不缓解，可间隔1~2分钟重复用药。

例 9-40 中的被动式"can not be alleviated"在译为中文时转化为主动语态来表述，更符合目的语消费者的阅读习惯，信息能更通畅有效地传达给消费者。

例 9-41：Zeo is healthy for you, and all ingredients are approved by the FDA as safe.（注：选取自"Zeo Capsule说明书"。）

上例中的"area pproved"是被动语态，在翻为中文时，也应按中文的习惯来表达，处理为主动语态。

译文：Zeo是健康产品，所有成分经FDA证实是安全的。

（八）条件句

在产品说明书中，条件句常用在向消费者说明使用中产品可能出现的故障、意外、危险等，以及产品的日常养护和检查等措施。常用直译法。

例 9-42：If the power cord or the plug pops up, disfigures, discolors or is worn, stop operation and contact the service and maintenance centre.（注：选取自"三洋多士炉说明书"。）

译文：如电源软线或插头有膨胀、变形、变色或损伤，停止使用并联系售后服务维修处。

（九）复合句

一般来说，产品说明书中的复合句比较少见，因为产品说明书的语言特点是简洁明了，但也不排除有的产品说明书中有复合句出现的可能。如例9-43，美国Zeo Health Ltd.公司生产的Zeo解酒胶囊说明书中介绍道：

例 9-43：Zeo is are volution product that contains an all-natural mineral that is proven to prevent the toxins from alcohol that cause hangovers.

例 9-43 中包含三个that引导的定语从句，按先后顺序分别修饰"product""mineral""toxins from alcohol"三个先行词。这是一个比较长的复合句，在译为中文时，需要按句子意群采用分译法。

译文：Zeo是一款革命性产品，包含全天然矿物质，已证明能防止酒精毒素造成的宿醉。

二、中文产品说明书的英译

（一）中文专业术语或行业用语的英译

同英语专业术语和行业用语的汉译一样，中文的专业术语和行业用语英译时也应力求准确无误、科学客观，必要时应了解生产流程、查阅专业书籍或请教专业人士。

例 9-44：

产品成分：

表层：无纺布

吸收层：吸水纸、高分子吸收体、棉状木浆

防水外层：透气 PE 膜

胶带：粘着股带，弹力丝（注：选取自"嘘嘘乐婴儿纸尿裤说明书"）

译文：

Ingredients：

Top sheet：Non-woven fiber

Absorbent layer：Tissue, fluff pulp and absorbent polymer

Back sheet：Breathable polyethylene film

Tape：Sticky tape, elastic filament

原文中，表成分的名词均为专业术语，在译为英文时要确保其准确性和权威性。

例 9-45：本冲床主要用于冲孔、落料、弯曲、浅拉伸、剪切等冷加工工艺。

例 9-45 中，"冲孔""落料""弯曲""浅拉伸""剪切"均为机械行业专业术语，在英译时要确保其英文术语的专业性和准确性。

译文：This press is mainly suitable for cold working operations, such as punching, blanking, bending, shallow drawing, cutting and soon.

（二）提示词和能愿动词的英译

中文说明书在描述产品的具体操作方法和注意事项时常会运用提示词和能愿动词，如"可能""可以""应以""应该"等，译成英文时可以考虑以英语中的情态动词来表达对等语气，有时也可以用其他表达方式，如祈使句来翻译。

例 9-46：

修甲剪属个人卫生护理用品，应避免共用而造成交叉感染。

修手及修脚器具应分开使用。

产品使用后要擦拭再收藏，可预防细菌感染。（注：选取自"日美个人护理系列用品使用说明书"。）

例 9-46 中能愿动词"应"和"可"在译成英文时，首先考虑其语气特点，酌情使用恰当的情态动词或其他方式来翻译。

译文：

Nail clippers are tools for personal hygiene.Please don't share them to avoid cross infection.

Manicure and pedicure sets should be used separately.

After use, please swab the utensils before putting them away to avoid bacterial infection.

译文中分别用了否定祈使句、情态动词"should"以及不定式短语"to avoid"来翻译上例中的能愿动词。

（三）简短句、不完整句或省略句的英译

中文产品说明书常用简短句来简略介绍产品的特点、功能或注意事项，在翻译时可以考虑同样以简短句或短语形式译出。

例 9-47：保存于常温干燥处。

译文：Store dry and at room temperature.（同上）

例 7.48：

特点：

★安全隔热的外壳设计

★小面包额外提升装置

★电子控制烘烤时间（注：选取自"三洋多士炉说明书"）

译文：

Advantages:

★ Safe and insulated casing

★ Additional lifting device for small bread

★ Electronic-control toasting time

例 9-48 中的简短句在译为英文时，均以名词短语形式译出，保持了源语简洁明了的语言特点，使消费者对产品特点一目了然。

（四）指示句的英译

中文产品说明书中的指示句可以翻译为英文中的祈使句。

例 9-49：开瓶前充分摇匀，开启后三日内饮完。

译文：Give the bottle a good shake before opening anddrink up within three days.

（五）语态的英译

中文产品说明书中多使用主动语态来描述产品特征和使用方法。在译为英文时一般用主动语态或被动语态译出。

例 9-50：本产品系纯天然蜂蜜。可调入温开水饮用，亦可调入牛奶咖啡中饮用，还可抹于面包食用。（石定乐等，2006：1）

例 9-50 中画线部分为主动语态的表达，第一句中的"系"点明了蜂蜜的天然性，译为英语时可保留其主动语态。第二句中的"可调入""可抹于"等表述介绍了蜂蜜的食用方法，逻辑主语是目的语消费者，"调入"的逻辑宾语是蜂蜜，因此按照目的语消费者的阅读习惯和英文说明书的表达习惯，第二句中应以被动语态译出为佳。

译文：This refined honey is free from any additives and it can be used as sugar or jam.

（六）条件句的英译

中文产品说明书中的条件句常用来表示可能出现的意外、使用不当或危险情况下，消费者应采取的正确措施。在译成英文时，常可以用条件句处理。

例 9-51：红灯亮时即可切断电源。

译文：When the red indicator is on, the switch can be turned off.

译文中用"when"引导的时间状语从句来翻译"红灯亮时"，采用了直译法。但有时条件句的英译也可处理为条件短语结构。

例 9-52：如有不适及过敏症状，请立即停止使用。

译文：Please stop using it in case of discomfort or sensitive symptom.

例 9-52 条件句是以"incaseof"短语译出，语言简练，信息准确，较好地传达了原文的信息。

（七）一支多干结构的翻译

中文语言重意合，而英文则重形合。中文产品说明书中常出现一支多干结构，即一个主语"统领"好几个动词。中文产品说明书中还频繁使用流水句，即很少或不用连接词，但句子仍行文流畅。在翻译这类句子时，常需根据内容的逻辑性，采用分译法，有时还须结合时态的转换来更好地传达原文的意思。

例 9-53：该产品具有使用安全、耐候、耐磨、机械强度高、线路损耗小等特点，广泛应用于城市和林区电网改造，能大大提高电网的安全可靠性。

例 9-53 中主语只有一个，即"该产品"，而动词有三个，分别为"具有""应用于"和"提高"。其中"具有"一句说明产品特点,"应用于"一句介绍产品适用场所,"提高"一句说明产品的效用。从逻辑上来看,第二、三个动词的内在联系相对于第一个动词更紧密,因此可以将该句从第一和第二个动词处断句,采用分译法。此外,"应用于"最好能根据目的语消费者的语言习惯使用被动语态,这样与第一句的主语保持一致,使行文的内在逻辑更连贯自然。

译文:Products of this kind are characterized by safe-use, weather-resistance, abrasion-resistance, high mechanical and low line loss. They are widely used in the power network reconstruction of urban areas and forest areas and they can improve the safety and reliability of the power network.

译文分译为两个句子,但主语都一致是"products",第二句中以"they"回指,保证了句子的逻辑连贯性。三个动词分别以两个被动语态和一个主动语态译出,符合英语产品说明书的语言特点。

例9-54:本型号空调器装有四通换向阀及高低两档风量和新风装置,因此可供冬暖夏凉之用,室内通风时能不断补充新鲜空气,过滤空气中的尘埃和吸收湿气,可提供一个较理想的生活与工作环境。

例9-54是非常典型的中文产品说明书中一文多干的句子,即一个句子既介绍了产品特点、使用原理,又说明了产品的效用。该例中共出现了五个动词,"装有"指特点,"可供""补充"和"过滤"是工作原理,"提供"是产品效用。该句要翻译成理想的英文应该:其一,要使用分译法,按意群和逻辑关系断句;其二,可考虑使用介副词短语或形容词短语来替代原文中的动词短语,使句子结构更简练;其三,表工作原理的几个动词短语不妨以英语中的 by doing 译出,在句中作方式状语,也能在一定程度上缓解死译、硬译使句子动词过度集中的情况。

译 文:Equipped with a four-way reversion valve, a dual air flow system and fresh air damper, this air conditioner ensures comfortable temperatures in all seasons by supplying fresh air with a ventilator, as well as by filtering dust and absorbing humidity. Thus it may create an ideal environment for living and working.

译文中以"equipped with"形容词短语表达了产品特点,用"ensures"一个动词统领全句,方式状语"by supplying"和"by filtering...absorbing..."译出了产品的工作原理。产品预期效用另用一句以"thus"引出,可谓信息完整,逻辑严密,结构合理,且长短句搭配使用,可读性强。

(八)四字短语的翻译

由于中文的语言表达习惯和语言审美观,四字短语常在产品说明书中出现,以增添美感,反映的是汉语审美价值观,但同样的表达在英文中就不一定会给英文读者带来同样的美感。

例 9-55：它保持了酱香浓郁、典雅细致、协调丰满、回味悠长等贵州茅台的特点。

例 9-55 中画线部分是中文形容白酒口感的语汇，而在西方国家，人们很少饮用白酒，更无法体会这些形容白酒口感的表达法，若照中文直译出来，目的语读者一定会感到费解别扭，难以接受。因此，考虑到译文读者的语言审美和表达习惯，需将中文里类似的四字短语降低描述程度，以一般化用词译出，使译文通俗易懂、客观可信。

译文：Its unique style is guaranteed by its delicately rich and lingering taste.

产品说明书是生产者引导消费者如何正确使用该产品所做出的书面说明。它具有实用性、客观性和简明性的文体特点。在翻译此类文体时需要注意以下三点：其一，翻译产品说明书时应该把"传达准确信息"放在第一位，突出其信息功能，确保文本的技术性和权威性特点。其二，译文应符合产品说明书这种教范文体的语言特点，即语言平实、措辞简洁，达到简洁、达意、通俗易懂的效果。其三，译者在翻译过程中要把握好目的语消费者的阅读习惯和审美期待，判断原文中哪些信息是要传递给译文读者的，哪些是不需要的，哪些是需要变通的，哪些是需要删改的。如此有的放矢地翻译不仅向广大消费者说明如何正确使用产品，而且还可以借此宣传产品。理想的产品说明书译文既是客观权威的产品介绍和使用说明，也是产品宣传推介的主要手段。译文如能同时实现产品说明书的信息功能和召唤功能，是求之不得的。

参考文献

[1] 车丽娟，贾秀海. 商务英汉翻译实践教程 [M]. 北京：对外经济贸易大学出版社，2019.

[2] 陈恒汉. 商务翻译的案例教学与研究 [M]. 北京：中国国际广播出版社，2020.

[3] 程玉琴，王惠，张菊敏. 商务英语翻译 [M]. 北京：对外经济贸易大学出版社，2017.

[4] 董晓波. 新时代商务英语翻译 [M]. 北京：对外经济贸易大学出版社，2022.

[5] 范钦佩. 商务英语案例分析与翻译实践 [M]. 苏州：苏州大学出版社，2017.

[6] 郭晓燕. 商务英语翻译 [M]. 北京：对外经济贸易大学出版社，2017.

[7] 坎曼丽·麦麦提，彭小燕. 新编商务英语翻译教程 [M]. 成都：电子科技大学出版社，2017.

[8] 蓝建青，徐江. 应用商务翻译教程 [M]. 北京：国防工业出版社，2014.

[9] 雷静. 商务翻译理论与实践 [M]. 武汉：武汉大学出版社，2013.

[10] 李俊清. 商务英语翻译实践 [M]. 成都：电子科技大学出版社，2017.

[11] 梁为祥，肖辉总. 商务英语翻译 [M]. 上海：复旦大学出版社，2016.

[12] 廖芸. 商务英语翻译教程 [M]. 北京：对外经济贸易大学出版社，2016.

[13] 刘胡蝶，曾媛媛. 商务英语翻译教程（下）·商务文体 [M]. 重庆：重庆大学出版社，2017.

[14] 刘炎. 商务英语翻译的艺术 [M]. 天津：天津科学技术出版社，2020.

[15] 宁静. 功能对等理论下的商务英语翻译研究 [M]. 长春：吉林人民出版社，2022.

[16] 祁岩. 商务英语与跨文化翻译研究 [M]. 长春：吉林人民出版社，2020.

[17] 王朝晖，余军. 基于 CAT 及语料库技术的电子商务翻译研究 [M]. 厦门：厦门大学出版社，2016.

[18] 王悦. 商务英语语言特征与翻译研究 [M]. 天津：天津科学技术出版社，

2019.

[19] 章爱民. 商务汉英翻译实践教程 [M]. 北京：对外经济贸易大学出版社，2020.

[20] 赵惠. 人机交互商务英语翻译 [M]. 北京：对外经济贸易大学出版社，2021.

[21] 赵秀丽. 商务英语跨文化翻译技巧与实践研究 [M]. 长春：吉林人民出版社，2019.

[22] 朱山军. 商务翻译任务型训练教程 [M]. 西安：西安交通大学出版社，2016.